Nina Stögmüller, Robert Versic

Burgen, Schlösser + Ruinen

Märchenhaft wandern im Mühlviertel

Impressum

Bibliografische Information der Deutschen Nationalbibliothek
Die Deutsche Nationalbibliothek verzeichnet diese Publikation in der Deutschen Nationalbibliografie; detaillierte bibliografische Daten sind im Internet über http://dnb.d-nb.de abrufbar.

Lektorat: Anja Zachhuber
Schlusskorrektorat: Beatrix Binder
Cover: Nadine Kaschnig-Löbel
Grafik und Produktion: Tanja Kühnel
Fotografien: Robert Versic
Zusätzliche Grafiken: shutterstock.com/Bayu Prahara
Coverbild: Burgruine Waxenberg
Kartenmaterial: Arge-Kartografie
Druck: Florjančič tisk d.o.o.
Gedruckt in der EU

ISBN 978-3-7025-1120-3

www.pustet.at

Wir bemühen uns bei jedem unserer Bücher um eine ressourcenschonende Produktion. Alle unsere Titel werden in Österreich und seinen Nachbarländern gedruckt. Um umweltschädliche Verpackungen zu vermeiden, werden unsere Bücher nicht mehr einzeln in Folie eingeschweißt. Es ist uns ein Anliegen, einen nachhaltigen Beitrag zum Klima- und Umweltschutz zu leisten.

Bleiben wir in Verbindung –
melden Sie sich hier zu unserem Newsletter an

Nina Stögmüller
Robert Versic

BURGEN SCHLÖSSER + RUINEN

Märchenhaft wandern im Mühlviertel

VERLAG ANTON PUSTET

Inhalt

Bezirk Rohrbach

Bezirk Urfahr-Umgebung

Anhang

Der Schwierigkeitsgrad ist zu Beginn der jeweiligen Tour mit ●○○ (leicht), ●●○ (mittel) oder ●●● (anspruchsvoll) angegeben.

Vorwort

Liebe Leserinnen und Leser!

Lernen Sie mit diesem Buch beeindruckende Burgen, Schlösser und Ruinen des Mühlviertels kennen und begeben Sie sich auf eine faszinierende Entdeckungsreise durch die Jahrhunderte. Zu Fuß wandern wir auf alten und neuen Pfaden, die allesamt zu historischen Schauplätzen führen.

Ganz unterschiedliche Bauwerke – beziehungsweise was davon übrigblieb – haben wir während zwei Jahren des Wanderns besucht, erkundet und im vorliegenden Werk beschrieben. Viele der Geschichten rund um die geschichtsträchtigen Bauten sind auch heute noch spannend und erzählen von einer längst vergangenen Zeit. Die Palette an Bauwerken, die es im Rahmen von insgesamt 25 Wanderungen zu entdecken gibt, reicht dabei von gut erhaltenen oder liebevoll restaurierten Burgruinen bis hin zu prachtvollen Schlössern. Die altehrwürdigen Gebäude erzählen ihre Geschichten und lassen uns eintauchen in eine Zeit, in der Ritter, Knappen, Burgfräulein und Burgherren gelebt – und Geschichte geschrieben – haben.
Begleitet werden die Touren von regionalen Sagen. Als Märchenautorin habe ich mich wieder zu neuen Märchen inspirieren lassen, die Ihre Fantasie anregen und dazu beitragen sollen, noch mehr in das damalige Leben in den alten Gemäuern einzutauchen.
Ich wünsche Ihnen viel Freude beim Erwandern und Entdecken der Burgen, Schlösser und Ruinen im märchenhaft schönen Mühlviertel!

Ihre Nina Stögmüller

Liebe Wanderfreundinnen und Wanderfreunde!

In unserem vor einigen Jahren erschienenen Wanderbuch *Märchenhafte Kraftplätze – Wandern im Mühlviertel* haben wir Touren vorgestellt, die zu sagenumwobenen Steinformationen, heiligen Quellen und anderen besonderen Plätzen in der nördlichsten Region Oberösterreichs führen. Zu diesem Buch haben wir ein sehr positives Echo vieler Leserinnen und Leser erhalten, die wir für das Entdecken und Erwandern der zahlreichen Eigen- und Schönheiten einer oft noch immer unterschätzten Natur- und Kulturlandschaft begeistern konnten. Diese Rückmeldungen waren es auch, die uns motiviert haben, erneut das Mühlviertel auf der Suche nach reizvollen Plätzen und Wanderungen zu durchstreifen.

Im vorliegenden Buch liegt der Fokus auf Touren, die uns ein anderes, nicht minder interessantes Kapitel in der Geschichte des Mühlviertels näherbringen. Zu einer Zeit, in der viele Landstriche nördlich der Donau erst urbar gemacht wurden, waren die Burgen oft Zentren der Besiedelung und Sicherung dieser urtümlichen Region. Häufig wurden sie an strategisch günstigen Plätzen entlang von Flüssen sowie auf schwer einzunehmenden Berg- und Hügelkuppen errichtet. Und so wachen sie noch heute über die von Wäldern, Wiesen und Feldern geprägte Mühlviertler Hügellandschaft, thronen pittoresk auf Felsen oder grüßen von den sonnengewärmten Hängen des Donautals.

Die im Lauf der Jahrhunderte meist sehr wechselvolle Geschichte der Burgen und Schlösser ist zudem häufig mit den klangvollen Namen unterschiedlicher Adelshäuser verbunden, in deren Besitz sich die alten Gemäuer befunden haben oder noch immer befinden. Aus der Historie der über das ganze Mühlviertel verteilten steinernen Zeugen ergibt sich so ein buntes Abbild einer heutzutage oft in Vergessenheit geratenen Epoche. Wehrhafte Burgen, prächtige Schlösser und – vielfach durch engagierte Vereine und Gemeinden in mühevoller gemeinsamer Anstrengung dem Vergessen und Verfall entrissene – imposante Ruinen repräsentieren dieses Zeitalter.

Das Erwandern dieser historischen Orte auf landschaftlich möglichst reizvollen Routen entlang von schattigen Waldpfaden, blumengesäumten Feldwegen und von Weiler zu Weiler führenden Güterwegen soll eine sanfte Annäherung ermöglichen. So verbindet sich das Wandern in einer herrlichen Naturlandschaft mit dem Reiz eines für Jung und Alt geschichtlich und kulturell interessanten Ziels, um das sich alte Sagen und Geschichten ranken. Untergliedert nach den Bezirken Freistadt, Perg, Rohrbach und Urfahr-Umgebung werden die schönsten Wanderungen zu Burgen, Schlössern und Ruinen des Mühlviertels vorgestellt.

Ein Wort zur Auswahl der Routen

Ziel war es, landschaftlich möglichst schöne, abwechslungsreiche sowie gleichzeitig gut für ein genussvolles Wandern geeignete Touren aufzunehmen und diese anhand von Wegbeschreibungen, Kartenausschnitten und Höhenprofilen detailliert darzustellen. Auf Basis der Weglänge und Höhenmeter wurden für jede Tour sogenannte Leistungskilometer ermittelt, mittels der – jeweils ohne Berücksichtigung von Pausen – standardisiert die ungefähre Gehzeit bestimmt und eine Einstufung in einen von drei

Schwierigkeitsgraden (leicht, mittel, anspruchsvoll) vorgenommen wurde. Diese Einordnung kann als grobe Richtschnur zur Einschätzung der Wanderungen dienen, wobei dies natürlich immer auch von den subjektiven Gegebenheiten der/s Einzelnen abhängt. Sämtliche Touren sollten grundsätzlich für halbwegs trainierte Personen gut zu bewältigen sein. Die überwiegende Zahl der Wandertouren (bis dreieinhalb Stunden Gehzeit) eignet sich darüber hinaus nach unserer Einschätzung auch für Familienausflüge mit wander- und entdeckungsfreudigen älteren Kindern. Eine geeignete Wanderausstattung und die bei Wanderungen gebotene Achtsamkeit und Vorsicht werden dennoch allen Leserinnen und Lesern ans Herz gelegt.

Um die Anreiselogistik möglichst einfach zu halten, sind alle Wanderungen als Rundtouren angelegt. Die jeweiligen Ausgangspunkte liegen meistens in den Ortszentren und sind in diesen Fällen daher grundsätzlich auch mit öffentlichen Verkehrsmitteln erreichbar. Die Touren orientieren sich fast ausnahmslos an bereits ausgeschilderten Routen der jeweiligen Gemeinden, wobei manchmal, um die Leserinnen und Leser entlang der schönsten und interessantesten Wege zu führen, mehrere bestehende Routen kombiniert wurden. Eine detaillierte Wegbeschreibung sowie die abgedruckte Karte sollten auch bei solchen Wanderungen die Orientierung leicht machen. Zu Beginn jedes Kapitels wird zudem immer auf die jeweils vor Ort für die Tour herangezogenen Markierungen hingewiesen.

Angaben zu Tourismus-Informationen, Einkehrmöglichkeiten und Sehenswürdigkeiten wurden sorgfältig recherchiert. Um möglichen Änderungen seit der Drucklegung vorzubeugen, empfiehlt es sich dennoch, vor einer Wanderung noch einmal den aktuellen Stand abzufragen.

Ich wünsche Ihnen eine gute Zeit beim Wandern sowie viel Neugierde und Freude beim gemeinsamen (Wieder-)Entdecken der heimatlichen Geschichte und ihrer jahrhundertealten steinernen Zeitzeugen!

Ihr Robert Versic

Einleitung

Jede Burg, jedes Schloss und jede Ruine hat eine ganz eigene – meist viele Jahrhunderte alte – Geschichte. Wir haben im Buch neben den Wanderungen die wichtigsten geschichtlichen Fakten über die historischen Bauwerke zusammengefasst und uns darüber hinaus auch mit der Gegenwart beschäftigt.

Besonders interessant fanden wir, was es auf vielen der beschriebenen Burgen, Schlösser und Ruinen heute noch alles zu erleben gibt und wie viele Menschen sich ehrenamtlich engagieren, damit diese geschichtsträchtigen Gemäuer erhalten bleiben.

In einigen der alten Bauwerke können Feste und Hochzeiten gefeiert werden und manchmal besteht sogar die Möglichkeit, dort zu übernachten. Die verschiedenen Kulturveranstaltungen reichen dabei von Theateraufführungen und Adventmärkten bis zu Ritterspielen und Konzerten – um nur einige beispielhaft zu nennen.

Wir haben von neuen Rittern und alten Sagen erfahren und über die wechselhaften Besitzverhältnisse und unzähligen Umbauten gestaunt, die über die Jahrhunderte den Burgen, Schlössern und Ruinen ihr heutiges Aussehen verliehen haben.

Manche der Burgen und Schlösser sind noch sehr gut erhalten und sogar bewohnt. Und auch wenn die historischen Bauten bisweilen nicht für die Öffentlichkeit zugänglich sind, gibt es immer wieder Möglichkeiten für Führungen, über die wir in unserem Buch informieren. Ein kleines Burgen-Glossar der wichtigsten Ausdrücke haben wir im Anhang zusammengefasst. Wer selbst einmal bei der Erhaltung einer Burgruine mithelfen möchte, kann sich bei so manchem Freiwilligen-Projekt willkommen fühlen. Wir gehen darauf in den einzelnen Kapiteln näher ein.

Als ergänzendes Service für Familien werden in den Infoboxen zu Beginn jedes Kapitels jene Touren gekennzeichnet, die sich auch für

Familienausflüge mit ausdauernden älteren Kindern eignen sowie solche, bei denen – aufgrund der Länge und Steigung der Tour oder vereinzelter heikler Stellen – die Eignung aus unserer Sicht eher nicht gegeben ist.

Neben Ihnen, geschätzte Leserinnen und Leser, sei dieses Buch auch den Burg- und Schlossgeistern gewidmet, die sich über die Jahrhunderte mittlerweile vielleicht etwas vernachlässigt gefühlt haben. In einigen Geschichten erfahren Sie, was die alten Geister heute so treiben und wie man ihnen vielleicht eine Freude machen kann.

Abschließend sei noch erwähnt, dass wir dieses Werk nach bestem Wissen verfasst haben, um für Sie möglichst spannende, lehrreiche und interessante Aspekte zusammenzutragen. Die Recherche dazu gestaltete sich sehr umfangreich. Wir erheben dabei aber natürlich weder einen Anspruch auf Vollständigkeit noch auf geschichtswissenschaftliche Tiefe, da dies den Rahmen eines Wanderbuchs naturgemäß sprengen würde. Nichtsdestotrotz möchten wir Ihnen mit diesem Buch einen Mehrwert beim Wandern bieten und mit den Hintergrundinformationen, Sagen und Märchen Ihren Wanderausflug zusätzlich bereichern!

Bezirk Freistadt

1 Burg Dornach

Charakter der Wanderung: Von Lasberg wandern wir auf dieser Runde zunächst zur kleinen Burg Dornach. Anschließend geht es vom Tal der Feistritz durch Wälder und eine aussichtsreiche Kulturlandschaft bergan, wobei die Möglichkeit zu einem kurzen, jedoch steilen Abstecher zur Aussichtswarte Hoh-Haus auf dem Buchberg besteht. Zuletzt kehren wir wieder talwärts zurück nach Lasberg.

Länge	8,5 km (ca. 3 Std. Gehzeit)
Steigung	390 hm
Markierungen	*Dornachweg (Wegnummer La 1), Buchberg (La 5), Elzer-Weg (La 8)*
Weg	Asphalt, Feld- und Forstwege, Wanderwege
Familien	Tour auch für ausdauernde ältere Kinder geeignet
Anfahrt	Mit dem PKW via A7 nach Lasberg, Parkmöglichkeiten auf der Rückseite des Gemeindeamts
Einkehr	Getränke beim Hoh-Haus (www.buchberg-hoh-haus.at) Einkehrmöglichkeiten in Lasberg
Sehenswertes	Alte Marktschmiede in Lasberg (www.lasberg.at) Kernlandmuseum Lasberg (kernlandmuseum.jimdofree.com)
Information	Marktgemeinde Lasberg Markt 26, 4291 Lasberg, Tel.: +43 (0) 7947 7255 0 marktgemeinde@lasberg.ooe.gv.at, www.lasberg.at

Wegbeschreibung

Vom **Marktplatz** vor dem Gemeindeamt von Lasberg wenden wir uns zunächst in Richtung der Kirche und spazieren auf deren Südseite die Häuserzeile entlang. An einer Straßengabelung am Ende der Friedhofsmauer entdecken wir rechter Hand eine Übersichtskarte mit den lokalen Wanderrouten, darunter auch jene drei Touren, an denen wir uns während unserer Runde orientieren werden. An der Ecke des gegenüberliegenden **Gasthauses Hofer** wiederum

sehen wir einige gelbe Wanderschilder. Darunter befindet sich auch jenes mit der *Route Dornachweg (Wegnummer La 1),* der wir im ersten Wegabschnitt bis zur Burg Dornach folgen werden.

Vorbei am Gasthaus geht es auf der Straße weiter geradeaus, bis wir hinter einer Engstelle zwischen zwei Gebäuden die Straße nach links auf einem zu ein paar Häusern hinabführenden asphaltierten Gehweg verlassen. Unten bei den Häusern angelangt, beschreibt der Weg eine Kurve nach links und überquert die Feistritz. Dahinter biegen wir nach rechts ab und folgen einem Güterweg immer leicht bergan aus dem bebauten Gebiet hinaus. Kurz hinter einer Kuppe mit einem alten Steinmarterl gelangen wir zu einer Gabelung, an der wir rechts abbiegen. Es geht ein kurzes Stück abwärts, wo wir uns an einer Güterwegkreuzung nicht auf direktem Weg zur Burg Dornach wenden, sondern mit der *Markierung La 1* vorerst nach rechts zu ein paar Häusern abbiegen. In dem kleinen Weiler in der Bachsenke, den wir kurz darauf erreichen, befindet sich mit dem **Fürstenhammer** auch eine alte Hammerschmiede, die gegen Voranmeldung besichtigt werden kann.

Es geht zwischen den Häusern hindurch und dahinter neuerlich über die Feistritz hinweg. Hier beginnt ein Wegabschnitt, auf dem uns Tafeln mit Haiku der Wahl-Lasbergerin Grete Burger begleiten. Wir folgen einem Feldweg bis zum Waldrand, wo wir nach links auf einen Pfad abbiegen, der uns schließlich in den Wald hineinführt. Bald treffen wir auf einen querenden Weg, dem wir nach links durch das Waldstück abwärts bis zu einem kleinen Stausee folgen. Rechts entlang des Sees gelangen wir zu einem Güterweg, auf dem wir nach links wieder auf die andere Seite der Feistritz wechseln. Nur wenige Meter weiter biegen wir nach rechts auf einen Waldpfad ab und wandern nun das bewaldete Bachtal entlang. Schließlich erreichen wir eine Gabelung, an der wir uns links halten und einen kurzen Anstieg hinter uns bringen. Direkt am Waldrand haben wir dann nach rund 40 Min. Gehzeit die zwar nicht sehr große, jedoch hübsch restaurierte **Burg Dornach** vor uns, die mit ihrem Erscheinungsbild recht gut dem Idealbild einer Burg entspricht. Bei einer Baumreihe vor dem Burggelände, das sich in Privatbesitz befindet und daher nicht betreten werden kann, befindet sich eine Rastbank, von der sich die Burg mit ihrem runden Bergfried gut in Augenschein nehmen lässt.

Beim Weiterwandern orientieren wir uns ab sofort im zweiten Teil der Tour an der *Beschilderung Buchberg (Wegnummer La 5).* Dazu steigen wir auf der linken Burgseite zum Waldrand hinab. Danach geht es auf einem Wanderweg den Hang abwärts, bis wir in der Talsenke wieder auf den Forstweg entlang der Feistritz treffen. Auf diesem gehen wir nach links weiter, bis wir zuletzt ein Anwesen erreichen. Auf einer kurzen Zufahrtsstraße gelangen wir zur Landesstraße, der wir – am besten auf einem Wiesenstreifen auf der rechten Seite – nach links folgen. Es dauert nicht allzu lange, dann zeigt uns die Beschilderung an, nach links auf einen bergauf führenden Forstweg abzubiegen. Dieser leitet uns durch ein Wäldchen bergan, um uns zuletzt auf die Häuser des kleinen **Weilers Siegelsdorf** zuzuführen.
Im Zentrum der Ortschaft biegen wir nach links ab und wandern auf einem Güterweg durch Wiesen und Felder aufwärts. Nur kurz nachdem wir eine Güterwegabzweigung passiert haben, biegen wir

dann nach rechts auf einen Feldweg ab. Auf diesem recht schönen Wegabschnitt lohnt sich immer wieder einmal der Blick zurück, der uns mit zunehmender Höhe ein herrliches Panorama eröffnet. Zuletzt führt uns der Pfad entlang eines Waldrands noch ein Stück weit bergan, bis wir schließlich einen querenden Feldweg erreichen. Wir biegen auf diesem nach links ab und kommen zu einem Güterweg, dem wir in gleicher Richtung leicht abwärts folgen.

Wir erreichen bald eine Gabelung und wenden uns nach rechts, um in einem Bogen bis zu einem Anwesen zu wandern. Gleich hinter dem Gebäude bietet sich für ambitionierte Wanderer die Gelegenheit zu einem eher steilen Abstecher nach rechts hinauf zur Aussichtswarte Hoh-Haus auf dem Buchberg. Dazu wandern wir einen Wiesenhang empor bis zum Waldrand, dem wir in einem weiten Linksbogen folgen, um am Ende in den Wald einzutauchen. Der Pfad mündet hier in einen Forstweg ein, dem wir nach links weiter bergan folgen. Nach einiger Zeit kommen wir zu einer Abzweigung, an der wir rechter Hand in einigen Minuten zu einem Augenbründl gelangen könnten. Wir folgen jedoch einer Kehre nach links und beginnen mit dem steilsten Teil des Anstiegs, an dessen oberem Ende sich linker Hand ein kleiner Felsaufbau mit einem Schalenstein befindet. Von hier aus ist es nicht mehr weit bis zum optisch sehr ansprechenden schindelverkleideten Holzturm des **Hoh-Hauses.** Hier warten neben einer – allerdings nicht durchgehend geöffneten – kleinen Imbissstation ein Gipfelkreuz, einige künstlerische Elemente im Umfeld der Warte sowie vor allem die Aussicht hinab auf Lasberg.

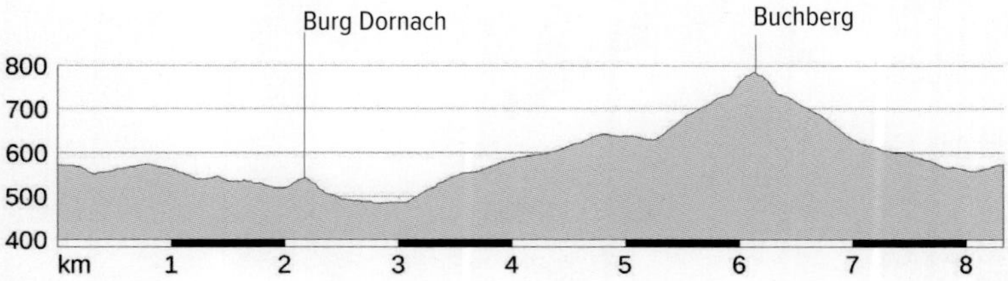

Nachdem wir in den Genuss des einladenden Platzes gekommen sind, kehren wir auf dem gleichen Weg wieder zurück hinunter zum Güterweg, bei dem wir unseren Abstecher begonnen haben. Es folgt nun der letzte Wegabschnitt unserer Runde, auf dem wir uns ab sofort an der *Beschilderung des Elzer-Wegs (Wegnummer La 8)* orientieren. Dazu folgen wir zunächst dem Güterweg nach rechts leicht bergan bis zu einem Bauernhaus. Gleich dahinter gabelt sich die Straße, wobei wir uns links halten. Schon nach wenigen Metern biegen wir jedoch mit den Markierungen *La 8* bzw. *La 3* neuerlich nach links auf einen talwärts führenden Feldweg ab.

Wir halten auf das in der Talsenke gelegene Zentrum von Lasberg zu und wenden uns in der Hangmitte an einer Feldweg-Gabelung nach rechts. Der Weg führt uns in ein Waldstück hinein und in der Folge abwärts bis zu dessen anderem Ende. Am Waldrand biegen wir nach rechts ab und gelangen so zu einer Straße. Auf dieser wenden wir uns nach links, um ein letztes Mal in die Bachsenke der Feistritz abzusteigen. Wir überqueren sie auf einer Brücke und wandern danach die letzten Meter bergan, um nach rund 3 Std. Gesamtgehzeit und einer angesichts der nicht allzu langen Strecke recht bunten Tour wieder ins **Zentrum von Lasberg** zurückzukehren.

Burg Dornach

Noch zu Beginn des 15. Jahrhunderts lagen entlang der Feistritz mit Dornach, Edlau, Lasberg, Steinböckhof und Wartberg mehrere Festen nahe beieinander. In der kampfreichen Zeit der Hussitenwirren wurden jedoch viele Adelssitze zerstört und niedergebrannt. Die einzige Burg, die sich im Feistritztal bis heute erhalten hat, ist Burg Dornach. Sie wurde um 1400 von den Brüdern Hans und Wenzel Lasperger erbaut und 1416 erstmals urkundlich erwähnt. Der Einfall der Hussiten hat die Feste Dornach 1427 stark in Mitleidenschaft gezogen. Aus diesem Grund hat wohl Hans, der Lasperger, 1436 die Burg dann auch verkauft. Simon Volkra, „Schaffer zu Freistadt", erwarb die Burg und erbaute 1450 den markanten Rundturm mit hochgelegenem Eingang.

Die Burg wurde schließlich 1505 an die Herren von Zelking weiterveräußert, denen auch Schloss Weinberg gehörte. Der Überlieferung nach bestand zwischen Burg Dornach und Schloss Weinberg ein unterirdischer Geheimgang. Eine Sage berichtet von einer Burgherrin, der durch jenen Tunnel die Flucht vor Feinden gelang.

So wie Weinberg ging auch Dornach im Jahr 1629 in den Besitz der Familie Thürheim über. Nachdem die Feste Dornach nicht mehr bewohnt wurde und kein selbstständiger Adelssitz mehr war, verfiel sie immer mehr und galt bereits 1650 als Ruine. Vor dem weiteren Verfall rettete die Burg schließlich ein Freistädter namens Franz Burgermeister, der sie 1963 kaufte und mit Gespür restaurierte.

Ritterspiele einst und jetzt

Durch die Ritterspiele an den „Lasberger Kulturtagen" wird die restaurierte Burg Jahr für Jahr zum Kulturschauplatz. Die Spiele erinnern an frühere Kampfhandlungen der einst verfeindeten Burg- und Schlossherren in der näheren Umgebung. Noch heute wird von der Feindschaft zwischen Dornach und Prandegg berichtet. Zwischen den Rittern jener Burgen herrschte eine langjährige Fehde. Eine scheinbare Versöhnung sollte endlich den Frieden bringen. Die Dornacher folgten der Einladung der Prandegger und

gingen in die Falle. Denn während sie auf der feindlichen Burg den Frieden feiern wollten, wurde die Burg Dornach von den Prandeggern überfallen und in Brand gesteckt. Einem Dornacher soll die Flucht gelungen sein und so eilte er nach Prandegg, um die Schreckensnachricht zu verkünden. Die Meldung löste einen schweren Kampf aus.
Eine Variante erzählt davon, dass es die Weinberger waren, die den Überfall auf Burg Dornach planten und den Dornachern auflauerten, als diese von Prandegg zurückkamen. Nahe der Mündung der Feistritz in die Feldaist sollen jene Kämpfe zwischen Dornach und Weinberg stattgefunden haben, wie Funde von früheren Waffen- und Rüstungsteilen vermuten lassen.
Im Zusammenhang mit dieser Sage gibt es auch die Geschichte von Kunigunde, die sich mit dem Raubritter Berthold von Dornach vermählte und einst einen Gefangenen, den Ritter von Reichenau, auf Burg Dornach pflegte und danach sogar frei ließ. Ihr Mann rügte sie, denn er wollte von dem reichen Ritter Lösegeld erpressen. Der Ritter von Reichenau schenkte den beiden jedoch als Dank für seine Freilassung reiche Schätze. In dieser Version der Sage wird Berthold von Dornach von den Weinbergern ermordet, die dann auch Dornach in Brand steckten. Kunigunde flüchtete nach Reichenau und ging später ins Kloster.

Malerbankerl

Auf einer kleinen Infotafel direkt vor der Burg Dornach finden wir den Hinweis auf ein *Malerbankerl,* das ganz in der Nähe unter einem Nadelbaum steht. Von diesem Bankerl bietet sich ein besonders reizvoller Ausblick auf die Burg und es eignet sich vortrefflich als Rastplatz. Es ist eine schöne Vorstellung, dass die Burg von diesem Platz aus in früheren Tagen gemalt wurde.

Der Landschaftsmaler

Es war einmal … ein Landschaftsmaler, der wurde von einem Burgherrn beauftragt, seine Burg abzubilden. So ein Unterfangen war zur damaligen Zeit eine große Sache und es dauerte mitunter lange Zeit, bis so ein Bild fertig war. Darum war es für einen Landschaftsmaler von Vorteil, wenn er frei und ungebunden war, denn ein Auftrag konnte schon einige Monate in Anspruch nehmen.

Als der Landschaftsmaler in der Burg erschien, da erschrak er zuerst einmal. Der Burgherr war ein rauer Kerl und nicht gerade sanft im Umgang mit Menschen. Doch der Maler war gerade wieder einmal arm wie eine Kirchenmaus, seine Bilder von Wald und Flur wollten sich nicht so recht verkaufen und seine brotlose Kunst ließ ihn manchmal sogar Hunger leiden. So war dieser Auftrag ein großer Segen. Denn hier bekam er nicht nur Kost und Logis, sondern auch noch einen Batzen Geld, wenn das Bild fertig war.

Schon während des ersten Gesprächs schlug ihm der Burgherr immer wieder mit der flachen Hand auf den Rücken, was zwar als wohlwollende Geste galt, den Landschaftsmaler aber jedes Mal aufs Neue erschreckte. Fast wollte er die Burg wieder verlassen, weil er fürchtete, dass ihn sein Auftraggeber über kurz oder lang erschlagen würde, als die Tochter des Hauses zum ersten Mal in Erscheinung trat. Der junge Künstler verliebte sich augenblicklich in die holde Maid und spürte plötzlich auch nicht mehr den dumpfen Schmerz jener harten Schläge des Burgherrn auf seinem Rücken. Das adelige Fräulein und der Maler verstanden sich sehr gut miteinander, der Burgherr jedoch bemerkte rein gar nichts davon. Denn er war so ein wilder Kerl, dass ihm das Zwischenmenschliche schon lange nicht mehr auffiel.

So begann der Landschaftsmaler mit seinem Schaffen und suchte sich zum Malen den passendsten Platz aus. Das Ungünstige daran war allerdings, dass er sich außerhalb der Burg befand und er während des Malens seiner Geliebten nicht nahe sein konnte. Viele Stunden am Tag widmete sich der junge Maler seinem Werk und weil die liebe Burgmaid so eine Gute war, brachte sie ihm immer wieder Speis und Trank zu seinem Malerplatzerl. So verging die Zeit und das Bild von der Burg und der schönen Landschaft ringsherum war schon fast fertig gestellt. Die Tochter des Burgherrn und der Maler wurden immer trauriger, weil sie wussten, wenn das Kunstwerk vollendet war, würden sich auch ihre Wege trennen.

In der Zwischenzeit ließ man am Malerplatzerl eine Sitzbank aufstellen, damit es der Künstler beim Jausnen und Rasten bequem hatte. Um die Mittagszeit machte er nämlich immer eine kleine Pause, wenn seine Angebetete höchstpersönlich mit einem Korb voller Köstlichkeiten zu ihm kam. „Was sollen wir denn nur tun?", fragte sie eines Mittags ihren Geliebten. „Das Bild ist bald fertig und dann sehen wir uns vielleicht nie wieder!" Doch dann kam die kluge junge Frau auf eine Idee: „Weißt du was? Ich bitte meinen Vater darum, dass du unsere ganze Familie porträtieren sollst!" Der Maler machte große Augen. Auch ihm gefiel diese Idee sehr gut, denn er war auch ein ausgezeichneter Porträtmaler!

Gesagt, getan! Von nun an konnte er seine Arbeit in der Burg verrichten und dabei seiner Geliebten nah sein. Natürlich fing er bei den Porträts mit dem Burgherrn an. Sein Bild wurde riesengroß und sollte alle weiteren Familienporträts überragen. So geschah es, dass der Maler viele, viele Jahre auf der Burg verbrachte und immer dann, wenn eines seiner Bilder fertig war, kam die Tochter des Hauses auf eine neue Idee für ein weiteres Kunstwerk. Der Landschaftsmaler wollte diesen Ort „nicht um die Burg" verlassen, das war mittlerweile auch schon dem wilden Burgherrn aufgefallen. Doch er kümmerte sich nicht weiter darum und hatte sich über die Jahre an ihn gewöhnt. So lange es Leinwand und Farbe gab, blieb der Maler auf der Burg, um seiner Geliebten nahe zu sein. Und so lässt sich vielleicht jener Umstand erklären, warum in manchen Burgen und Schlössern gar so viele Ahnenporträts hängen – möglicherweise war ja auch hier ein weibliches Wesen in einen Maler verliebt!

2 Burgruine Prandegg

Charakter der Wanderung: Diese landschaftlich reizvolle, aber auch herausfordernde Rundwanderung führt uns von Schönau im Mühlkreis zunächst in steilem Anstieg zur Felsformation des Herrgottsitzes. Anschließend wandern wir mit schönem Panorama durch Wiesen, Felder und Waldstücke zur imposanten Ruine Prandegg. Von hier geht es in der zweiten Hälfte der Tour in mehrfachem Auf und Ab entlang von Wald- und Güterwegen wieder zurück nach Schönau.

Länge	14 km (ca. 4 Std. 45 Min. Gehzeit)
Steigung	540 hm
Markierungen	*Burgruine Prandegg/Schönau i. M. (Wegnummer 81)*
Weg	Feld- und Forstwege, Asphalt, Wanderwege
Familien	Tour aufgrund der Länge und Steigung für Kinder weniger geeignet
Anfahrt	Mit dem PKW nach Schönau im Mühlkreis, Parkmöglichkeiten im Ortszentrum
Einkehr	Taverne zu Prandegg (taverne-prandegg.at) Einkehrmöglichkeiten in Schönau im Mühlkreis
Sehenswertes	Burgmuseum Prandegg (www.prandegg.com/museum) Färbermuseum Gutau (www.faerbermuseum.at)
Information	Gemeinde Schönau im Mühlkreis Schulstraße 1, 4274 Schönau im Mühlkreis Tel.: +43 (0) 7261 7255 gemeinde@schoenau-im.at, www.schoenau-im.at

Wegbeschreibung

Wir beginnen unsere Rundwanderung im Zentrum von **Schönau im Mühlkreis.** Zwischen dem Gemeindeamt und der Kirche entdecken wir einen Schilderbaum mit einigen gelben Wegweisern. Darunter befindet sich auch jener mit der *Wegnummer 81 zur Burgruine Prandegg,* an der wir uns während der gesamten Tour orientieren werden.

Zunächst wenden wir uns entlang der Hauptstraße vorbei am Gasthaus Schmalzer in Richtung Westen. Gleich nach einer Linkskurve biegen wir nach rechts in eine Nebenstraße ein, wobei wir uns bereits nach kurzer Zeit an einer Gabelung links halten. Vorbei an ein paar verstreuten Häusern geht es entlang einer Bachsenke aus dem Ortsgebiet hinaus. Vor uns sehen wir mit den bewaldeten Hängen des Herrgottsitzes bereits unser erstes Etappenziel. Am Waldrand angelangt, biegen wir bei einem modernen Holzbau nach rechts auf eine Forststraße ein, die sich bald darauf gabelt. Wir halten uns hier rechts und wenig später an einer weiteren Gabelung links. Gleich danach zweigt – durch die Schilder von *Johannesweg und Burgen- und Schlösserweg* markiert – ein schmaler Wanderweg steil nach rechts in den Wald hinauf ab. Der kurze Anstieg bringt uns rasch zum Waldrand empor, wo wir einem Feldweg weiter bergan auf ein paar Häuser zu folgen. Kurz unterhalb der Gebäude kommen wir zu einem querenden Feldweg, auf dem wir uns nach rechts bis zu einer asphaltierten Zufahrtsstraße halten.

Auf dieser geht es bis zu einem Güterweg, auf dem wir uns nach rechts zwischen ein paar Gebäuden in Richtung der Auffahrt zum

Gasthaus Stoaninger Alm samt **Sommerrodelbahn** wenden. Hier wandern wir hinauf und biegen dann vor dem Gasthaus nach links auf einen Wiesenpfad ab. Nun beginnt ein relativ steiler Anstieg. Zunächst begleiten wir die Trasse eines Schlepplifts bis zum Waldrand, wo wir nach links in den Wald einbiegen. Hier erwartet uns ein noch steilerer Forstweg, der uns nach und nach bis zum höchsten Punkt der Sommerrodelbahn bringt, wo wir auf einer Rastbank ein wenig durchschnaufen können. Damit ist der Anstieg aber noch nicht ganz bewältigt und so folgen wir einem Wanderweg weiter die bewaldete Kuppe bergan. Wir gelangen schließlich zum Waldrand, dem wir nach rechts bis zu einem querenden Forstweg folgen. Dieser führt uns nach links relativ flach in einem Rechtsbogen bis zu einer Forstwegkreuzung. Direkt dahinter sehen wir die mit einem Metallkreuz geschmückten **Felsen des Herrgottsitzes** aufragen, wo uns neuerlich ein paar Rastbänke sowie eine Station des Johanneswegs erwarten.

Vom Herrgottsitz geht es zurück zur Kreuzung, wo wir uns nun nach rechts wenden und bald darauf den Wald verlassen. Über einen Feldweg geht es mit schönem Rundblick hinab zu einem Güterweg, dem wir nach rechts bis zu einer Linkskurve folgen. Hier biegen wir erneut nach rechts auf einen Feldweg ab, wobei wir uns bereits nach kurzer Zeit an einer Gabelung links halten. Wir durchqueren ein Waldstück und biegen dahinter an einer Feldweggabelung kurz nach rechts ab, um wenige Meter weiter sofort wieder nach links in Richtung Westen abzuzweigen. Entlang eines sanften Höhenrückens folgen wir dem Feldweg bis zu einem Güterweg, wo wir uns ebenso wie kurz darauf an einer weiteren Gabelung rechts halten. So treffen wir auf einen querenden Güterweg, dem wir nun kurz nach links bis zu einem Anwesen folgen. Direkt beim genannten Anwesen biegen wir nach rechts auf den in Richtung des Weilers Kollnedt führenden Güterweg ein. Dieser leitet uns leicht abwärts durch ein Waldstück bis zu den Häusern von **Kollnedt.**

Es geht an den wenigen Gebäuden vorbei und wir setzen dahinter unseren Weg auf einem Feldweg fort, der uns schließlich bei einer Gabelung an einem Marterl nach links abwärts in Richtung Wald

abbiegen lässt. Im Wald halten wir uns an einer Forststraßengabelung neuerlich links. In weiterer Folge geht es für längere Zeit relativ flach immer die Waldhänge entlang, wobei an den wenigen Abzweigungen der Weg jeweils klar ausgeschildert ist. Zuletzt geht die Forststraße in einen breiten Pfad über, der bald ein wenig stärker ansteigt und uns schließlich gemeinsam mit einem von links heranführenden weiteren Forstweg zu einer Lichtung führt. Damit haben wir nach rund 2 Std. 30 Min. Gehzeit die **Burgruine Prandegg** erreicht. Das Burggelände samt Bergfried ist gut zu erkunden und über einen am hinteren Ende der Anlage errichteten Holzsteg samt hölzernen Treppen kann auch eine kurze Runde außerhalb der Burgmauern absolviert werden. Vor der Ruine wartet zudem mit der **Taverne zu Prandegg** eine stimmungsvolle Einkehrmöglichkeit mit einem schönen Innenhof auf hungrige und durstige Wanderer.

Von der Ruine aus wenden wir uns beim Weiterweg südwärts und folgen der Beschilderung in einem Linksbogen einen Wiesenhang hinab zu einer Gabelung, an der wir links abbiegen. Auf einem Forstweg steigen wir in den Wald hinab, wo wir nach Durchqueren einer Senke wieder leicht bergan wandern und uns in der Folge an zahlreichen Abzweigungen jeweils an die durchgängig gute Beschilderung sowie an die *rot-weiße Markierung* halten. So geht es entlang bewaldeter Hänge weiter, bis wir kurz an den Waldrand gelangen. Bei einem Blick zurück sehen wir von hier aus noch einmal die Ruine über der Waldkuppe thronen. Kurz darauf geht es nach links bergan erneut in den Wald hinein. Es dauert jedoch nicht lange und wir lassen das Waldstück endgültig hinter uns und steuern auf einen Güterweg zu, dem wir nach links folgen. Wenige Meter weiter biegen wir schon wieder nach rechts zu ein paar Häusern ab. In einem Linksbogen lassen wir die Gebäude hinter uns und erreichen

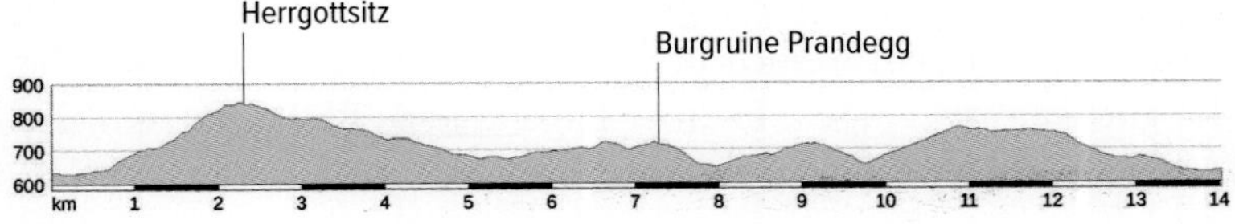

einen Feldweg, der uns einen Hang hinableitet. In der Hangmitte halten wir uns an einer Gabelung links und wandern in einem schönen Bogen immer am Waldrand entlang abwärts in eine Talsenke.

Jenseits der Talsohle geht es weiterhin am Waldrand entlang wieder hangaufwärts, bis wir auf einen Güterweg stoßen, dem wir nach rechts bergan folgen. Nun wartet ein längerer Anstieg entlang des Güterwegs auf uns, bis dieser in einen weiteren querenden Güterweg einmündet. Wir biegen hier links ab und neuerlich folgt eine längere, diesmal jedoch flache Asphaltpassage. Nachdem wir uns an einer Gabelung weiter geradeaus gehalten haben, dauert es nicht mehr lange und wir verlassen kurz nach Erreichen eines Waldstücks den Güterweg. Dazu biegen wir nach links auf einen Forstweg ab, der uns abwärts und auf die andere Seite eines Grabens bringt. Gleich jenseits des Grabens biegen wir nach rechts ab und wandern die Bachsenke entlang talwärts.

Bald kommen wir zu einem Forstweg, dem wir nach rechts weiter abwärts folgen. Schließlich erreichen wir ein abgezäuntes Areal, wo wir uns an einer Abzweigung ebenfalls nach rechts wenden. Es geht nun auf der rechten Bachseite weiter, wobei der Weg schließlich zum Waldrand hin ansteigt. Bei der dort befindlichen Gabelung halten wir uns links und es geht wieder leicht abwärts, bis wir schließlich wieder auf das vom Beginn unserer Tour bekannte moderne Holzgebäude am Waldrand treffen. Von hier aus legen wir die letzten Meter zurück, bevor wir nach einer langen, aber auch sehr abwechslungsreichen Wanderung mit rund 4 Std. 45 Min. Gesamtgehzeit wieder das **Ortszentrum von Schönau** erreichen.

Burgruine Prandegg

Die Burgruine Prandegg ist wohl eine der lebendigsten Ruinen, die wir im Rahmen unserer Wanderungen kennenlernen durften. Hier besteht neben dem Besuch der beeindruckenden Ruine auch die Möglichkeit zu campen, in einer Pilgerkoje zu übernachten, Feste zu feiern oder einfach gut zu essen.

Burgruine Prandegg

Wenn wir die Burgruine Prandegg heute entdecken, sehen wir gleich zu Beginn auf einer Hinweistafel einen Kupferstich aus dem Jahr 1674. Anhand dieses Bildes können wir uns vorstellen, wie prächtig diese Burg einst einmal gewesen sein muss. Prandegg wurde 1200 durch das Ministerialengeschlecht der Prantner erbaut. Die erste urkundliche Erwähnung gab es 1287 unter der Bezeichnung Pranteck. Der Name beschreibt ein durch Brandrodung freigelegtes Felseneck.

Der ursprüngliche Bau der spätromanischen Burg befand sich an der höchsten Stelle des Felsplateaus. Die Hauptburg, von der auch heute noch Teile erhalten sind, wurde großteils im 15. Jahrhundert erbaut. Die Wohnräumlichkeiten von damals sind noch teilweise erhalten. Der 26 Meter hohe Rundturm des Bergfrieds steht auf einer natürlichen Felsenhöhe. Über eine Holzbrücke und Holzstiegen ist der Turm auch heute noch gut erreichbar und bietet einen herrlichen Rundblick über das Mühlviertel.

Zur Herrschaft Prandegg gehörten um 1600 etwa 400 Bauernhäuser und über 50 Bürgerhäuser in Zell (heute Bad Zell). Prandegg war jahrhundertelang sehr eng mit dem Markt Zell und dem Schloss Zellhof verbunden. Durch Grenzverschiebungen (1784) liegt die Burg heute jedoch im Gemeindegebiet von Schönau im Mühlkreis. Die Herrschaften Prandegg und Zellhof wurden unter dem Adelsgeschlecht der Jörger vereint. Diese bewohnten meist die Burg Prandegg, Schloss Zellhof diente als Zweitwohnsitz sowie als Herberge für Besucher. Da die Jörger Protestanten waren, mussten sie 1631 ihre Besitztümer an Gotthard von Scherffenberg verkaufen. Weitere spätere Besitzer waren unter anderem die Capeller, die Liechtensteiner, die Polheimer und die Salburger. Seit 1823 ist Prandegg im Besitz der Herzöge von Sachsen-Coburg und Gotha.
Ab 1750 wurde die Pflegschaft nach Schloss Zellhof verlegt und die Burg Prandegg verfiel immer mehr zur Ruine. Im Einvernehmen mit dem Bundesdenkmalamt starteten 1953 erste Erhaltungsmaßnahmen. Hätten nicht unzählige freiwillige Helfer Tausende Arbeitsstunden in die Erhaltung der Burgruine investiert, würde sie heute wohl nicht mehr so gut erhalten sein. Um die Burganlage weiterhin zu pflegen, werden jedes Jahr drei Wochen (letzte Woche im Juli und die ersten beiden Wochen im August) für die Instandhaltungsarbeiten genutzt. Wer sich daran beteiligen möchte, und sei es nur für einen Tag, ist herzlich willkommen! Nähere Infos unter www.prandegg.com/burgverein

Burgmuseum

Im ehemaligen Zehentstöckl der Burg ist seit 2013 das Burgmuseum untergebracht. Hier befindet sich auch der Ausgangspunkt für die Burgführungen. Im Museum erfährt man Wissenswertes und Schauriges über die Burg Prandegg und es wird auch über die Instandhaltungsarbeiten informiert. Danach werden bei der Besichtigung der Burganlage die einzelnen Gebäudeteile erläutert. Eine Führung dauert circa eine Stunde und gibt einen guten Überblick zur Geschichte der Burg sowie über die Arbeit des Burgvereins. Die Führungen finden auf Anfrage statt und können unter der Telefonnummer +43 (0) 664 7357 1285 gebucht werden.

Taverne zu Prandegg

Am Fuß der Burg fand man Reste eines Vierseithofs – des ehemaligen Meierhofs. Dieser wurde wieder aufgebaut und dient seit 2008 als beliebte Gastwirtschaft. So entstand auf den Grundmauern des 1631 erstmals urkundlich erwähnten Meierhofs die *Taverne zu Prandegg*. Auch dabei waren viele freiwillige Helfer im Einsatz. Hier werden heute Hochzeiten und Feste gefeiert, es gibt einen Rittersaal sowie eine Ritterstube, eine Bar und einen gemütlichen Gastgarten. Der engagierte Tavernenwirt Franz Leitner bezeichnet sich selbst als Mundschenk, Gastgeber, Wirt und Freund. Als gelernter Bäcker hat er ein eigenes Krustenbrot – das *Prandeggerl* – kreiert, welches nach alter Tradition im eigenen *Backhäusl* hergestellt wird. In Pilgerkojen kann man übernachten und auch Pferdeeinstellplätze stehen für Wanderreiter zur Verfügung. Rund um die Taverne gibt es Stellplätze für Campingbusse und Zeltplätze. Weitere Infos unter taverne-prandegg.at

Der Burggeist erzählt …

Es war einmal … eine Burg im märchenhaften Mühlviertel, die war schon sehr alt und hatte schon viele Burgherrn gesehen. Irgendwann geriet sie in Vergessenheit und wäre fast ganz verfallen, hätten sie nicht beherzte Menschen aus der Umgebung wieder soweit repariert, dass sie auch heute noch entdeckt werden kann.

Eines Tages besuchte eine junge Frau jene Burg und machte nach der spannenden Entdeckungsreise Rast auf einer Bank, die unterhalb der Ruine stand. Und weil die tapfere Frau schon so weit gewandert war, schlief sie auf der Rastbank ein und träumte vom Burgleben in früherer Zeit. Im Traum sah sie eine adelige Familie, die ein standesgemäßes Leben führte. Es gab hier sehr viel Personal, darunter auch ein Bäcker, der für sein fabelhaftes Brot bekannt war.

Weiters befanden sich unter der Dienerschaft Reitknechte, Kutscher, Köche, Turmwächter, ein Torwart, ein Gärtner, ein Schneider und es gab auch einen Burggeist. Ein ganzer Hofstaat war das und alle waren emsig bei der Arbeit.

Die Frau hörte in ihrem Traum der „Herrschaft" beim Tischgespräch zu. „Demnächst wollen wir doch wieder auf unser schönes Schloss Zellhof übersiedeln", sprach der Freiherr zu seiner gnädigen Frau. Und diese erwiderte: „Ja, aber sicherlich, mein Guter! Unser Personal nehmen wir von Prandegg wieder mit nach Zellhof und alles wird sich vortrefflich fügen!" Bevor dieser zeitweilige Umzug stattfand, gab es jedoch noch ein großes Fest auf der stattlichen Burg Prandegg, zu dem viele Adelige eingeladen waren. Gefeiert wurde gerne auf der Burg und beim Essen und Trinken ließ man sich nicht lumpen.

Als die Abreise nach Schloss Zellhof nahte, sprach der Freiherr zu seiner Angetrauten: „Sollen wir diesmal nicht auch den Burggeist mitnehmen?" Doch die Frau schüttelte den Kopf: „Nein, das ist keine gute Idee, du weißt doch, dass es auf Schloss Zellhof einen eigenen Schlossgeist gibt, das würde zur Geisterstunde wohl für noch mehr Unruhe sorgen. Da will ich lieber meine Ruhe haben. Der Geist muss hierbleiben!" Der Burggeist hatte die Unterhaltung mitangehört und war erleichtert. Er wollte doch gar nicht weg von seiner geliebten Burg und war froh, hierbleiben zu dürfen! Mit dem Schlossgeist auf Schloss Zellhof hätte er sich jedoch gut vertragen, denn diesen kannte er schon längst. Auch Geister haben ein regionales Netzwerk und treffen sich an den verschiedensten Orten, wenn sie wollen.

Im Traum sah die junge Frau, wie die Adelsfamilie samt ihrem Hofstaat von Prandegg nach Zellhof übersiedelte. Das Personal hatte damit keine rechte Freude, denn so ein Umzug von der Burg auf das Schloss war immer wieder eine große Sache! Der Burggeist lachte sich ins Fäustchen, als er die Karawane von dannen ziehen sah und dachte sich nur: „Jetzt habe ich endlich wieder meine Ruhe!" Denn wenn die Burg menschenleer war, bedeutete das für den Burggeist

„Schöner Wohnen". Und wenn ihm einmal langweilig wurde, flog er auf einen Besuch nach Schloss Zellhof, wo ihn der Schlossgeist schon erwartete. „Ach, bin ich froh, wenn die ganze Bagage vom Schloss endlich wieder zu dir auf die Burg übersiedelt!", sprach der Schlossgeist. Und der Burggeist lachte: „Na, hoffentlich bleiben sie noch eine Weile bei dir! Bei mir auf der Burg ist es so schön ruhig wie schon lange nicht mehr!" Der Burggeist und der Schlossgeist tanzten zur mitternächtlichen Stunde ihren Geisterreigen und wenn es ihnen lustig war, flogen sie im Schloss herum und erschreckten die Bewohner. Doch eigentlich war es ihnen am liebsten, wenn sie ihre Ruhe hatten und unter sich bleiben konnten.

Die junge Frau erwachte auf der Rastbank und es war ihr, als hätte sie eine Zeitreise unternommen. Ob es den Burggeist wirklich gab? Oder hatte ihr im Traum ihre Fantasie einen Streich gespielt und es war alles nur ein Hirngespinst? Die Dämmerung war bereits hereingebrochen und die Wandersfrau beschloss, die Nacht in einer Pilgerkoje in der Taverne zu verbringen. Es war eine Vollmondnacht und die Geisterstunde nahte. Da sie sehr neugierig war, wollte sie wissen, ob es den Burggeist wirklich gab. Und so schlich sie sich leise aus dem Pilgerlager und ging zu der Rastbank, auf der sie am Nachmittag so bunt geträumt hatte. Als sie zum Aussichtsturm der Burg blickte, sah sie etwas vorbeihuschen. Vielleicht war es ja nur ein Waldkauz gewesen? Oder doch der Burggeist? So nahm sie ihren ganzen Mut zusammen und bestieg beim Licht des Vollmondes den hohen Turm. Als sie oben war, wartete der Burggeist schon auf sie und freute sich, dass ihn endlich wieder einmal ein Mensch bemerkt hatte. Denn in der heutigen Zeit glaubte kaum noch jemand an Geister und so wusste der Burggeist oft selbst nicht mehr, ob es ihn gab. Der Burggeist erzählte der schneidigen Frau in jener Nacht noch viele Geschichten von früher, von der goldenen Zeit, als auf der Burg Prandegg das Leben pulsierte. Als sie wieder zurück ins Pilgerlager schlich, da wusste sie, dass es den Burggeist wirklich gab und dass er ein guter Geist war, den sie von nun an öfter besuchen wollte.

Burg Reichenstein

Charakter der Wanderung: Auf dieser Runde wandern wir von Pregarten aus zunächst entlang von Wiesen und Feldern ostwärts – mit teilweise herrlichem Ausblick zur Alpenkette. Schließlich senkt sich der Weg abwärts ins Waldaisttal, wo uns die Burg Reichenstein erwartet, die auch das OÖ Burgenmuseum beheimatet. Entlang stiller Bachtäler geht es anschließend durch Waldgebiete wieder bergan nach Westen, wo wir über Pregartsdorf zurück zu unserem Ausgangspunkt gelangen.

Länge	10,5 km (ca. 3 Std. 30 Min. Gehzeit)
Steigung	380 hm
Markierung	*Burg- und Museumrunde Reichenstein (Wegnummer P7)*
Weg	Feld- und Forstwege, Asphalt, Wanderwege
Familien	Tour auch für ausdauernde ältere Kinder geeignet
Anfahrt	Mit dem PKW nach Pregarten, Parkmöglichkeiten im Stadtzentrum
Einkehr	Gasthaus zur Hoftaverne in Reichenstein (www.gasthauszurhoftaverne.at) Einkehrmöglichkeiten in Pregarten
Sehenswertes	OÖ Burgenmuseum (www.burg-reichenstein.at) Museum Pregarten (www.museumpregarten.at) Wasser-Erlebnis-Park Bruckmühle in Pregarten (www.pregarten.at)
Information	Stadtgemeinde Pregarten Stadtplatz 12, 4230 Pregarten, Tel.: +43 (0) 7236 22 55 stadtamt@pregarten.ooe.gv.at, www.pregarten.at

Wegbeschreibung

Wir beginnen unsere Rundtour auf dem Stadtplatz von Pregarten und wenden uns zunächst in Richtung der östlich des Platzes gelegenen **Stadtpfarrkirche.** Vor der Kirche finden wir einerseits eine Übersichtskarte mit den Wanderungen der Umgebung, andererseits

zahlreiche gelbe Wegbeschilderungen für die einzelnen Touren. Während der gesamten Wanderung orientieren wir uns an der *Beschilderung in Richtung Reichenstein (Wegnummer P7)*, wobei die Runde in beide Richtungen absolviert werden kann. Wir entscheiden uns für die Variante gegen den Uhrzeigersinn und passieren daher den steinernen Kirchenbau auf dessen rechter Seite.

Bei der dahinterliegenden Straßenkreuzung geht es geradeaus eine Siedlungsstraße entlang. Bald lassen wir die letzten Gebäude hinter uns und die Straße senkt sich im nun freien Gelände abwärts, bis wir in einer Bachsenke die **Sportanlagen** von Pregarten erreichen. Gleich nachdem uns die Straße über den Bach hinweggeführt hat, biegen wir mit der Markierung scharf nach links ab. Wir wandern vorbei an einem Teich auf einem bald deutlich ansteigenden Feldweg einen Waldrand entlang. Kurz darauf schwenkt der Weg nach rechts und es geht durch ein Waldstück, bevor sich der Feldweg wieder zwischen Wiesen und Feldern einen Hang emporwindet. Von hier bietet sich ein reizvoller Ausblick zurück nach Pregarten und Wartberg ob der Aist. Bei einem Bauernhaus treffen wir schließlich auf einen Güterweg, dem wir kurz nach links folgen, bevor wir nach wenigen Metern wieder nach rechts auf einen Feldweg abbiegen.

Mit einem herrlichen Panoramablick bis hin zur Alpenkette wandern wir auf einem **Höhenweg** ostwärts. Bei einer Weggabelung halten wir uns geradeaus und folgen dem Feldweg einen Waldrand entlang hinab in eine Bachsenke. Anschließend geht es den Gegenhang hinauf, danach nahe einem Bauernhof über einen querenden Feldweg hinweg und zuletzt neuerlich einen kurzen Wiesenhang hinab. Hier folgen wir einem Güterweg nach links bergan, überqueren später geradeaus eine Kreuzung und kommen so zu einer Kapelle am Waldrand. Auf einem Pfad wandern wir ein weiteres Mal in eine bewaldete Bachsenke hinab und kommen nach kurzem Gegenanstieg an einem Fischteich vorbei. Wir überqueren eine Wiese und folgen im Anschluss einem Güterweg entlang von ein paar Gebäuden nach links bis zu einer Kreuzung. In gerader Richtung steuern wir hier einen letzten Bauernhof an, bevor der asphaltierte Güterweg in eine Forststraße übergeht, die sich die bewaldeten Hänge entlang in das Tal der Waldaist absenkt. Kurz bevor der Weg eine Linkskurve beschreibt, passieren wir eine **Gedenksäule,** die daran erinnert, dass hier im Jahr 1571 einer der Herren der nahe gelegenen Burg Reichenstein von einem seiner Untertanen erschossen wurde.

Hinter der Kurve sehen wir dann auch schon unter uns im Tal die Halbruine der Burg, die wir in einem Bogen ansteuern. Wir wandern das letzte Stück durch den Wald abwärts, bis wir die ersten Häuser und einen Bach erreichen, den wir überqueren. Nun folgt noch ein kurzer Gegenanstieg, dann haben wir nach rund 1 Std. 45 Min. Gehzeit die zum Teil noch erhaltene **Burg Reichenstein** erreicht. In einem modernen und zum Teil unterirdisch angelegten Zubau ist das **OÖ Burgenmuseum** untergebracht. Dieses bietet insbesondere Kindern einen guten und leicht verständlichen Zugang zur Welt des Mittelalters und der Burgen. Auch jener Teil der Burg, von dem nur mehr Ruinen erhalten sind, kann über Innen- und Außentreppen besichtigt werden und bietet schöne Ausblicke über das Waldaisttal.

Von der Burg aus wandern wir anschließend wieder ein kurzes Stück auf dem Anstiegsweg bergab. Kurz vor Erreichen des Bachs biegen wir nun jedoch nach rechts ab und folgen einer Forststraße das Bachtal entlang nordwärts. Bei einer Weggabelung halten wir uns – weiterhin dem Talgrund folgend – links. Nachdem wir die letzten Häuser erreicht haben, geht es schließlich westwärts das nun langsam ansteigende Tal entlang in den Wald hinein. Bei einer

Kapelle auf unserem Weg zur Burg Reichenstein

ersten Weggabelung halten wir uns links, kurz darauf rechts und schon bald darauf wird der immer rechts des Bachlaufs entlangführende Forstweg steiler. In der Passage des steilsten Anstiegs begleitet uns der Bach durch eine kurze klammartige Teilstrecke, bevor der Weg wieder flacher wird. Schließlich lässt uns die Markierung nach links auf einen Pfad einschwenken, wobei wir einen Bach überqueren. Auf der anderen Bachseite gelangen wir zu einem weiteren Forstweg, dem wir ebenfalls nach links folgen. Neuerlich steigen wir entlang des Wasserlaufs höher, bis wir auf einen von rechts heranführenden Forstweg treffen.
Hier überqueren wir ein letztes Mal den Bachlauf und folgen dem Pfad bergan, bis wir bei einer Gabelung scharf nach links abbiegen und in einem Bogen den Waldhang empor wandern. Kurz vor dem Waldrand erwartet uns eine kleine Rastbank. Bald darauf lassen wir den Wald hinter uns und steuern ein auf der Hügelkuppe gelegenes Anwesen an. Bei diesem angelangt, biegen wir auf der Zufahrtsstraße nach links ab und wenden uns an der Einmündung in einen Güterweg neuerlich nach links, um den direkt vor uns liegenden **Weiler Pregartsdorf** anzusteuern. Sobald wir die Hauptstraße erreicht haben, biegen wir nach rechts ab. Nur ein paar Häuser weiter folgen wir der Markierung nach links in eine Senke hinab. Hier

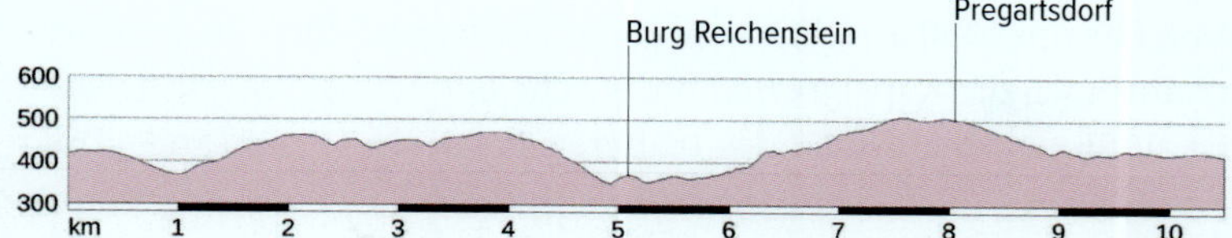

heißt es Acht zu geben, denn noch vor Erreichen des am Ende der Straße gelegenen Bauernhofs zweigen wir bei einem Fischteich entlang einer Baumreihe nach rechts auf einen Feldweg ab. Während wir uns zu Beginn noch rechts eines Wäldchens halten, biegen wir schon nach wenigen Metern nach links ab, um auf dessen linke Seite zu wechseln. Hier geht es nun entlang der Bäume einen Wiesenhang abwärts, bis wir am unteren Ende in das Waldstück eintauchen und dieses durchqueren. Am Talgrund biegen wir auf einem Güterweg nach rechts ab und folgen diesem ein paar Meter bis zu einer Bahnunterführung. Kurz vor dieser biegen wir nach links auf einen Pfad ab, der immer unterhalb der Bahntrasse durch ein Waldstück führt und später in einen Forstweg übergeht.

Zuletzt verlassen wir den Forstweg auf einem schmalen Trampelpfad nach rechts und erreichen so unmittelbar neben der Bahntrasse eine Siedlungsstraße. Auf dieser geht es geradeaus bis zur Volksschule von Pregarten, wo wir nach rechts abbiegen, um wenige Meter weiter nach links in die Kirchengasse einzuschwenken. Vor uns liegt nun bereits wieder die Kirche und über den Kirchenvorplatz gelangen wir schließlich nach einer abwechslungsreichen Runde und rund 3 Std. 30 Min. Gesamtgehzeit zu unserem Ausgangspunkt am Stadtplatz zurück.

Burg Reichenstein

Burg Reichenstein wurde auf einem steil abfallenden Felssporn erbaut. Der Name leitet sich vom *reichen,* d.h. *mächtigen* Stein her, auf dem die Burg steht. Die Burganlage wird heute als Museum und Veranstaltungsort für Kultur- und Freizeitangebote sowie für Hochzeiten und Feste genutzt.

Von der um 1300 errichteten kleinen mittelalterlichen Burg ist heute nur noch die Kapelle erhalten, welche der heiligen Maria geweiht ist. 1576 wurde anstelle des früheren Palas ein Renaissance-Trakt errichtet. An die Kapelle der Burg angebaut wurde das sogenannte Waldaist-Stöckl, das bis 1816 als Schule diente. Seit 1988 sorgt der Kultur- und Erhaltungsverein *Burgruine Reichenstein* für die Sicherung und Sanierung der Burgruine. Burg Reichenstein ist heute im Besitz der Fürst Starhemberg'schen Familienstiftung.

Die erste urkundliche Erwähnung der Burg stammt aus dem Jahr 1230 und steht in Verbindung mit Ulricus de Reichenstein. Wann die Burg erbaut wurde, lässt sich heute nicht mehr so genau sagen. Über die Jahrhunderte gab es verschiedene Besitzer. Auf das Geschlecht der Liechtensteiner folgte 1567 der Ritter Christoph Haym. Er und sein Sohn Hannes bauten die Burg zu einem prächtigen Renaissanceschloss um, dessen Festsäle mit prunkvollen Wandmalereien ausgestattet wurden. Da der Umbau zum Schloss viel Geld kostete, verlangte der katholische Haym von seinen protestantischen Untertanen hohe Abgaben und Robotleistungen. Bei der Bevölkerung war dieser deswegen verhasst und wurde im Zuge des Reichensteiner Robotaufstandes 1571 ermordet.
Rund um seine Ermordung gibt es auch eine Legende. Laut dieser Überlieferung wurde Christoph Haym von einem Bauern ermordet, der glaubte, sein verschwundenes Kind sei in das neu erbaute Schloss miteingemauert worden. Nach damaligem Aberglauben war eine Burg oder ein Schloss, in das man ein Kind einmauerte, uneinnehmbar. Der Bauer sann auf Rache und erschoss Haym aus einem Hinterhalt. Bei der Kornernte fand man jedoch den abgängigen Knaben tot im Feld liegen. Das Kind war wohl von einem Tier angegriffen worden. Die Familie Haym starb schließlich aus und Reichenstein kam durch Heirat und Erbschaft an Wenzel Reichard Graf Sprinzenstein. 1729 kaufte Gundaker Thomas Graf Starhemberg die Burg und vereinigte das Gut mit der Herrschaft Haus.

Ab 1750 war Burg Reichenstein nicht mehr bewohnt und verfiel immer mehr zur Ruine. Die Kapelle wurde von 1785 bis 1816 noch als Pfarrkirche von Reichenstein genutzt und weiter gepflegt. Sie dient

Detailansicht von Burg Reichenstein

heute noch als Filialkirche für Gottesdienste und ist ein beliebter Ort für Trauungen. Tipp: Ein Besuch der kleinen Schlosskapelle lohnt sich! Hier befindet sich auch das Epitaph des Christoph Haym, das zu den bedeutendsten Werken der Steinmetzkunst der Renaissance in Oberösterreich zählt.

OÖ Burgenmuseum

Das OÖ Burgenmuseum Reichenstein geht auf die Initiative einer engagierten Arbeitsgemeinschaft zurück. Es entstand unter Mitwirkung von vielen freiwilligen Helfern sowie der öffentlichen Hand und wurde 2013 eröffnet. Die Dauerausstellung ermöglicht eine Zeitreise vom Hochmittelalter bis in die frühe Neuzeit. Das Museum bietet einen guten Einblick in die Themenbereiche „Burg“ und „Herrschaft“, die Architektur von Burgen und die Lebensweise und den Alltag auf einer Burg. Am Eingang zur Ausstellung befindet sich ein einzigartiges Original: die teilrekonstruierte „Badegrotte“ aus der frühbarocken Blütezeit von Burg Reichenstein. Experten sind sich bis heute nicht sicher, ob es sich dabei um ein Badehaus oder um eine Grotte mit Springbrunnen handelt. Machen Sie sich selbst vor Ort ein Bild davon und rätseln Sie mit!

Die Museums-Exponate stammen hauptsächlich aus der Sammlung des Reichensteiner Professors Alfred Höllhuber – der größten privaten Mittelalter-Sammlung Österreichs. Das ebenfalls im Neubau untergebrachte Informationszentrum zum *Natura2000-Europaschutzgebiet Waldaist-Naarn* vermittelt einen Einblick in die Zusammenhänge der heimischen Fauna und Flora, deren wichtigste Vertreterin die geschützte Flussperlmuschel ist. Die Burg Reichenstein ist heute ein Ort der Wissens- und Naturvermittlung sowie ein lebendiges Kunst- und Kulturzentrum mit einem abwechslungsreichen Veranstaltungsprogramm. Weitere Infos unter www.burg-reichenstein.at, Anfragen unter office@burg-reichenstein.at oder +43 (0) 7236 314000. Das Areal der Burg ist ganzjährig frei zugänglich.

Im Museum erfahren wir viel darüber, wie die Menschen früher auf Burgen und Schlössern gelebt haben. Es gab eine gute Stube, eine Kemenate, Kachelöfen sowie einen Waschtisch. Wertvolle Gegenstände wurden in großen Holztruhen aufbewahrt. Wichtige Dokumente oder Schmuck fanden in kleineren, versperrbaren Kästchen Platz, die oft kunstvoll verziert waren. Von so einem Kästchen erzählt uns das folgende Märchen …

Das Nachtkästchen

Es war einmal … ein Burgherr, der konnte nicht schlafen. Alles Mögliche hatte er schon ausprobiert, doch nichts half. Schließlich gab er seinem Bett die Schuld an seiner Schlaflosigkeit. In Wahrheit war es jedoch so, dass der Burgherr große Sorgen hatte und diese Sorgen jeden Abend mit ins Bett nahm. Die Burgherrin ahnte, dass die durchwachten Nächte ihres Mannes wohl an seinen Grübeleien lagen und wollte helfen. Doch der Burgherr bestand darauf, dass sein Bett an allem schuld sein müsse und verlangte ein neues.

Die Burgherrin war sehr schlau und so ersann sie eine List, wie sie ihrem Mann helfen konnte. Sie beauftragte einen Zimmermann und dieser gestaltete das alte Bett des Burgherrn so um, dass es nicht wiederzuerkennen war. Es wirkte größer und mächtiger und war eines Burgherrn mehr als würdig. Zusätzlich beauftragte die Burgherrin den Zimmermann, ein kleines versperrbares Kästchen anzufertigen. Dieses Kästchen ließ sie gleich neben dem prunkvollen „neuen" Bett des Burgherrn aufstellen. Als der Burgherr sein neues Bett sah, war er begeistert. Hier konnte er in Zukunft sicherlich sehr gut schlafen. Doch die Burgherrin hatte noch einen wichtigen Hinweis für ihren Gemahl: „Mein Lieber, sieh dir dieses schöne kleine Kästchen an, das da neben deiner neuen Bettstatt steht. Es ist ein Nachtkästchen und gerade besonders in Mode!"
Der Burgherr inspizierte das Kästchen und sagte: „Ja und wofür soll dieses Nachtkästchen gut sein?"
„Es ist dafür da, dass du jeden Abend deine Sorgen hineingibst, sie dort über Nacht aufbewahrst und das Kästchen versperrst."

Der Burgherr dachte nach. Einen Versuch war es wert. Vielleicht wäre es wirklich besser, die Sorgen über Nacht in dieses Kästchen zu sperren. Er probierte es aus und siehe da, ab diesem Zeitpunkt fand der Burgherr wieder seinen verdienten Schlaf. Das Nachtkästchen leistete ihm gute Dienste und seine Gemahlin freute sich, dass sie ihrem Mann auf so elegante Art und Weise hatte helfen können. Natürlich glaubte der Burgherr, das neue Bett sei der Grund für seinen guten Schlaf. Doch als er eines Abends vergaß, seine Sorgen in das Kästchen zu sperren, grübelte er wieder die ganze Nacht und konnte nicht schlafen. Da wurde auch ihm endlich klar, woran seine Schlaflosigkeit in Wahrheit lag.

Am nächsten Morgen nahm er seine Frau in die Arme und küsste sie liebevoll. „Danke, meine Liebe, dass du mir diese ‚neue Mode' hast zuteilwerden lassen!" Und so geschah es, dass mit der Zeit immer mehr Menschen Nachtkästchen neben dem Bett stehen hatten und dieses – vom Burgherrn wohl erprobte Kästchen – ebenso dafür nutzten, in den Nachtstunden ihre Sorgen wegzusperren.

Schloss Rosenhof

Charakter der Wanderung: Diese leicht zu bewältigende Runde führt uns in einem weitläufigen Bogen durch die einsamen Wälder rings um die Rosenhofer Teiche. Auf Forststraßen gelangen wir dabei bis an die tschechische Grenze, bevor sie uns nahe Sandl wieder südwärts leiten. Kurz vor dem Ende der Wanderung passieren wir schließlich das nicht öffentlich zugängliche Schloss Rosenhof.

Länge	10 km (ca. 3 Std. Gehzeit)
Steigung	180 hm
Markierungen	*Rosenhofteiche Rundweg (Wegnummern S2 und 10)*
Weg	Forststraßen und -wege, Asphalt, Wanderwege
Familien	Tour auch für ausdauernde ältere Kinder geeignet
Anfahrt	Mit dem PKW über Sandl zu den Rosenhofer Teichen, Parkmöglichkeiten an der Bundesstraße
Einkehr	Einkehrmöglichkeiten in Sandl
Sehenswertes	Hinterglasmuseum Sandl (hinterglasmuseum-sandl.at)
Information	Gemeinde Sandl Sandl 24, 4251 Sandl, Tel.: +43 (0) 7944 8255 gemeinde@sandl.ooe.gv.at, sandl.at

Wegbeschreibung

Vom großen **Parkplatz nahe Schloss Rosenhof** an der Bundesstraße zwischen Sandl und dem bereits in Niederösterreich liegenden Karlstift wenden wir uns zunächst entlang der Straße in Richtung Sandl. Hier sehen wir ein erstes gelbes Schild mit Wandertouren. Dabei orientieren wir uns zunächst an der *Beschilderung des Rosenhofteiche Rundwegs (Wegnummer S2)*. Diese lotst uns bereits nach wenigen Metern von der Bundesstraße nach rechts auf ein Gebäude zu, wobei wir einen Schranken passieren. Kurz darauf geht die asphaltierte Zufahrtsstraße am Waldrand an einer Gabelung in eine geschotterte Forststraße über, die uns weiter geradeaus in den Wald führt.

Schloss Rosenhof

Sobald wir eine Brücke über einen Bach erreichen, biegen wir noch vor dieser nach links auf einen Pfad ein. So gelangen wir nach wenigen Metern über einen Steg und eine kleine Holztreppe zum **Unteren Rosenhofer Teich.** Dessen stille Wasserfläche liegt herrlich eingebettet inmitten der sich ringsum ausbreitenden Hochwälder des nordöstlichen Mühlviertler Hochplateaus und bietet Anglern, Erholungssuchenden und Familien gleichermaßen ein reizvolles Ausflugsziel.

Wir wenden uns entlang des Teichs nach rechts, bis wir über einen breiten Holzsteg zu einer Forststraßenkreuzung gelangen. Hier biegen wir nach links ab und folgen noch ein kurzes Stück dem Teich, bevor wir den Wald für wenige Minuten hinter uns lassen und eine Freifläche passieren. Dann führt uns die ansteigende Forststraße neuerlich in den Wald hinein, bis wir zu einer Gabelung kommen. Hier heißt es Acht zu geben, denn wir lassen ab nun die *Markierung S2* hinter uns und orientieren uns für den Rest der Tour an der auf *kleinen blauen Quadraten angebrachten Wegnummer 10.* Dazu

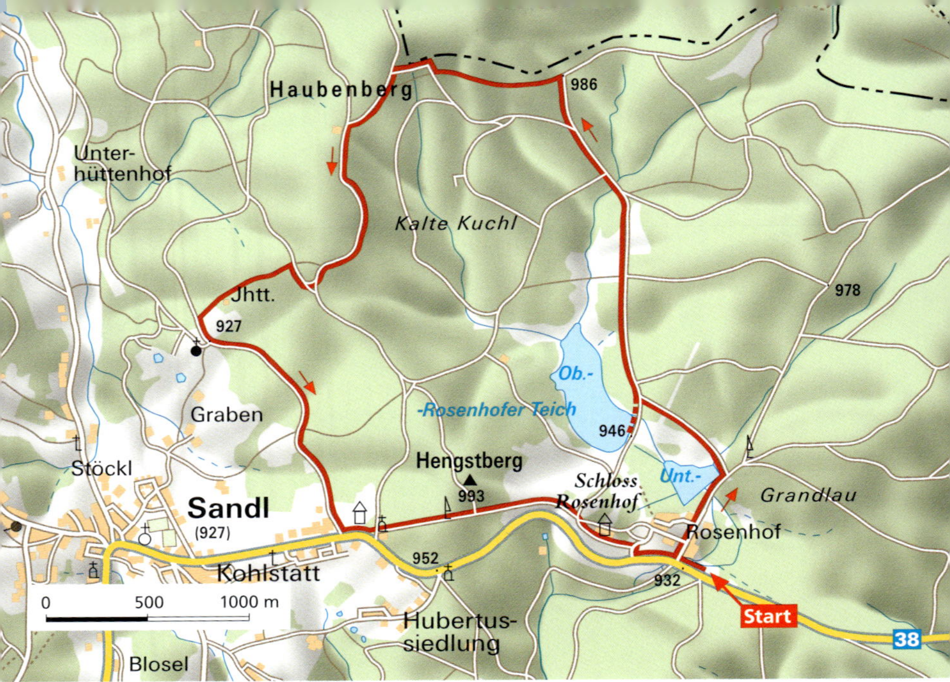

biegen wir an der genannten Gabelung nach rechts ab und folgen der flachen Forststraße in fast gerader Richtung direkt nach Norden. Hinweis: Ein kurzer Abstecher an der Gabelung in die südliche Gegenrichtung ermöglicht nach wenigen Metern einen Ausblick über den großen **Oberen Rosenhofer Teich.**

Auf unserem Marsch in nördlicher Richtung kommen wir nach einiger Zeit zu einer schönen Allee, an deren Ende uns links und rechts des Wegs zwei alte steinerne **Stelen** mit interessanter Inschrift erwarten. Am Ende der Allee biegt die Forststraße leicht nach links ab und bald darauf kommen wir zu einer Gabelung, an der wir uns mit der Markierung geradeaus halten. Nur wenig später kommen wir zu einer weiteren Gabelung mit einer kleinen Baumgruppe samt Heiligenbild in der Mitte. Hier nehmen wir wieder die rechte Abzweigung, um schon nach kurzer Zeit neuerlich an einer Weggabelung zu landen. Hier lassen wir nun die blau-weiße, zinnenförmige Markierung des Nordwaldkammwegs, die uns seit dem Oberen Rosenhofer Teich begleitet hat, zurück und biegen stattdessen nach links ab.

Wir passieren ein metallenes Tor und folgen für die nächste Zeit einem parallel zur Staatsgrenze verlaufenden und von einem Wildzaun gesäumten Forstweg bergan nach Westen. Ungewöhnlich viele hohe Ameisenhügel dominieren dieses Grenzland. Es geht bald über eine Kuppe hinweg und jenseits wieder abwärts bis zu einem weiteren Metalltor, hinter dem wir erneut auf eine Forststraße treffen. Wir biegen auf dieser nach rechts ab und wandern wieder leicht bergan, wobei wir uns bei der Einmündung einer weiteren Forststraße links halten. Nicht lange danach kommen wir zu einer Forststraßenkreuzung, an der eine Rastbank zu einer Pause einlädt. Wiederum biegen wir nach links ab und folgen nach einem letzten Anstieg dem Weg wieder talwärts bis zu einer weiteren Gabelung. Die bekannte *Wegnummer 10 auf blauem Quadrat* lotst uns hier zunächst nach rechts, um uns wenige Meter weiter nach links auf einen Forstweg abbiegen zu lassen.

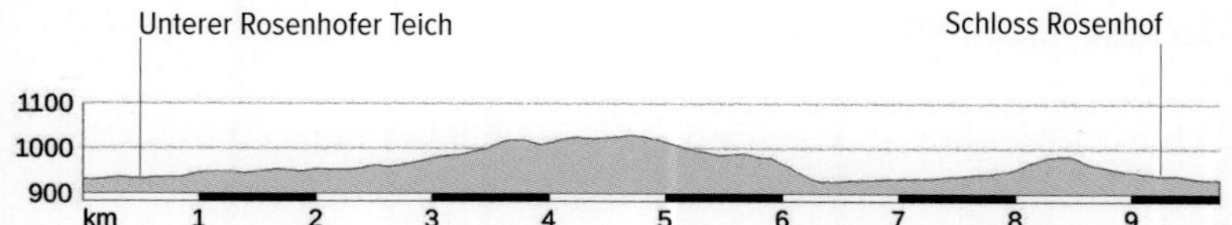

Es geht nun zunehmend abschüssig einen Hang hinab, an dessen Fuß wir wiederum auf eine Forststraße treffen, auf der wir nach links abbiegen. Unmittelbar darauf kommen wir zu einer Gabelung, an der wir rechter Hand die am Waldrand gelegene **Gstettner-Winkl-Kapelle** und einen kleinen Brunnen entdecken. Von der Kapelle aus geht es weiter in der ursprünglichen Richtung nach Südosten durch den Wald, wobei wir am Ende eines Rechtsbogens eine Wiesenlichtung mit einer **Sagentafel** erreichen. Von hier aus erblicken wir die Häuser von Sandl und den über dem Ort thronenden höchsten Gipfel des Bezirks Freistadt, den 1112 Meter hohen Viehberg. Wie der Berg zu seinem Namen kam, verrät eine auf der Holztafel erzählte Sage.

Nun ist es nicht mehr weit, bis uns die Forststraße aus dem Wald heraus und zur Bundesstraße führt. Auf dieser biegen wir nach links ab, um nach wenigen Metern einer geradeaus in den Wald führenden Forststraße zu folgen. Am Waldrand nehmen wir an einer Gabelung die rechte Abzweigung, passieren einen rot-weiß gestreiften Schranken und wandern einen Hang hinauf. Jenseits des höchsten Punkts geht es wieder die flachen Abhänge des **Hengstbergs** hinab, wobei wir bald den Wald verlassen und vor uns die Dächer des Schlosses sehen. An einer letzten Gabelung, an der ein großes Kreuz aufgestellt ist, biegen wir nach rechts ab und erreichen so das nur von außen zu besichtigende dreiflügelige **Schloss Rosenhof.**

Vom Schloss aus ist es dann entlang der Schlosszufahrt nicht mehr weit zur nahen Bundesstraße. Wir spazieren die letzten Meter nach links zurück zu unserem Ausgangspunkt und erreichen diesen nach rund 3 Std. Gesamtgehzeit und einer an frischer Waldluft überreichen Runde.

Schloss Rosenhof

Schloss Rosenhof ist in Privatbesitz und fällt besonders durch seine hufeisenförmige Bauweise auf. Ein schöner Schlosspark umrahmt das Anwesen, das den Namen einer Fürstin trägt. Es wurde 1760 von Aloys Thomas Raymond Graf Harrach als Jagdschloss erbaut und wechselte 1773 den Besitzer innerhalb des Grafengeschlechts der Harracher. Ferdinand Bonaventura I. Reichsgraf von Harrach war damals auch Eigentümer der Herrschaften Freistadt und Harrachstal. Des Grafen Frau und seine Tochter hießen Rosa – und so wurde das Jagdschloss zum Schloss Rosenhof. Der Graf entwickelte hier eine Musterlandwirtschaft – es wurden Kraut, Rüben, Erdäpfel und Flachs angebaut und Viehzucht betrieben. Nach seinem Tod erbte Tochter Rosa den gesamten Besitz. Sie heiratete 1777 den Fürsten Kinsky. Von 1780 bis 1792 entstand der Ostflügel des Schlosses. Nach dem Tod von Fürstin Rosa im Jahr 1813 erbte Franz Joseph Graf Kinsky das Schloss. 1827 wurde der Westflügel errichtet und das Schloss erhielt damit seine heutige Form.
Gegen Ende des Zweiten Weltkriegs wurde das Freistädter Stadtarchiv im Schloss in Sicherheit gebracht. 1945 plünderten sowjetische Soldaten dennoch das Anwesen und auch das Stadtarchiv litt darunter. Nach einer Generalsanierung Anfang der 80er-Jahre erstrahlt das Schloss in neuem Glanz und dient heute der Familie Czernin-Kinsky noch immer als Wohnsitz.

Rosenhofer Teiche

Die Rosenhofer Teiche gehören zur Forstverwaltung von Schloss Rosenhof und sind ein beliebtes Ausflugsziel. Am unteren Teich lässt es sich im Sommer herrlich baden. Beide Teiche stehen unter Natur- und Landschaftsschutz. Errichtet wurden die Teiche, um genügend Wasser für die Holzschwemme auf der Aist zu haben. Bis zum Jahr 1953 schwemmte man noch Holz über den Flammbach, die Schwarze Aist und die Waldaist in die Aist. Von hier aus wurde das Holz in Form von Flößen weiter nach Wien transportiert.

Der Rosenkönig

Es war einmal … ein Königreich, das wurde das Königreich der Rosen genannt. Alle Rosen dieser Welt stammten aus diesem Land und natürlich gab es auch eine Rosenkönigin und einen Rosenkönig.

Aber nicht nur in den Gärten gab es die Rosenpracht zu bestaunen, auch auf den Häuptern von Königin und König wuchsen die Rosen wohlgeformt aus den Königskronen hervor und bildeten wunderbare Blumenkunstwerke. Auch auf den Köpfen ihrer Sprösslinge waren schon erste Rosenknospen zu entdecken.

Eines Tages berichtete einer der Schriftgelehrten dem König: „Herr König, lasst Euch erzählen, der Rosenprinz, er gedeiht wohl prächtig und mit ihm seine Rosen, doch sei euch mitgeteilt, die Rosen, die auf seinem Haupte wachsen, es sind gewöhnliche Heckenrosen und nicht die edlen Sorten, wie Ihr und die Frau Königin sie zu tragen pflegt." Der König war erstaunt. Noch nie waren einem künftigen Rosenkönig Heckenrosen auf dem Haupte gewachsen.

Auch die Rosenkönigin wusste keinen Rat. Das Geheimnis um den Rosenwuchs auf den königlichen Häuptern war ihr stets verborgen geblieben. So wollte der König seinem Sohn die Heckenrosen schon abschneiden lassen, doch die Königin konnte ihn gerade noch davon abhalten. Und sie tat wohl daran, denn das Abschneiden der Heckenrosen hätte den Rosenprinzen schwer an Körper, Geist und Seele verletzt. Schließlich wurde die Zauberfrau gerufen, die in ihre Glaskugel sah und sprach: „Euer Sohn hat eine Bestimmung und diese Bestimmung hat etwas mit den Heckenrosen auf seinem Kopf zu tun. Er soll ausziehen und sein Glück in anderen Landen suchen, dort werden ihm dann auch die edlen Rosen geschenkt, die er zum Königsein braucht!" Eine Bestimmung? Natürlich hatte der junge Rosenprinz eine Bestimmung, er sollte einmal Rosenkönig werden! Aber mit Heckenrosen auf dem Kopf würde das wohl schwer möglich sein. So beschlossen der König und die Königin, ihren Sohn fortzuschicken.

Der Prinz träumte nächtens oft einen sonderbaren Traum. Ein schönes Mädchen sah er liegen, es schlief, und wenn er es betrachtete, da schossen ihm die schönsten und edelsten Rosen aus dem Kopf. Sobald er erwachte, waren es wieder die gewöhnlichen Heckenrosen, die auf seinem Haupte wuchsen, nur die große Sehnsucht nach der Schönen blieb.
Einige Tage später wurde der Rosenprinz verabschiedet, er erhielt drei Gaben für seine Reise. Von seinem Vater ein silbernes Schwert, in dessen Klinge unzählige Rosen eingraviert waren. Von den Schwestern ein weißes Taschentuch, bestickt mit drei roten Rosen, und von der Mutter ein Fläschchen mit heiligem Rosenwasser.

So ritt der Prinz von dannen, um sein Königsglück zu finden. Schon bald passierte er die Landesgrenze und im Nachbarland sahen die Wiesen und Wälder genauso aus wie im Rosenreich, nur Rosen konnte der Prinz keine entdecken. „Seltsam", dachte er und ritt weiter durch den dichten Wald. Da erblickte er am Fuße eines Baumes ein altes Weiblein. „Was fehlt dir denn?", fragte der Prinz. Die Alte sah ihn an und lächelte. „Mir geht es schon besser, seit ich in Euer Antlitz blicke", sagte die Alte. Eine offene Wunde klaffte an ihrem rechten Fuß und als der Prinz diese sah, zögerte er nicht und benetzte die wunde Stelle mit ein paar Tropfen des Rosenwassers, das ihm seine Mutter mit auf den Weg gegeben hatte. In Windeseile schloss sich die Wunde und die Alte murmelte: „Danke, Ihr habt mir wohlgetan, jetzt will auch ich Euch wohltun! Ich weiß um eure Bestimmung, denn seit vielen Jahren schon wird von einem Prinzen gesprochen, der da kommen soll mit seinem weißen Ross, auf seinem Haupte sollen gar sonderbare Blumen wachsen. Dieser Prinz kannst nur du sein!" Der Rosenprinz war erstaunt. Konnte ihm die Alte gar zu seiner Bestimmung verhelfen? „Ja, du bist es, du musst es sein. Geh dahin, wo deinesgleichen wohnt, geh dahin, wo dieselben Blumen blühen, die du auf dem Haupte trägst!" Die Alte flüsterte dem weißen Ross etwas ins Ohr und sagte dann zum Prinzen: „Dein Pferd wird dich dorthin bringen, wohin du gehörst und dort wirst du wissen, was zu tun ist!"

Der Schimmel galoppierte durch den Wald und blieb nicht eher stehen, bis er sein Ziel erreicht hatte. Schon von Weitem sah der Rosenprinz das rosafarbene Leuchten unzähliger Heckenrosen. Bestrahlt von der Sonne verbreitete sich ihr Duft bis zum Prinzen und er erkannte den Rosenduft als seinen eigenen. Als er die Blüten erreicht hatte, bemerkte er, dass es sich um dieselben Heckenrosen handelte, die auf seinem Kopf wuchsen.

Als er an der ersten Heckenrose roch, raschelte und wirbelte es um ihn herum und im selben Moment teilte sich die Hecke und machte dem Rosenprinzen den Weg frei. So schritt er mitsamt seinem Ross diesen neuen Pfad entlang, der ihn an ein halb verfallenes Schlosstor führte. Dieses Schloss war wohl verwunschen. Es war zwar schön anzusehen, aber nichts regte sich. Nicht einmal eine Biene summte. Das Pferd kannte den Weg und ging schnurstracks zu dem Ort im Schloss, der die Bestimmung des Prinzen erfüllen sollte. Da lag sie nun – die Schöne aus seinen Träumen. In diesem verwunschenen Schloss hinter der Rosenhecke hatte sie auf ihn gewartet. Schlief sie nur oder war sie etwa tot?

Viele Gedanken gingen dem Prinzen durch den Kopf, als er Dornröschen zum ersten Mal sah. Das Pferd des Prinzen wieherte laut auf, als es entdeckte, dass sich der Rosenprinz verändert hatte. Denn in den wenigen Augenblicken, in denen er die Prinzessin betrachtet hatte, wuchsen ihm die edelsten Königsrosen aus der silbernen Krone. Sie vermischten sich mit seinen lieblichen Heckenrosen und machten aus dem Rosenprinzen einen Rosenkönig.

Natürlich konnte der Prinz seine Verwandlung nicht sehen, aber er spürte die große Kraft, die ihm schließlich den Mut gab, an die Bettstatt der Holden zu treten und ihr einen sanften Kuss auf die Lippen zu hauchen. Nichts regte sich. War dieses feine Wesen gar doch durch den Tod entschwunden? Sein Pferd wieherte erneut und erinnerte ihn an das heilige Rosenwasser der Mutter. So tränkte er das Taschentuch seiner Schwestern mit dem duftenden Wasser und hielt es der Prinzessin unter die Nase. Und wirklich, der Rosenduft holte Dornröschen ins Leben zurück. Sie schlug die Augen auf und blickte in das zarte Gesicht des Rosenkönigs. „Bist du es?“, fragte Dornröschen. „Ja, ich bin es, und du bist es auch! Durch dich bin ich endlich zum Rosenkönig geworden!“, rief er überglücklich und nahm Dornröschen in die Arme. „Und ich bin durch dich endlich erlöst worden!“, frohlockte Dornröschen und so küssten sie sich so lange, bis der König und die Königin zu ihnen fanden.

Der König war misstrauisch, ob dieser Eindringling wohl ein echter Königssohn war. „Zeige mir dein Schwert!“, verlangte er. Und so zeigte ihm der Rosenkönig sein unbenutztes Schwert. „Du kannst kein echter Prinz sein, dein Schwert hat keine einzige Schramme, nur Rosen sind darauf zu sehen, was ist denn das nur für ein Narrentand?“ Doch da kam schnell die dreizehnte Fee herbeigeflogen, die einst Dornröschen verwunschen hatte. „Mein König, das ist nicht nur ein Prinz, der da vor euch steht, das ist der Rosenkönig! Nur er konnte eure Tochter erwecken, denn diese beiden Königskinder sind füreinander bestimmt, nur ward die eine um hundert Jahre zu früh geboren. Ein kleiner Irrtum, den wir Feen sehr schnell zu richten wussten“, schmunzelte die Fee und der König runzelte verdutzt die Stirn. „Und deswegen hat der ganze Hofstaat hundert Jahre lang schlafen müssen?“, fragte er ärgerlich. „Ja genau!“, antwortete die Fee, „Bestimmung ist eben Bestimmung!“

So schloss der König den zukünftigen Gemahl seiner Tochter schließlich doch noch in die Arme und ward glücklich und zufrieden mit seinem königlichen Schwiegersohn. Drei Tage später wurde Hochzeit gefeiert und nach der Hochzeitsnacht wuchsen auch dem schönen Dornröschen die prächtigsten Königsrosen auf dem Haupte. So ritt der neue Rosenkönig mit seiner frisch gebackenen Rosenkönigin heim in sein Reich. Die beiden wurden aufs herzlichste empfangen und regierten fortan gemeinsam das Rosenreich.

5 Burgruine Ruttenstein

Charakter der Wanderung: Von Mönchdorf führt uns diese abwechslungsreiche Rundwanderung zunächst durch den Mönchwald nordwärts in das Tal der Großen Naarn. Hier beginnt der Aufstieg zur imposanten Burgruine Ruttenstein. Von der Ruine geht es durch Waldgebiete neuerlich hinab ins Naarntal, bevor wir zuletzt wieder den Anstieg zurück nach Mönchdorf in Angriff nehmen.

Länge	13 km (ca. 4 Std. 30 Min. Gehzeit)
Steigung	470 hm
Markierung	*Ruttensteinweg (Wegnummer 13)*
Weg	Asphalt, Wanderwege, Forstwege
Familien	Tour aufgrund der Länge und Steigung für Kinder weniger geeignet
Anfahrt	Mit dem PKW über Pregarten oder Grein nach Mönchdorf, Parkmöglichkeiten am Pendlerparkplatz an der westlichen Ortseinfahrt
Einkehr	Schutzhütte Ruttenstein (www.schutzhuetteruttenstein.at) Einkehrmöglichkeiten in Mönchdorf
Sehenswertes	Spätgotische Pfarrkirche in Königswiesen mit prächtigem Schlingrippengewölbe Königswiesener Heimathaus (www.koenigswiesen.at)
Information	Marktgemeinde Königswiesen Markt 22, 4280 Königswiesen, Tel.: +43 (0) 7955 6255 marktgemeinde@koenigswiesen.at www.koenigswiesen.at

Wegbeschreibung

Wir starten unsere Runde beim Pendlerparkplatz an der westlichen Ortseinfahrt von **Mönchdorf,** wobei wir uns während der gesamten Wanderung an die gelbe *Beschilderung des Ruttensteinwegs (Wegnummer 13)* halten. Beim Parkplatz befindet sich auch eine Übersichtstafel mit den Wanderungen der Region, anhand der wir uns einen Überblick verschaffen können.

Burgruine Ruttenstein

Zunächst folgen wir dem Schild entlang der Ortsdurchfahrt in Richtung des Zentrums von Mönchdorf, wobei wir schon nach kurzer Zeit nach links auf eine Siedlungsstraße abbiegen. Diese leitet uns nordwärts zwischen den Häusern aus dem Ortsgebiet und wir halten uns an einer Gabelung rechts. Wir schlagen auf der leicht abschüssigen Straße einen weiten Rechtsbogen, um nach Passieren eines Bauernhauses nach einer scharfen Linkskehre in ein Bachtal hinabzuwandern. Jenseits der Senke wenden wir uns an einer Gabelung bei einem weiteren Gehöft nach rechts und passieren eine kleine Kapelle, hinter der wir – weiterhin auf dem Güterweg bleibend – den Gegenhang erklimmen. So erreichen wir ein Granitmarterl samt einer Rastbank am Waldrand.

Beim Marterl biegen wir nach links auf einen Waldweg ein, der uns entlang der Hänge des **Mönchwalds** abwärts durch den Wald führt. Zwischendurch eröffnen sich nach rechts schöne Ausblicke über die bewaldeten Hänge, bevor es neuerlich in den Wald hineingeht. Zuletzt überqueren wir eine Forststraßenkreuzung in gerader

Richtung und gelangen so zum Waldrand, dem wir weiter auf ein Marterl zu folgen. Links vorbei am Marterl geht es anschließend einen Wiesenpfad hinab, wobei wir auf der Spitze des vor uns liegenden bewaldeten Hügels erstmals die Mauern der Ruine Ruttenstein erblicken. Vorerst folgen wir jedoch noch dem Pfad durch ein Waldstück, um am unteren Ende in das **Tal der Großen Naarn** zu gelangen.

Wir erreichen eine Zufahrtsstraße, auf der wir kurz nach rechts abbiegen, um dann nach links auf einer Brücke die Naarn zu überqueren. Wir folgen einem Güterweg bergan bis in ein Waldstück, wo dieser in eine querende Straße einmündet. Hier biegen wir rechts ab und es geht auf der Straße weiter bis zu einem Anwesen empor, wo sich der Weg gabelt. Wir biegen mit der Markierung nach links ab und folgen noch ein kurzes Stück dem Güterweg, bevor wir diesen in einer Rechtskurve geradeaus auf einem Forstweg verlassen. Nun beginnt ein längerer Anstieg entlang der bewaldeten Hänge unterhalb der Ruine, bis wir schließlich die wenigen Häuser, die Kapelle und den in der Mitte des Ortsplatzes neben einer Rastbank befindlichen Brunnen von **Ruttenstein** erreichen. Hier sorgt auch die gemütliche Schutzhütte Ruttenstein für das leibliche Wohl der Besucher – darunter die Pilger des ebenfalls hier verlaufenden Johanneswegs.

Vom kleinen Ortsplatz aus, vorbei an der Schutzhütte, ist es nicht mehr weit hinauf zur liebevoll restaurierten und allgemein zugänglichen **Burgruine Ruttenstein,** die wir nach rund 2 Std. Gehzeit erreichen. Nach einer ausgiebigen Besichtigung der Burganlage, die sich auch außen auf einem Pfad umrunden lässt, kehren wir wieder zum Weiler Ruttenstein zurück. Wir biegen bei der Kapelle nach links ab, um der einzigen Zufahrtsstraße in den Wald zu folgen. Es geht nun auf längerer Strecke auf dem Güterweg in Richtung Tal, wobei uns schließlich die Beschilderung weg von der Straße nach links auf einen schmalen Waldpfad lotst. Dieser führt uns abwärts bis zu einer Forststraße, der wir wenige Meter nach rechts folgen, bevor wir neuerlich nach links auf einem Pfad talwärts wandern.

Zuletzt erreichen wir wieder einen Güterweg, dem wir nach links entlang eines Seitentals talabwärts folgen. So gelangen wir schließlich zurück ins **Naarntal,** wo wir auf eine querende Straße treffen. Wir biegen der Beschilderung folgend nach links ab und es geht ein Stück talaufwärts, bis wir nach rechts auf einer Brücke die Große Naarn überqueren. Jenseits des Bachs biegen wir nach links ab und wandern auf einem Forstweg weiter talaufwärts. Nach einer herrlichen Wegpassage geht es noch vor Erreichen eines Anwesens wieder auf die andere Bachseite zur Straße zurück, auf der wir nach rechts ein paar Häuser des **Weilers Klaus** passieren.

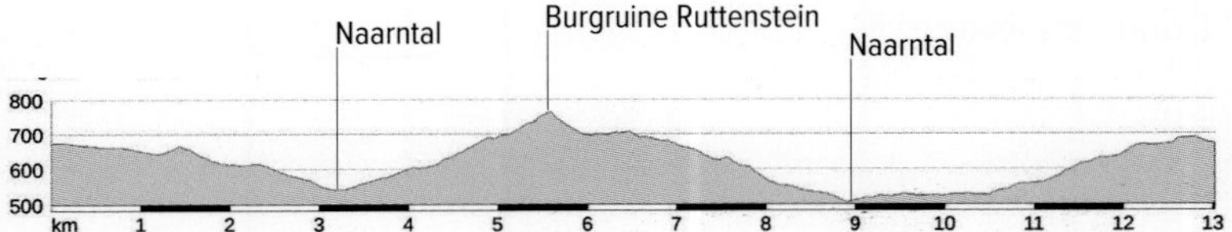

Hinter den Häusern wechseln wir neuerlich die Bachseite, um auf einer Forststraße ein paar Meter nach rechts zu wandern. Schon nach wenigen Metern verlassen wir jedoch die Forststraße und gehen weiter den Bach entlang talabwärts auf ein paar Holzschuppen zu. Hinter dem ersten Gebäude biegen wir scharf nach links auf einen deutlich ansteigenden Forstweg ab. Dieser leitet uns die bewaldeten Hänge bis zu einer lang gezogenen Wiesenlichtung hinauf, der wir entlang des Waldrandes weiter ansteigend folgen. In der Mitte der Lichtung halten wir uns an einer Gabelung geradeaus und tauchen schließlich wieder in den Wald ein, wo der Weg noch einmal ansteigt. Hier entscheiden wir uns bei zwei weiteren Gabelungen jeweils für die rechte Variante.

Schließlich kommen wir aus dem Wald heraus, erreichen ein paar Häuser und steigen auf einer asphaltierten Zufahrtsstraße zu einer Kuppe empor. Sobald wir eine Querstraße erreichen, biegen wir nach rechts ab und steuern in einem weiten Linksbogen ein Bauernhaus an. Direkt hinter diesem biegen wir nach links auf einen steileren Feldweg ab, der uns entlang eines kleinen Waldstücks weiter bergan bringt. Inmitten von Wiesen und Feldern halten wir auf ein einsames Haus zu. Es geht links an diesem vorbei, bevor wir nach einigen Metern bei der Beschilderung neben einer Rastbank nach rechts in ein Wäldchen abbiegen. Schräg nach links steigen wir ein wenig bergan, um das Waldstück kurz darauf wieder hinter uns zu lassen.

Am Waldrand erwarten uns die ersten Häuser von Mönchdorf und wir biegen auf einer Siedlungsstraße nach rechts ab, um einen Bogen um die Häuser zu schlagen. Bei einer ersten Gabelung halten wir uns rechts und wandern dann direkt die Siedlungsstraße hinab zur Hauptstraße. Jenseits derselben erwartet uns schon der Pendlerparkplatz und damit nach rund 4 Std. 30 Min. Gesamtgehzeit der Ausgangspunkt unserer vielseitigen und durchaus fordernden Rundwanderung.

Burgruine Ruttenstein

Auf einem hohen Bergkegel zwischen den Tälern der Großen und Kleinen Naarn thront die mächtige Burgruine Ruttenstein auf 758 Metern Seehöhe. Burg Ruttenstein zählte einst zu den größten Burganlagen des Landes und wurde bereits 1160 als *castrum Rotenstein* erwähnt. Namensgebend soll die rote Farbe des Weinsberger Granits gewesen sein – oder war es vielleicht doch die letzte Rutte, die laut einer Sage einst die Rettung aus Kriegsnot brachte?

Urkundliche Aufzeichnungen bestehen ab 1209. Der Baubestand der Burg lässt jedoch darauf schließen, dass die Hochburg wesentlich älter ist und so wird sie auf die erste Hälfte des 12. Jahrhunderts geschätzt. Nach dem Tod des Kreuzfahrers Ulrich von Clam-Velburg fiel die Burg an den Landesfürsten aus dem Geschlecht der Babenberger. Im Lauf der Jahrhunderte wechselte sie immer wieder ihre Besitzer. Den verschiedenen Adelsfamilien hatte Ruttenstein jedoch schon seit dem 13. Jahrhundert kaum mehr als Herrschaftssitz gedient. Die Burganlage wurde stattdessen als wehrhafte Grenzburg von Burghauptleuten und Pflegern verwaltet. Bei Kriegsgefahr diente die Festung der Bevölkerung als Fluchtburg und fasste rund 1500 Menschen.

Ruttenstein kam schließlich 1709 in den Besitz von Franz Ferdinand von Salburg, der die Burg mit Schloss Aich, Schloss Zellhof und Burg Prandegg vereinte. Seit 1823 sind die Herzöge von Sachsen-Coburg und Gotha Eigentümer der Herrschaft Greinburg, zu der Ruttenstein auch heute noch gehört. Seit 1999 hat die Gemeinde Pierbach die Burgruine Ruttenstein gepachtet und ist aktiv und engagiert, um die Ruine vor dem weiteren Verfall zu bewahren.

Rund um die Burg

Ruttenstein war bereits im 16. Jahrhundert baufällig und zum Großteil eine Ruine. 1594 richtete ein Brand großen Schaden an und 1724 zerstörte ein Blitzschlag weitere Bauteile. Im Jahr 1964 kam es zu ersten Erhaltungsmaßnahmen des historischen Gemäuers – es wurde eine Holzstiege im romanischen Hochturm angebracht.

1968 folgten weitere Renovierungsarbeiten. Dass wir die Burgruine heute besuchen und entdecken können, ist dem Ruttensteiner Erhaltungsverein zu verdanken, der ab 2002 die Sanierung übernommen und in Zusammenarbeit mit dem Bundesdenkmalamt die Ruine fachgerecht gesichert hat und betreut. 2010 wurde dann mit Rodungen rund um die Burg begonnen. Damit ist die Burganlage so wie im Mittelalter wieder von Weitem sichtbar. Die gerodeten Flächen werden heute von den *Ruttensteiner Bur(g)enziegen* bevölkert, die das Gelände sorgfältig „pflegen".

Die Burganlage wird auch als kultureller Schauplatz genutzt. Unterschiedliche Veranstaltungen wie Kabaretts, Konzerte oder Theateraufführungen finden hier statt. Pferdeliebhaber schätzen diesen Ort als Ausflugsziel, denn im Wehrgraben der Ruine befindet sich ein eigener Pferdeanbindeplatz. Wer sich für eine Burgführung interessiert, kann diese unter der Telefonnummer +43 (0) 664 214 3164 buchen. Die Schutzhütte unterhalb der Burgruine versorgt vom Frühjahr bis in den Spätherbst Besucher mit Speis und Trank und auch ein Matratzenlager lädt zum Übernachten ein. Weitere Infos unter www.ruttenstein.at sowie www.schutzhuetteruttenstein.at

Zeitreise mit Weitblick

Die riesige Burganlage besteht aus einer Vorburg (3 200 m^2) und einer Hochburg (1 600 m^2). Damit ist Ruttenstein die größte Wehranlage in Österreich. Die Burg ist durch Felswände geschützt sowie von einer Ringmauer mit sieben Türmen umgeben. Besonders hervorzuheben sind die Zwillingsbogenfenster im Wohnturm. Der Aussichtsturm bietet einen fabelhaften Weitblick in alle Richtungen. Nehmen Sie sich für die Erkundung des weitläufigen Geländes ausreichend Zeit und lassen Sie sich auf eine spannende Reise in die Vergangenheit ein!

Alte Sagen – und hier gibt es wirklich sehr viele davon – erzählen uns von damals. Die wohl bekannteste Sage ist jene, die von einer Kriegsbelagerung der Burg handelt. Da die Belagerung sehr lange dauerte, wurden die Vorräte knapp. Innerhalb der Burganlage gab es einen Teich, in dem noch eine einzige Rutte (eine Dorsch-Art)

Auf dem Rückweg nach Mönchdorf

schwamm. Dieser Fisch wurde als Zeichen der Überlegenheit über die Burgmauern geworfen. Die Belagerer glaubten so, dass die Burgleute noch genügend Vorräte hätten und zogen schließlich ab. In einer anderen Version der Sage heißt es, dass mit dem Blut jener letzten Rutte eine getrocknete Ochsenhaut bestrichen wurde, die man über die Burgmauer hängte. In beiden Sagen sorgt also eine Rutte für die Rettung der Burg – so soll der Name „Ruttenstein" entstanden sein.

Weitere Sagen ranken sich um verwunschene Raubritter-Schätze, die hier versteckt sein sollen – Truhen voller Gold! Die Möglichkeit zur Bergung ist meist mit einem besonderen Zeitpunkt im Jahr verbunden – mit der Mettnacht, also Weihnachten. Ein Goldzauber besagt, dass alle Gegenstände, die man in der Ruine Ruttenstein aufhebt und mit nach Hause nimmt, zu Gold werden – die einzige Bedingung: Man darf am Heimweg nicht daran denken!

Der Zauber des Vergessens

Es war einmal … ein großes Zauberbuch, darin standen alle möglichen Zauberformeln, die man sich nur vorstellen kann. Das Buch gehörte einem mächtigen Magier, der sehr weise war und seine Zauberkräfte und -sprüche nur zum Guten einsetzte. Der Zauberer wurde viele hundert Jahre alt, aber irgendwann war auch er müde und wechselte in eine andere Dimension. Sein Zauberlehrling erbte das Zauberbuch und verwahrte es gut. Auch er entwickelte sich zu einem guten Magier und zauberte zum Wohle des großen Ganzen.

Eines Tages kam eine junge Frau zu dem Zauberer. Sie war unglücklich verliebt und bat um Hilfe. Der Zauberer schlug im großen Zauberbuch nach und fand den „Zauber des Vergessens“ recht passend für die Situation, in der sich die Frau befand. Er braute einen Zaubertrank und gab ihn ihr mit dem Auftrag, dass sie auf dem Nachhauseweg nur ja nicht an ihren Liebeskummer denken sollte. „Wie soll ich das denn schaffen?“, klagte die Frau. „Ja, weißt du, damit dieser Zauber wirkt, musst du auch selbst etwas dafür tun!“, verhieß ihr der Zauberer. Die Frau war so voller Kummer, dass sie auch beim Heimgehen nicht auf ihr Liebesleid vergessen konnte. Zu Hause angekommen war sie enttäuschter und trauriger als je zuvor.

Am nächsten Tag ging sie wieder zum Magier und berichtete über ihre Unfähigkeit des Vergessens. Der Zauberer dachte nach. Wie könnte sich die Frau so sehr ablenken, dass sie endlich eine Zeit lang auf ihren Liebeskummer vergaß? „Weißt du was“, sagte er, „pfeif' doch beim Heimgehen ein lustiges Liedchen, vielleicht hilft dir das beim Vergessen?“ Gesagt, getan. Die junge Frau pfiff eine schöne Melodie und war schon fast zu Hause, als sie den Lieblingsbaum, bei dem sie sich immer mit ihrem Verflossenen getroffen hatte, erblickte und der ganze Kummer wieder über sie hereinbrach.

Als sie tags darauf wieder beim Zauberer vorstellig wurde, war guter Rat teuer. Er war selbst noch nie verliebt gewesen und wusste deswegen auch nicht, wie schlimm so ein Liebeskummer sein konnte. „Na, das ist aber ein starker Bann, der auf deinem Herzen liegt!“, meinte er und blätterte weiter im großen Zauberbuch. Doch er kam auf keine andere Lösung als auf den „Zauber des Vergessens". „Ach, diese Menschen sind kompliziert", dachte er. Wie konnte er die Frau nur auf andere Gedanken bringen, sodass sie zu Hause endlich den Zaubertrunk zu sich nehmen konnte und befreit war von ihrem Liebesleid? „Ich habe eine Idee!", sagte der Zauberer. „Ich verwandle dich in ein Vögelchen und du fliegst nach Hause. Die neue Erfahrung des Fliegens wird dich soweit ablenken, dass du ganz und gar auf deinen Liebeskummer vergisst!" Einen Versuch war es wert. „Piff, paff, poff" machte es und die junge Frau verwandelte sich in eine graue Taube. Sie gurrte und flog schnell davon. Der Zauber hielt nämlich nur kurze Zeit, zu Hause sollte sich das Täubchen wieder in ein Menschlein verwandeln. Ob das auch wirklich funktionieren würde?

Auf das Zauberbuch und den Zauberer war Verlass. Der Taubenflug war so aufregend, dass die junge Frau ganz und gar auf ihren Liebeskummer vergessen hatte. Als sie zu Hause ankam und durch ein offenes Fenster ins Haus flog, wurde sie auf der Stelle zurückverwandelt. Schnell lief sie in ihre Kammer und nahm den Zaubertrank zu sich. Stellt euch vor, es machte wieder „piff, paff, poff" und der Liebeskummer verflüchtigte sich wie von selbst.

Der „Zauber des Vergessens" ist ein mächtiges Instrument, das nur die wenigsten Menschen beherrschen. Denn bewusst auf das eigene leidvolle Denken und Fühlen zu vergessen, bedarf einer großen Herzens- und Geisteskraft, die den Wenigsten gegeben ist. Als der Zauberlehrling selbst sehr, sehr alt geworden war und sich in die ewigen Zauberjagdgründe aufmachte, gab es keinen Nachfolger mehr, der das große Zauberbuch hätte erben können. Doch war es brandgefährlich, wäre jenes Zauberbuch in die falschen Hände geraten. Nicht auszudenken, welchen Schaden jemand damit hätte anrichten können, der das Herz nicht am rechten Fleck hatte. So belegte der alte Zauberer jenes Zauberbuch mit dem „Zauber des Vergessens". Und nur derjenige kann es lesen, der beim Heimtragen ganz und gar darauf vergisst!

6 Schloss Weinberg

Charakter der Wanderung: Von Kefermarkt wandern wir auf dieser abwechslungsreichen Runde zunächst zum oberhalb der Ortschaft thronenden prächtigen Schloss Weinberg. Von hier aus geht es weiter die Hänge des Buchbergs empor zur Aussichtswarte des Hoh-Hauses, bevor wir uns abwärts in Richtung des Weilers Elz wenden. Zuletzt gelangen wir über Waldpfade wieder zurück nach Kefermarkt.

Länge	8,5 km (ca. 3 Std. Gehzeit)
Steigung	370 hm
Markierung	*Buchbergweg (Wegnummer K31)*
Weg	Forst- und Feldwege, Wanderwege, Asphalt
Familien	Tour auch für ausdauernde ältere Kinder geeignet
Anfahrt	Mit dem PKW nach Kefermarkt, Parkmöglichkeiten im Zentrum
Einkehr	Schlossbrauerei Weinberg (schlossbrauerei.at) Café Restaurant Krah (www.krahkrah.at)
Sehenswertes	Flügelaltar in der Pfarrkirche Kefermarkt
Information	Marktgemeinde Kefermarkt Oberer Markt 15, 4292 Kefermarkt Tel.: +43 (0) 7947 59 10-0 gemeinde@kefermarkt.ooe.gv.at www.kefermarkt.ooe.gv.at

Wegbeschreibung

Wir beginnen unsere Rundwanderung auf dem Marktplatz vor dem Gemeindeamt von Kefermarkt. Dabei orientieren wir uns – wie auch während der gesamten Tour – an der *Beschilderung Buchbergweg mit der Wegnummer K31.* Vom Gemeindeamt aus gehen wir zunächst bergan in Richtung der **Pfarrkirche** mit ihrem berühmten **gotischen Flügelaltar** und passieren diese auf der rechten Seite. Dahinter geht es noch ein Stück weiter, bis wir zu einer Querstraße

gelangen, die uns nach links entlang einer Zeile von Einfamilienhäusern in Richtung des Schlosses führt. Bei einer Straßengabelung nahe einem Spielplatz halten wir uns links und sehen nun bereits linker Hand **Schloss Weinberg** über den Baumwipfeln aufragen. Wir erreichen den Prachtbau nach kurzer Zeit entweder durch den dem Schloss vorgelagerten kleinen Park oder indem wir der Straße in einem Linksbogen weiter folgen.

Nachdem wir das prachtvoll restaurierte Schloss, das immer wieder auch Gastgeber von Veranstaltungen und bekannten Märkten ist, ausgiebig erkundet haben, wenden wir uns wieder zurück in Richtung der nahen **Schlossbrauerei.** Dabei folgen wir der Straße links des Gasthauses bergan, bis diese eine Rechtskurve einschlägt. Hier biegen wir schräg nach links mit der Beschilderung zwischen zwei Wildgehegen auf einen Forstweg ein, der uns abwärts in Richtung eines Waldstücks leitet. Der Weg verläuft im Wald zunächst noch flach oberhalb eines Bachgrabens dahin, um schließlich den Bach zu überqueren und auf dessen linker Seite anzusteigen. In einer Linkskurve verlassen wir dann den Forstweg geradeaus auf einen

Pfad, der uns entlang des Grabens noch deutlicher ansteigend in Richtung Waldrand begleitet.

Es geht auf einem schönen Wanderweg bergan, bis wir schließlich bei einem Wochenendhäuschen den Wald verlassen und auf einen querenden Güterweg stoßen. Wir biegen rechts ab und steuern den kleinen **Weiler Grieb** an, wo wir zwischen den Häusern nach links auf einen ansteigenden Feldweg einbiegen. Dieser leitet uns in Kurven die Südhänge des Buchbergs empor, wo wir nach einer lang gezogenen Linkskurve am Waldrand mit einer Rastbank sowie einem herrlichen Blick über die hügelige Landschaft zurück zum nun unter uns liegenden Schloss belohnt werden.

Im Wald wird der Forstweg ein wenig steiler. Nach einer weiteren Linkskurve halten wir uns an einer Gabelung ein letztes Mal links, bevor wir nach rund 1 Std. 45 Min. Gehzeit das mit Holzschindeln verkleidete und architektonisch spannende **Hoh-Haus** erreichen. Zu dieser kleinen Aussichtswarte gelangen wir über einen schmalen Pfad durch einen Torbogen aus Granit. Im Inneren des Turms warten im Erdgeschoß Rastbänke, während vom Ausguck an der Spitze der Blick über die Baumwipfel auf das nördlich gelegene Lasberg genossen werden kann. Neben der Warte ist auf einem Felsen ein kleines Kreuz angebracht. Ein ebenfalls mit Schindeln verkleideter kleiner Imbiss bietet an besucherstarken Tagen die Möglichkeit, Erfrischungen zu konsumieren, wobei ansonsten auch im Hoh-Haus ein gefüllter Kühlschrank für durstige Kehlen bereitsteht.
Vom Hoh-Haus aus wandern wir mit der Markierung noch ein kleines Stück weiter durch den Wald bergan, wobei wir nach kurzer

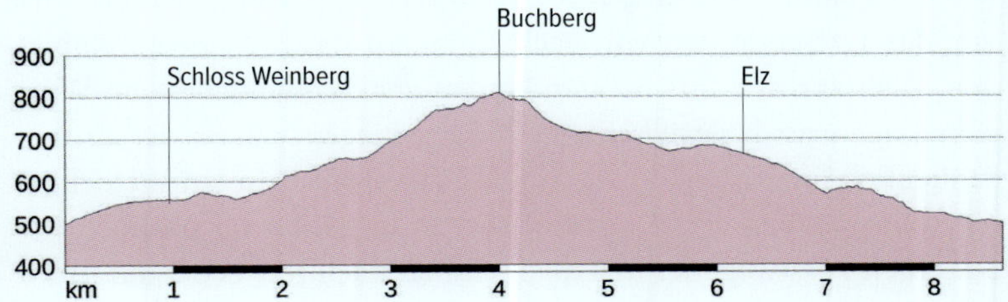

Zeit eine Forstwegkreuzung geradeaus überqueren, bis wir auf dem höchsten Punkt des 813 Meter hohen **Buchbergs** angelangt sind. Hier gabelt sich der Weg und wir biegen nach rechts ab, um uns an den Abstieg zu machen. Der Wanderweg leitet uns in ziemlich direkter Linie talwärts an den Waldrand, wo wir auf einem querenden Forstweg den Wald nach rechts verlassen, um ein nahes Bauernhaus anzusteuern. Wir umrunden dieses auf der linken Seite und folgen der Zufahrt bis zu einem nahen Güterweg, auf dem wir uns nach rechts wenden. Bald darauf heißt es Acht zu geben, denn wir biegen bei der wenige Meter weiter angebrachten Markierung entgegen der handschriftlichen Markierung K31 nicht nach links ab. Stattdessen folgen wir dem Güterweg noch ein Stück durch eine langgezogene Linkskurve abwärts, bis wir am Ende einer kleinen Baumreihe auf einer Birke das etwas versteckte *Schild K31* entdecken, das uns auf einen nach links abzweigenden Feldweg lotst.

Der Feldweg bringt uns links an einem Holzlagerplatz vorbei und über eine Kammhöhe hinweg zwischen zwei Waldstücken abwärts in Richtung des **Guts Kaufleithen.** Wir umrunden dieses zunächst auf der rechten Seite, wo wir zu einem Güterweg gelangen und nun auf der Vorderseite des Gebäudes nach links abbiegen. Bereits nach wenigen Metern geht der Weg in einen Feldweg über, der uns schräg nach rechts abwärts in einen Talgrund führt. Wir durchwandern diesen in einem weiten Rechtsbogen in Richtung eines auf der anderen Seite gelegenen Waldstücks, wo wir am Waldrand ein kleines Steinkreuz passieren. Dahinter steigt der Forstweg etwas an und wir wandern an der Rückseite von ein paar Häusern am Waldrand entlang, bis uns der Weg kurz darauf bei einer kleinen Kapelle in das Zentrum der **Ortschaft Elz** entlässt.

Auf der Hauptstraße biegen wir nach rechts ab und gehen bis kurz vor das Ortsende, wo wir nach links auf einen Feldweg einbiegen. Während wir uns bei den beiden ersten auftauchenden Weggabelungen noch jeweils rechts halten, biegen wir an der dritten schließlich links ab und folgen dem Pfad abwärts in ein Wäldchen. In einem Graben angelangt stoßen wir auf einen Lochstein sowie auf einen Forstweg, der uns noch einmal nach rechts bergan führt.

Zuerst geht es durch eine Linkskurve und danach folgt ein kurzer Anstieg, bis nach einer Rechtskurve um einen Hangvorsprung herum nach links ein schmaler Steig abzweigt, der uns jetzt endgültig durch den Wald abwärtsführt.

Am Ende des Pfads gelangen wir wieder in bewohntes Gebiet und kurz darauf zur Landesstraße, der wir nach rechts folgen, um nach einer Kurve bereits wieder das Zentrum von Kefermarkt vor uns zu sehen. Auf der Hauptstraße geht es die letzten Meter in Richtung unseres Ausgangspunkts am Marktplatz zurück, den wir nach einer an Eindrücken reichen und dennoch nicht allzu langen Runde nach gut 3 Stunden Gesamtgehzeit erreichen.

Schloss Weinberg

Schloss Weinberg in Kefermarkt zählt zu den schönsten Renaissanceschlössern Oberösterreichs und ist eine der mächtigsten und besterhaltenen Schlossanlagen des Mühlviertels. Es entstand im 12. Jahrhundert – zunächst als mittelalterliche Burg. Der ursprüngliche Bau, der auf einem Höhenrücken des Buchbergs errichtet wurde, gehörte zur Herrschaft Freistadt und spaltete sich schließlich als landesfürstliches Lehen ab. Die erste urkundliche Erwähnung geht auf das Jahr 1274 zurück, die Burg selbst besteht aber schon länger.

Unter der Herrschaft der Zelkinger gewann Weinberg durch Zukäufe stark an Bedeutung. 1473 bis 1476 wurde von den Zelkingern die Pfarrkirche Kefermarkt errichtet und 1479 der bekannte spätgotische Kefermarkter Flügelaltar gestiftet. Christoph von Zelking wollte Weinberg damals zu einem Wallfahrtsort machen, was jedoch fehlschlug. Während der Türkenbelagerung 1594 galt das Schloss als Zufluchtsort für die Bevölkerung. Unter Hans Wilhelm von Zelking veränderte sich die mittelalterliche Wehrburg um 1600 zu einem Renaissanceschloss. In der Zeit entstanden auch die Prunkräume, der Renaissancegarten sowie der markante Schlossturm.
Da die Herren von Zelking Protestanten waren, mussten sie in der Zeit der Gegenreformation das Schloss im Jahr 1629 an die

Schlosspark

schwäbische Adelsfamilie Thürheim verkaufen. Hans Christoph von Thürheim zu Biberachzell war passauischer Pfleger der Herrschaft Ebelsberg und wurde 1666 zum Reichsgrafen ernannt. Die Thürheimer veranlassten die barocken Umbauarbeiten auf Schloss Weinberg, in deren Zuge eine Schlosskapelle und eine Schlossapotheke errichtet wurden. Im 18. Jahrhundert stellten die Thürheimer zudem zwei Landeshauptmänner.

Am Ende des Zweiten Weltkriegs wurde das Schloss von sowjetischen Soldaten derart verwüstet, dass es nicht mehr bewohnbar war. Auch Plünderungen gab es in der Besatzungszeit. Die reiche Innenausstattung der 220 Räume sowie die Waffensammlung und das Familienmuseum gingen dadurch verloren. Die barocke Schlossapotheke und das umfassende Schlossarchiv konnten jedoch gerettet werden und befinden sich heute im Oberösterreichischen Landesarchiv und im Schlossmuseum Linz. 1946 kehrte die Familie Thürheim auf Schloss Weinberg zurück und es gelang, den land- und forstwirtschaftlichen Betrieb wieder aufzubauen.

1954 beherbergte das Schloss ein Schulungsheim für die Gewerkschaft der Bau- und Holzarbeiter. Auch ein Kindererholungsheim vom Kriegsopferverband war hier untergebracht. 1983 wurde der

Verein Schloss Weinberg gegründet, der es sich zum Ziel machte, das Anwesen vor dem Verfall zu retten. Das Schloss wurde zudem in den Achtzigerjahren vom Land Oberösterreich für 99 Jahre gepachtet und gemeinsam mit dem Unterstützungsverein renoviert. Mit der Landesausstellung im Jahr 1988 begann das Schloss wieder zu erblühen. Es dient seit 1989 als Landesbildungs- und Musikzentrum. In den Prunkräumen finden kulturelle Veranstaltungen, Lesungen und Konzerte statt. Besonders bekannt ist Schloss Weinberg für den alljährlichen Adventmarkt, der Besucher von nah und fern anzieht. Seit einigen Jahren gibt es auch einen Ostermarkt. Gleich neben dem Schloss wurde in den historischen Räumlichkeiten des 400 Jahre alten Meierhofes eine Gasthausbrauerei eingerichtet.

Bildungsschloss Weinberg

Heute steht auf Schloss Weinberg die Erwachsenenbildung im Fokus. Im „Bildungsschloss" befinden sich Seminarräume, moderne Hotelzimmer sowie eine empfehlenswerte Schlossküche. Wer das Schloss selbst kennenlernen möchte, kann das in Form einer Führung machen. Von Mai bis Oktober gibt es jeden Freitag eine Schlossführung für Kleingruppen und Einzelpersonen. Für individuelle Besichtigungen können wochentags nach telefonischer Voranmeldung Termine vereinbart werden.

Weiße Frau und Wassermandl

Die Sage von der Weißen Frau ist bei jeder Führung des Kefermarkter Ortschronisten Gerhard Danner, der auch schon viele Jahre Führungen auf Schloss Weinberg anbietet, ein Fixpunkt. Sie bezieht sich auf das Gemälde einer jungen Frau im zweiten Stock des Schlosses. Sie trägt ein weißes Kleid und die rechte Hand wird von einer geschmiedeten Fessel umschlossen. Zu diesem Bildnis hat sich eine Sage entwickelt: Ein junges Mädchen von ungefähr zwölf Jahren kam einst auf das Schloss, um verheiratet zu werden. Der künftige Gemahl hatte aber schon eine andere Liebschaft und so soll jenes Mädchen auf dem Bild todunglücklich gelebt haben und ebenso gestorben sein. Es heißt weiter, dass die junge Frau noch immer unglücklich im Schloss herumgeistert. Dieser Schlossgeist soll so manchem Besucher der Schlossbrauerei am Nachhauseweg als Weiße Frau erschienen sein.

Auch die Sage vom Wassermandl hat eine Verbindung mit dem Schloss Weinberg. Das Wassermandl lebte einst in einem Tümpel der Aist. Die Menschen fürchteten sich vor ihm, weil es weiße Haare und rote Augen hatte. Der Schlossherr von Weinberg entdeckte das Wassermandl eines Tages schlafend am Rande des Tümpels und nahm es mit ins Schloss. Als der Schlossherr es einmal in die Kirche mitnahm, fing das Mandl ganz laut zu lachen an. Es hatte gesehen, wie sich der Teufel am Weihwasserbecken den Kopf gestoßen hatte. Der Teufel wollte nämlich alle Leute aufschreiben, die nicht andächtig waren. Die Kuhhaut, auf die er die Namen schrieb, wurde ihm aber zu kurz und als er daran zog, um sie länger zu machen, stieß er sich den Kopf an. Am Sonntag darauf lachte das Wassermandl wieder in der Kirche und der Schlossherr wurde ärgerlich. Diesmal zeigte das Mandl auf einen Platz in der Kirche, unter dem man dann einen großen Schatz fand.
Nach einiger Zeit bekam das Wassermandl Heimweh nach seinem Tümpel und so schenkte ihm der Schlossherr die Freiheit. Das Wasserwesen hatte aber schon zu viele Geheimnisse ausgeplaudert und seine Angst, dafür von den Seinigen bestraft zu werden, war groß. Es bat den Schlossherrn um seine Begleitung und sprach: „Wenn das Wasser schwarz wird, ist das ein gutes Zeichen – wird es hingegen rot, dann ist es um mich geschehen." Die Befürchtungen des Wassermandls waren begründet, denn als es im Tümpel verschwunden war, stieg blutrotes Wasser auf. So nahm das Dasein des Wassermandls ein tragisches Ende.

Die Märchenfee auf Schloss Weinberg

Das Schloss Weinberg ist für mich ein sehr stimmiger Ort zum Schreiben. Mein Buch *Mondnächte erzählen,* das 2013 erschienen ist, entstand zu einem Großteil auf Schloss Weinberg. Auch einige Lesungen habe ich in meinem „Schreibschloss" bereits abgehalten. So ist es nicht verwunderlich, dass das Märchen dieses Kapitels von der Märchenfee im Schloss Weinberg handelt. Ein sehr inspirierender Ort, an dem die Kreativität hochleben darf!

Die Märchenfee und das Schlossgespenst

Es war einmal ... eine Märchenfee, die liebte es, Märchen zu lesen, zu schreiben und zu erzählen. Da begab sie sich eines Tages auf ein Schloss im Mühlviertel. Im Turmzimmer fand die Märchenfee eine neue Schreibheimat und konnte gar nicht mehr aufhören mit dem Schreiben.
Am Abend wurde sie müde und legte sich bald zur Ruhe. Kaum war die Märchenfee eingenickt, erschien ihr im Traum ein Schlossgespenst und bat sie um Hilfe. „Liebe Märchenfee, wo du schon bei uns im Schloss bist, kannst du uns Geistern und Gespenstern vielleicht ein wenig helfen?“ „Was kann ich denn für dich tun, Gespenst?“, fragte die Märchenfee im Traum. „Weißt du, liebe Märchenfee, die Menschen glauben nicht mehr an uns. Sie sagen, Geister gibt es nicht und seit so viele Leute unser schönes Schloss besuchen, haben wir Schlossgespenster überhaupt keine Ruhe mehr – in jedem Winkel des Schlosses findet ein Seminar oder eine Veranstaltung statt und fremde Leute schlafen in unseren Zimmern!“, klagte das Schlossgespenst.
Als die Märchenfee tags darauf erwachte, konnte sie sich noch haargenau an den Traum erinnern. Von da an schrieb die Märchenfee immer wieder Geschichten über die guten alten Geister, damit sie nicht ganz in Vergessenheit gerieten. Bei den Schlossführungen wurde auch von ihnen erzählt.

Es waren keine bösen Geister im Schloss, sondern nur liebe alte Schlossgespenster, die schon fast 800 Jahre in dem märchenhaften Schloss ihr spukendes Dasein verbrachten. Manche geisterten in der Ahnengalerie im dritten Stock herum, andere kamen aus den Porträts an den Wänden, die man überall im Schloss entdecken konnte.

Die Gespenster waren glücklich, dass sie wieder gewürdigt wurden. Als Dank dafür erzählten sie der leidenschaftlichen Schreiberin viele, viele Geschichten und Begebenheiten aus früherer Zeit, die von ihr in neue Märchen verwandelt wurden.

Bezirk Perg

7 Burg Clam

Charakter der Wanderung: Auf dieser kleinen, aber feinen Runde wandern wir von Saxen aus zunächst durch die kurze Klamschlucht. Im Anschluss geht es bergan zur oberhalb des Klambachs thronenden Burg Clam. Zurück im Tal genießen wir von der Ortschaft Achatzberg noch einmal den Blick zurück zur Burg, bevor wir durch ein Waldstück und über Wiesenpfade wieder nach Saxen zurückkehren.

Länge	6 km (ca. 2 Std. Gehzeit)
Steigung	160 hm
Markierung	*Klamschlucht (Wegnummer S4)*
Weg	Asphalt, Wanderwege, Forstwege
Familien	Tour auch für ausdauernde ältere Kinder geeignet
Anfahrt	Mit dem PKW nach Saxen, Parkmöglichkeiten im Ortszentrum
Einkehr	Gasthof Sturmmühle (www.sturmmuehle.at) Einkehrmöglichkeiten in Klam und Saxen
Sehenswertes	Strindberg-Museum Saxen (www.strindbergmuseum.at) Mühlenmuseum Sturmmühle (www.sturmmuehle.at)
Information	Marktgemeinde Saxen Saxen 77, 4351 Saxen, Tel.: +43 (0) 7269 355 gemeinde@saxen.at, www.saxen.at

Wegbeschreibung

Von der Kirche im **Zentrum von Saxen** aus folgen wir der Ortsdurchfahrt nordwärts, wobei wir schon bald neben anderen Markierungen auch auf die *Wegnummer S4* treffen, die die *Klamschlucht-Runde* anzeigt. Dieser Markierung werden wir während unserer gesamten Rundwanderung folgen.

Nach kurzer Zeit treffen wir auf eine Straßengabelung, an der wir links abbiegen. Wir folgen der Hauptstraße immer geradeaus

Burg Clam

westwärts aus dem Ortsgebiet von Saxen heraus, um nahtlos in die Ortschaft Au zu wechseln, wo uns die Straße bald in einem leichten Bogen vorbei an einem Fußballplatz zur **Sturmmühle** bringt. Kurz vor dieser lässt uns die Beschilderung S4 nach rechts entlang des Klambachs auf eine Nebenstraße einbiegen. Bereits nach wenigen Metern sehen wir einen roten Torbogen zwischen den Häusern, durch den uns ein ansteigender Pfad entlang eines Holzzauns in Richtung der **Klamschlucht** bringt. Nachdem wir eine kleine Kuppe hinter uns gebracht haben, halten wir uns an einer Weggabelung links und kommen so zu einem Holzsteg, der entlang einer steilen Felswand zu einer Wehranlage und dahinter in die Schlucht hineinführt. Diese hat bereits zu früheren Zeiten den mehrfach in Saxen als Gast weilenden Schriftsteller August Strindberg inspiriert.

Vorbei an sich zu beiden Seiten auftürmenden imposanten Felsgebilden wandern wir weiter in das Tal hinein. Auf einem Holzsteg überschreiten wir bald darauf den Bach und folgen nun links des

Wasserlaufs einem sanft ansteigenden Pfad weiter die Klamm entlang. Der Wanderweg geht schließlich in eine Forststraße über, die weiterhin links des Klambachs nordwärts führt. Auf der Kammhöhe oberhalb des Tals ist zwischen den Bäumen nun bereits ein Teil der Burg Clam zu erspähen.

Schließlich erreichen wir ein paar Häuser, gehen auf der nun asphaltierten Straße um einen Felsvorsprung herum und haben gleich darauf das obere Ende des Taleinschnitts erreicht. Wenige Meter weiter verlassen wir bei einem Teich für kurze Zeit die Route S4 und folgen einem schönen Spazierweg nach links durch eine Parkanlage mit exotischen Baumarten bergan. Der Weg zieht schräg den Hang empor, wo er sich schließlich gabelt. Wir biegen hier nach links ab und nach einem weiteren Anstieg und einem Rechtsbogen erreichen wir schließlich den weiten Platz direkt unterhalb von **Burg Clam,** wo im Sommer immer wieder nationale wie internationale Stars Freiluftkonzerte geben. Noch einmal heißt es in einem Bogen einen letzten Hangaufschwung in Angriff zu nehmen, bevor wir dann die eigentliche Burg erreicht haben. Die nach wie vor bewohnte mittelalterliche Festung kann zu den Öffnungszeiten im Zuge eines geführten Rundgangs oder im Rahmen einer vorab gebuchten Gruppenführung auch im Inneren erkundet werden.

Von der Burg aus wandern wir zunächst auf dem Anstiegsweg wieder talwärts durch den Park zurück ins Tal des Klambachs. Hier biegen wir nun nach links ab und marschieren vorbei an ein paar Häusern bis zu einer Querstraße. Mit der Markierung geht es nach rechts über eine Brücke hinweg und die ansteigende Straße entlang hinauf zur **Ortschaft Achatzberg.** Von hier aus lohnt sich übrigens ein Blick zurück zur Burg, die idyllisch über dem Ort Klam und der Klamschlucht thront.

Bevor wir zu einer großen Straßengabelung kommen, biegen wir – leider nicht markiert – direkt hinter einer Bushaltestelle nach rechts in eine Siedlungsstraße ein. Von hier aus bietet sich ein schöner Ausblick zur Alpenkette mit dem Ötscher als östlichem Blickfang. Vorbei an einer Reihe von Einfamilienhäusern steuern wir ein Waldstück an. In diesem Wäldchen befindet sich auch der **FriedWald Clam,** ein von Wegen durchzogenes Gelände, das die Möglichkeit für Bestattungen in freier Natur bietet. Am Waldrand geht der Güterweg in eine geschotterte Forststraße über. Nur wenige Meter weiter biegen wir an einer Gabelung nach links auf einen Forstweg ab, halten uns kurz darauf noch einmal links und folgen dem Weg in südlicher Richtung abwärts durch den Wald. Es geht bis zum anderen Ende des Waldes, wo uns die *Markierung S4* nach rechts abbiegen lässt.

Immer direkt am Waldrand entlang wandern wir jetzt über eine Wiese bergab, wobei wir unter uns bereits wieder die Häuser von Saxen erblicken. Zuletzt führt der Weg in einem Rechtsbogen hinab zu einer Siedlungsstraße, der wir nach links folgen. Sie führt uns zurück zur Hauptstraße, wo wir ein letztes Mal nach links abbiegen, um nach rund 2 Std. Gesamtgehzeit wieder zu unserem Ausgangspunkt bei der Kirche von Saxen zurückzukehren.

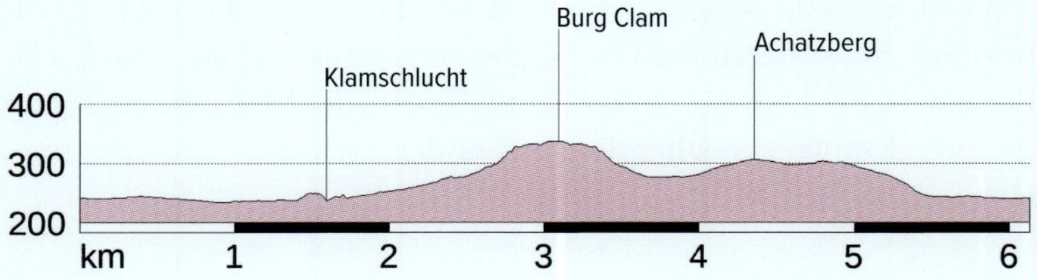

Burg Clam

Eine der bekanntesten Burgen in Oberösterreich ist die Burg Clam, die heute noch als voll möblierte mittelalterliche Festung von der Familie Clam-Martinic bewohnt wird und als beliebte Konzertlocation Jahr für Jahr nationale und internationale Musikstars nach Oberösterreich bringt.
Die einst uneinnehmbare Felsenburg steht auf einem bewaldeten Bergrücken. Unterhalb der Burg befindet sich mit der namensgebenden Klamschlucht ein beeindruckendes Naturschauspiel.
Bereits 1149 wird Burg Clam erstmals urkundlich erwähnt. Erbaut wurde die Burg von Otto von Machland zum Schutz gegen Räuber und Wölfe. Christoph Perger kam 1454 auf die Burg und erwarb damit den Namen „zu und auf Clam". Die Grafen von Clam zählen zum österreichischen Uradel und sind bis in das 13. Jahrhundert zurückzuverfolgen. Carl Josef Graf von Clam heiratete 1791 Maria Anna Reichsgräfin von Martinic – so enstand der Doppelname „Clam-Martinic". Burg Clam befindet sich heute in 23. Generation im Familienbesitz.

Ursprünglich bestand die Burg aus einem fünfstöckigen Wohn- und einem Rundturm. Diese markanten Bauelemente sind auch heute noch von Weitem sichtbar. Über die Jahrhunderte hat sich die Burg baulich immer wieder weiterentwickelt. Der Ostteil entstand – samt Burgkapelle – in der Zeit der Gotik. Damit gab es nun zwei Kapellen, eine ältere romanische und eine jüngere gotische. Die Burg wurde niemals eingenommen, jedoch oftmals belagert, was auch dazu führte, dass im Dreißigjährigen Krieg der Markt Klam abbrannte. Bereits im 16. Jahrhundert war die Burg in einem schlechten Zustand und wurde 1640 durch Freiherr Johann Gottfried von Clam von Grund auf renoviert. Seine Frau Sibylle – die Gräfin von Kagenek – und er waren für ihre Großzügigkeit bekannt. Sie stifteten die Ortskirche von Klam und ein Spital, außerdem schenkten sie jedem Einwohner von Klam einen sogenannten Krautacker. Über die Jahrhunderte wurde aus der Festung eine bewohnbare Burg.

In der Klamschlucht

Prager Fenstersturz

Der Prager Fenstersturz gilt als Auslöser des Dreißigjährigen Krieges. Graf Jaroslav Martinic war damals einer der „Gestürzten", kam jedoch mit einem gebrochenen Arm davon. Ein Porträt zeigt ihn heute noch auf Burg Clam mit dem verletzten Arm in der Schlinge. Die Grafen von Clam waren über viele Generationen in führenden Positionen der Habsburgermonarchie tätig. Allen voran Generalmajor Heinrich Graf von und zu Clam-Martinic, der von Kaiser Karl zum Ministerpräsidenten von Österreich ernannt wurde.

Burg Clam entdecken

Der heutige Besitzer Carl Philip Clam-Martinic lebt seit dem Jahr 2003 auf Burg Clam. Mit seiner Familie bewohnt er jedoch nur einen kleinen Teil der Räumlichkeiten. Die prächtige Burgherren-Kemenate und weitere prunkvolle Zimmer werden in den Sommermonaten an Gäste vermietet. Diese Gästezimmer kann man auch im Rahmen einer Burgführung besuchen. Der Rundgang beginnt im Arkadenhof und führt durch Burgapotheke, Waffenkammer und Kapelle zu den Wohnräumen der Grafen von Clam. Die Burgführung gibt einen guten Einblick in das Leben auf der mittelalterlichen Burg im Laufe der Jahrhunderte bis heute. Auch Privatempfänge durch den Burgherrn sind möglich. Nähere Infos unter www.burgclam.com

Stars unter freiem Himmel

Unterhalb der Burganlage befinden sich das Gebäude der alten Burgbrauerei und der Meierhof. Auf der Meierhofwiese finden seit 1990 die beliebten Clam-Konzerte mit Musikgrößen aus Rock und Pop statt. Auf dem Open-Air-Gelände wurde eine eigene *Clam Live Lodge* erbaut, die man außerhalb der Konzerttermine auch privat mieten kann.

Klamschlucht

Die namensgebende Klamm des Klambachs wurde immer wieder durch Hochwasser verwüstet. Die Kraft des Wassers der Klamschlucht nutzten früher Köhler, Müller, Schmiede und Säger für ihre wirtschaftlichen Zwecke und auch heute noch sorgt das Wasser des Klambachs für die Erzeugung von Strom. Die rund zwei Kilometer lange Klamschlucht zu durchwandern, ist ein großartiges Naturabenteuer. Die beeindruckenden Felsformationen tragen Namen wie *Steinerne Tür, Drachenloch* oder *Rabenstein.*

Zur *Steinernen Tür* gibt es eine Sage, die davon erzählt, dass es in der Klamschlucht eine Öffnung gibt, hinter der sich ein Schatz verbirgt. Die Tür öffnet sich einmal im Jahr in der Christnacht und der Schatz kann nur von einer Frau geborgen werden, die reinen Herzens ist. Einmal war eine Müllersfrau in der Schlucht, als die Tür gerade offenstand. Als sie die vielen Kostbarkeiten sah, griff sie sofort danach, aber statt Gold und Juwelen hielt sie nur wertloses Laub in den Händen.

Eine andere Sage erzählt von einer kranken Frau, die mit ihrer Tochter am Klambach wohnte. Ganz in der Nähe gab es mehrere wohlhabende, aber sehr geizige Bauern. Zu so einem Bauern kam eines Abends bei einem Unwetter ein buckliges Männlein mit einem riesengroßen Kopf und kleinen grünen Augen. Das Männlein erbat Unterstand, aber der Bauer wies es forsch ab. Auch bei den hartherzigen Nachbarbauern wollte man das Männlein nicht einlassen. Endlich fand es Unterschlupf in der ärmlichen Behausung der kranken Frau und ihrer Tochter. Hier wurde es freundlich empfangen und auch noch verköstigt. Bevor das Männlein die Hütte verließ, gab es der Tochter noch einen frisch gepflückten Strauß mit Wiesenblumen und Kräutern. Aus diesen Naturgaben sollte sie der Mutter einen Tee zubereiten. Dann verriet es dem Mädchen noch, wo die Blumen und Kräuter wuchsen und verabschiedete sich. So begab sich die Tochter auf die Klamhöhe in die Nähe des Brachfelsens, um weitere heilsame Blumen und Kräuter für die kranke Mutter zu pflücken. Das Zwergenmännlein rächte sich später an den geizigen Bauern, indem es große Felsbrocken von der Klamhöhe auf deren Häuser fallen ließ. Die Hütte des Mädchens und ihrer Mutter blieb jedoch verschont und die Mutter wurde durch die Medizin des Männleins bald wieder ganz gesund.

Eine weitere Sage berichtet von einer Fee in den Wäldern rund um die Burg Clam, die gerne in der Klamschlucht ein Bad nahm. Doch es hieß, wer sie je zu Gesicht bekommen würde, müsse sterben. Ein junger Ritter wollte diese Fee unbedingt sehen und setzte damit sein Leben aufs Spiel. Als er sie badend in der Klamschlucht sah, verliebte er sich augenblicklich in die Schöne. Die Fee bemerkte seine Blicke und verlangte seinen Tod. Doch dem jungen Grafen war das egal, denn er meinte, dass er ohnehin nie wieder etwas Schöneres in seinem Leben sehen würde. Da bekam die Fee Mitleid und milderte die Strafe. Statt seinen Tod herbeizuwünschen, verwandelte sie ihn in einen Hirschen, der Zeit seines Lebens treu an der Seite der Fee war. Als der Hirsch starb, bewahrte die Fee sein Geweih auf. Im Traum besuchte sie seinen älteren Bruder und teilte diesem das Schicksal des jungen Grafen mit. Es heißt, dass diese Geschichte der Grund dafür sei, dass die Herren auf Clam eine Frauengestalt mit einem Geweih im Wappen tragen. Der historische Hintergrund dafür ist jedoch, dass eine Jungfrau mit einem Geweih eine Burg symbolisiert, die noch nie erobert wurde und damit als „jungfräulich" galt. Die romantische Wappen-Sage entstand dagegen erst viel später im 19. Jahrhundert.

August Strindberg in der Klamschlucht

Die Klamschlucht inspirierte im 19. Jahrhundert auch den schwedischen Schriftsteller August Strindberg. Seine Eindrücke verarbeitete er im autobiografischen Roman *Inferno.* Das Naturdenkmal

Leonstein am nördlichen Eingang der Klamschlucht beschreibt Strindberg in jenem Roman als *Türkenkopf mit Turban.* Diese Felsformation erhielt ihren Namen ursprünglich durch eine angebliche Ähnlichkeit mit dem Papst Leo II., die markante Nase soll die Leute aus der Gegend an die Form des Felsens erinnert haben.

FriedWald Clam

Auf einer Fläche von 5,8 Hektar umgibt der FriedWald Clam die Burg Clam und bietet Menschen eine letzte Ruhestätte unter einem Baum. Seit 2016 ist es im FriedWald möglich, einen Baum oder einen Platz als natürliche Grabstätte zu erwerben. Hier wird die Asche von Verstorbenen in biologisch abbaubaren Urnen unter heimischen Bäumen wie Bergahorn, Ulme und Esche beigesetzt. Farbige Bänder markieren freie Plätze und Bäume im FriedWald. Bäume, an denen Menschen ihre letzte Ruhestätte gefunden haben, sind mit Namensschildern gekennzeichnet. Ein zentraler Andachtsort mit Holzkreuz, Steinaltar und Bänken dient sowohl als würdiger Platz für Trauerfeiern als auch zum Gedenken und Innehalten.

Eine Ritterrüstung erzählt

Es war einmal … auf der Burg Clam, da unterhielten sich die verschiedenen Ritterrüstungen miteinander und erzählten sich Geschichten von früher. Ihr müsst wissen, dass so eine Ritterrüstung für einen Ritter früher wie eine zweite Haut war, eine Schutzschicht, die über Leben und Tod entscheiden konnte. Die Beziehung zu so einer Rüstung war eine sehr persönliche und so entwickelten manche der Rüstungen selbst ein Eigenleben. „Ach", sagte eine der prächtigen Rüstungen, „uns geht es heute gut! Wir werden hier auf der Burg gehegt und gepflegt, glänzen Tag und Nacht, brauchen uns gar nicht mehr vor einem Kampf oder einem Krieg fürchten und werden von den vielen Besuchern auch noch bewundert!"

Eine andere noch prächtigere Rüstung meinte sodann: „Was bist denn du für eine Ritterrüstung? Also mir wäre es schon lieber, wenn mein Ritter noch leben würde und wir gemeinsam wieder für das Gute kämpfen könnten!"

Ja, so waren die Rüstungen verschieden! Aber allen gemeinsam war es, dass sie schon sehr alt waren und viel erlebt hatten. Die alte Ritterrüstung kam ins Schwärmen: „Was war das für eine Freude, damals für meinen Ritter angefertigt zu werden! Er zählte 21 Lenze, als er zum Ritter geschlagen wurde. Bald darauf bekam er mich, seine Rüstung. Gemeinsam waren wir unschlagbar und sorgten für Recht und Ordnung! Wenn wir unterwegs zu einem Kampf waren, dann reisten wir mit mindestens drei Pferden. Eines diente dem Ritter zum Reiten, eines als Lasttier für die schwere Ausrüstung. Das dritte und beste Pferd brauchte der edle Herr für den Kampf." Gleich mischten sich auch noch einige Waffen von damals ein, die in der Waffenkammer ausgestellt waren. „Ja, ja, redet ihr nur, ihr stolzen Rüstungen! Ohne uns Schwerter hätte es erst gar keine Kämpfe gegeben. Und unsere Herren gaben uns sogar eigene Namen!", hörte man da. Eine besonders kostbare, alte Langwaffe rief: „Ja, aber wir Lanzen waren auch sehr wichtig!"

Der Burggeist hatte die turbulente Unterhaltung in der Waffenkammer mitbekommen und mischte sich ein: „Streitet doch nicht! War das früher nicht schlimm genug, dass die Ritter mit euch in den Kampf gezogen sind? Es ist doch für alle viel besser, dass ihr heute so einen guten Platz gefunden habt und nicht irgendwo in einem Burgkeller verrostet!" Der Burggeist hatte weise gesprochen. Was gibt es Besseres für Rüstungen und Waffen, als wenn sie nicht mehr gebraucht werden, weil Friede im Land herrscht? Das sah auch die wehmütige Rüstung ein, die den Kämpfen von früher gerade noch so nachgetrauert hatte.

Am nächsten Tag kamen wieder viele Besucher, um die Waffenkammer zu bestaunen. Die Rüstungen glänzten mit den Schwertern um die Wette und waren stolz darauf, dass sie noch immer von so vielen Menschen bewundert wurden.

8 Schloss Greinburg

Charakter der Wanderung: Auf dieser Rundtour wandern wir von der bekannten Donaustadt Grein auf Wander- und Forstwegen die bewaldeten Hänge über dem Flusstal empor. Unser Ziel ist dabei die moderne Gobelwarte mit ihrem herrlichen Rundblick über das Mühl- und Mostviertel. Vom Gipfel geht es in einem Bogen wieder talwärts zurück nach Grein, wo wir zum Abschluss der Runde Schloss Greinburg besuchen.

Länge	7,5 km (ca. 2 Std. 45 Min. Gehzeit)
Steigung	330 hm
Markierungen	*Gobelwarte (Wegnummer 1), Nombergersteig (Wegnummer 2), Kaiserpromenade (Wegnummer 4), Herdmann-Rundweg (Wegnummer 3)*
Weg	Wander- und Forstwege, Asphalt
Familien	Tour auch für ausdauernde ältere Kinder geeignet
Anfahrt	Mit dem PKW nach Grein, Parkmöglichkeiten rund um das Zentrum
Einkehr	Cafe & Konditorei SCHÖRGI (www.schoergi.at) Gasthof zur Traube (www.zurtraube-grein.at)
Sehenswertes	Historisches Stadttheater Grein (www.stadttheater-grein.at) Oberösterreichisches Schifffahrtsmuseum (www.schloss-greinburg.at)
Information	Stadtgemeinde Grein Rathausgasse 1, 4360 Grein, Tel.: +43 (0) 7268 255-0 stadtamt@grein.ooe.gv.at, www.grein.at

Wegbeschreibung

Wir starten unsere kurze, aber dennoch abwechslungsreiche Runde auf dem **Stadtplatz von Grein** und verlassen diesen – vorerst noch ohne Beschilderung – auf der Durchfahrtsstraße in südwestlicher Richtung. An der Straßengabelung wenden wir uns nach links und steuern die Bundesstraße entlang der Donau an. Noch bevor wir

Schloss Greinburg

diese erreichen, biegen wir jedoch nach rechts auf eine parallel zur Bundesstraße verlaufende Nebenstraße ab und folgen dieser donauaufwärts. Die Nebenstraße mündet schließlich doch in die Bundesstraße ein und entlang dieser gehen wir in gleicher Richtung weiter.

Nachdem wir eine Brücke passiert haben, sehen wir eine Tankstelle sowie eine Zweigstelle des Roten Kreuzes vor uns. Rechts davon biegt eine Nebenstraße von der Bundesstraße ab und hier treffen wir erstmals auf die *Beschilderung zur Gobelwarte (Wegnummer 1)*, der wir im ersten Teil unserer Wanderung folgen. Die Nebenstraße führt uns über Bahngleise hinweg zu einer kleinen Siedlung, wo wir nach links abbiegen und den Geleisen ein kurzes Stück folgen. Noch vor dem letzten Haus der Siedlung biegen wir jedoch nach rechts ab und halten uns an einer Gabelung zwischen den Gebäuden links.

Ab nun geht es einen deutlich ansteigenden Wiesenpfad empor zum Waldrand. Ein Wanderweg leitet uns ab hier in zahlreichen Serpentinen den bewaldeten Hang hinauf, wobei sich zunehmend

schöne Ausblicke zurück auf Grein sowie hinab ins Donautal auftun. Schließlich mündet der Wanderpfad in einen Forstweg ein, dem wir kurz nach rechts folgen, bevor wir wenige Meter weiter wieder nach links auf einen Pfad einschwenken. Neuerlich geht es in Serpentinen bergan, bis wir schließlich nach Passieren einer Rastbank bei einem steinernen Marterl auf einem weiteren Forstweg nach links abbiegen. Der ansteigende Forstweg beschreibt bald einen Rechtsbogen und wir halten uns an einer Gabelung rechts. Nicht lange danach bringt uns der Forstweg zu einem einzelnen Haus am Ende eines Güterwegs. Hier biegen wir scharf nach rechts ab, um einem Wanderweg weiter bergan zu folgen. Nach einer ersten steileren Passage führt uns der Weg entlang eines Kammrückens und über eine Kuppe hinweg. Nicht lange danach erreichen wir den Waldrand, wo wir an einer Gabelung einem Feldweg nach rechts auf ein bäuerliches Anwesen zu folgen. Ab dem Bauernhof geht es nach links einen Güterweg entlang, vorbei an einer kleinen Kapelle und in einem weiten Linksbogen eine Hügelkuppe hinauf, wo der Güterweg zwischen den Häusern eines Weilers nach Westen schwenkt. Hier bietet sich ein weiter Ausblick nach Süden über das Untere Mühlviertel. Ein **Rastplatz des Donausteigs** lädt außerdem zu einer Pause ein.

Hinter dem Rastplatz kommen wir nach wenigen Metern zu einem kleinen Waldstück, in dem sich linkerhand eine Hubertuskapelle und rechts ein Parkplatz befinden. Vom Parkplatz aus führt uns nach rund 1 Std. 30 Min. Gehzeit eine kurze Forststraße bergan zur modernen, 21 Meter hohen stählernen **Gobelwarte** auf 484 Metern Seehöhe. Rechts hinter dieser befindet sich ein großer Felsblock mit einem Schild des Österreichischen Touristenklubs, auf dem eine Metallskulptur thront. Links der Warte bietet ein Brunnen die Möglichkeit, gegen Bezahlung gekühlte Getränke aus mehreren Metern Tiefe emporzukurbeln. Rund um den Aussichtsturm schaffen einige Rastbänke eine gemütliche Atmosphäre. Die Gobelwarte selbst ist über eine breite Treppe einfach zu erklimmen. Zur Sicherheit sei für zart besaitete Gemüter darauf hingewiesen, dass im oberen Teil der Warte ein deutliches Schwingen zu spüren ist. Dafür werden diejenigen, welche sie erklimmen, mit einem traumhaften 360-Grad-Panorama des östlichen Mühlviertels und des nördlichen Mostviertels belohnt, wobei besonders die Blicke auf Grein, das Donautal sowie hinüber zur Burg Clam und nach Bad Kreuzen hervorzuheben sind.

Von der Rückseite der Gobelwarte aus folgen wir nun für den Talweg der Beschilderung des *Nombergersteigs (Wegnummer 2).* Es geht wiederum in Serpentinen auf einem Waldpfad tiefer, wobei wir nach einiger Zeit eine Forststraße überqueren. Nicht lange danach mündet der Pfad neuerlich in die Forststraße ein, der wir jetzt nach rechts weiter abwärts folgen. An einer Gabelung wenige Meter dahinter halten wir uns wiederum rechts. Danach geht es ein Stück die Forststraße entlang, bis wir diese mit der Beschilderung nach links auf einen Wanderweg verlassen, der uns in deutlichem Gefälle

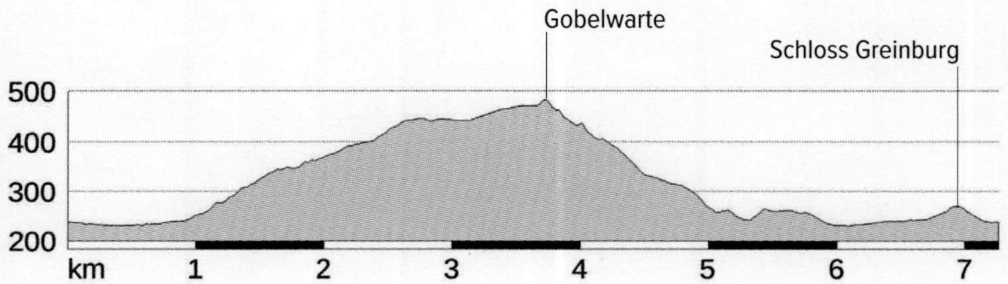

hinab zum Waldrand bringt. Hier biegen wir – nun mit der Beschilderung der *Kaiserpromenade (Wegnummer 4)* – nach links ab und wandern auf einem flachen schmalen Pfad immer den Waldrand entlang. Zuletzt führt uns der Pfad einen kleinen Wiesenhang empor und über einen Güterweg hinweg, um auf der anderen Seite wieder anzusteigen und uns mit schönem Blick in Richtung Schloss Greinburg weiter den Wald entlangzuleiten.

Zuletzt kommen wir zum Rand einer Siedlung und biegen an der hier befindlichen Gabelung auf einer Straße nach rechts in die Siedlung hinein ab. Dabei orientieren wir uns für den Rest der Strecke an der *Beschilderung Herdmann-Rundweg (Wegnummer 3)*. Wir folgen der Siedlungsstraße abwärts bis zu einer querenden Straße, der wir nach rechts folgen. In einem Linksbogen spazieren wir bis zur Bundesstraße, überqueren diese und folgen der Nebenstraße in gerader Richtung durch ein Gewerbegebiet bis zur Einmündung in eine weitere Querstraße. Auf dieser geht es nach rechts unter der Bahnstrecke hindurch bis zu einem kleinen Park. Dahinter sehen wir bereits die Zufahrtsstraße hinauf zum **Schloss Greinburg**, der wir den Hügel bergan folgen.

Vom Schloss aus bietet sich ein hübscher Blick hinab auf die Donau und das Zentrum von Grein, das wir nun über eine vom oberen Ende der Zufahrtsstraße abzweigende und durch eine Parkanlage führende Treppe ansteuern. Am Ende des Parkwegs kommen wir zu einer schmalen Gasse, die uns nach rechts in Richtung Stadtplatz und damit nach rund 2 Std. 45 Min. Gesamtgehzeit zum Ende unserer abwechslungsreichen Wanderung bringt.

Schloss Greinburg

Schloss Greinburg gilt als ältestes Wohnschloss Österreichs und ist heute im Besitz des herzoglichen Hauses Sachsen-Coburg und Gotha. Das Schloss ist jeweils von 1. Mai bis 26. Oktober für Besucher geöffnet und beherbergt auch das Oberösterreichische Schifffahrtsmuseum.

Die erste urkundliche Erwähnung von Schloss Greinburg stammt aus dem Jahr 1488, als Kaiser Friedrich III. den Brüdern Heinrich und Siegmund Prüschenk – Freiherren von Stettenberg – den Markt Grein samt Schloss und Herrschaft Werfenstein verkaufte. Es wurde den Brüdern erlaubt, an einem beliebigen Ort zwischen Saxen und Grein ein Schloss zu erbauen. Ihre Wahl fiel auf den steil abfallenden Felsen namens *Hohenstein.* Mit seinem einheitlichen Grundriss war das Schloss das erste nördlich der Alpen, das in dieser Weise erbaut wurde. Schloss Grein wurde zum Schutz des Machlandes gegen feindliche Angriffe errichtet und wandelte im Laufe der Zeit seinen Namen von *Stettenfels* zu *Heinrichsburg,* bis es ab dem Jahr 1533 *Greinburg* genannt wurde. Ab 1533 war die Herrschaft Grein Sitz des Landgerichts Machland und 1572 wurde das Pfleggericht von Struden nach Grein verlegt. Damit war Grein zum Verwaltungszentrum des unteren Machlands geworden. 1594 zählte Schloss Greinburg zu den verteidigungsfähigsten Fluchtburgen der Gegend.

Das Schloss hatte mehrere Besitzer. Darunter befanden sich der kaiserliche Pfennigmeister Johann Löbl, Leonhard Helfried von Meggau und Sigmund Ludwig von Dietrichstein. Durch Johann Löbl erhielt das Bauwerk weitgehend seine heutige Gestalt. Graf Meggau ließ das Schloss im Stil der Renaissance ausbauen. 1822 kaufte das Haus Sachsen-Coburg und Gotha die Herrschaft Grein. Die Familiengeschichte dieses Hauses wird auf Schloss Greinburg in den Festräumen präsentiert. Die Besitzerfamilie nutzt Schloss Greinburg heute gerne in den Sommermonaten. Ist ein Mitglied der herzoglichen Familie anwesend, weht am Schloss die Fahne mit dem schwarz-gelben Familienwappen.
Ein königliches Detail am Rande: Die englische Königin Victoria war kurzzeitig Mitbesitzerin von Schloss Greinburg, da sich ihr Prinzgemahl Albert einst unter den Erben der Herrschaft Greinburg befand.

Das Schloss entdecken

Im Rahmen einer Schlossführung kann man die Besonderheiten von Schloss Greinburg entdecken und besucht dabei den Arkadenhof, das in Österreich einzigartige spätgotische Diamantgewölbe, die geheimnisvolle *Sala terrena*, den großen Rittersaal, die Schlosskapelle

samt frühbarockem Weihnachtsaltar sowie die Festräume der Familie Sachsen-Coburg und Gotha.
Hinweis: Für die Führungen wird um Voranmeldung gebeten. Im Schloss findet weiters eine Reihe von Kulturveranstaltungen – wie zum Beispiel die Donaufestwochen im Strudengau – statt. Darüber hinaus dient das Schloss als Hochzeitslocation und kann auch für andere private Feste gemietet werden. Weitere Infos unter www.schloss-greinburg.at

OÖ Schifffahrtsmuseum

Das OÖ Schifffahrtsmuseum besteht seit dem Jahr 1970 und beherbergt eine Ausstellung rund um die verkehrstechnische Nutzung der Donau und ihrer Zuflüsse Salzach, Traun und Enns. Detaillierte Schiffsmodelle geben Einblick in die Geschichte der Binnenschifffahrt auf heimischen Flüssen. Weiters sind im Museum Modelle von alten Städten in Oberösterreich zu sehen.

Sala terrena und Diamantgewölbe

Die *Sala terrena* ist ein vollständig mit Kieselsteinen ausgeschmückter Raum und wird auch als *Steinernes Theater* bezeichnet. Der Saal entstand in der Zeit des Grafen Meggau 1625 aus Donaukieseln, welche alle Wände und das Deckengewölbe in Form von Mosaiken überziehen. Diese Mode der Raumverzierung stammt ursprünglich aus Italien und ist in Österreich einzigartig. Man kommt in diesen Räumlichkeiten aus dem Staunen nicht mehr heraus und entdeckt immer wieder neue Details. Aus geschätzten 22 Millionen (!) Kieselsteinen wurde dieses besondere Raumerlebnis geschaffen: ein einzigartiges Kunstwerk, das daran erinnert, dass wir alle ein kleiner Teil eines größeren Ganzen sind. Zur geheimnisvollen *Sala terrena* passt folgendes Märchen:

Zwei Kiesel

Es waren einmal ... zwei Kieselsteine, die gingen auf eine Reise. Der erste war ungefähr so groß und flach wie eine Münze und der zweite glich von der Form einem ovalen Lutschbonbon. Lange lagen sie gemeinsam auf einem Kiesweg. Ihr Daliegen dauerte schon so lange, dass die Kieselsteine ganz vergessen hatten, wo sie herkamen und wer sie waren. Das Tag- und Nachtwerk der Steine bestand darin, herumzuliegen und als einzelner Teil ihren Beitrag zu einem größeren Ganzen – dem Kiesweg – zu leisten. Doch eines schönen Tages schnappte eine Kinderhand nach ihnen und steckte sie in die Hosentasche. Hier war es dunkel, ganz so wie in der Nacht. Doch bald schon wurde es wieder hell. Der kleine Junge griff nach den zwei Steinen in seiner Hosentasche und schmiss sie ins Wasser. Einfach so. Ohne Vorwarnung. Die Kiesel erschraken. Nass, das kannten sie bisher nur vom Regen. Aber so viel Nass auf einmal? Das war sehr sonderbar. Die Steine waren in einem kleinen Bach gelandet, und dieser freute sich über seine zwei neuen Gäste: „Seid willkommen in mir! Lasst euch treiben und fühlt euch wie zu Hause!"

Er war ein freundlicher Bach und liebte es, wenn Kinder Steine zu ihm brachten. Denn jeder neue Stein wusste auch neue Geschichten zu erzählen und diese mochte der freundliche Bach sehr. Doch was konnten die zwei Kieselsteine schon groß erzählen? Rein gar nichts. Denn sie hatten ja alles vergessen, was sie jemals jenseits des Kieswegs erlebt hatten. „Schade", meinte der Bach und gurgelte weiter. Gerade als es sich die Kiesel im Bachbett gemütlich machen wollten, schwoll der Bach durch starke Regenfälle an und so wurden sie durch immer wildere Wassermassen mit der Strömung mitgerissen. So ging das einige Zeit, bis die beiden in einem großen Fluss landeten.

„Fällt dir etwas auf?", fragte der Kiesel, der einem ovalen Lutschbonbon ähnelte. „Nein, was denn?", fragte der andere. „Wir werden kleiner!", erklärte ihm sein Kamerad. Durch die wilde Wasserreise verloren die Steine an Umfang. Sie wurden abgeschliffen und immer kleiner.

„Seit wir im Fluss sind, kann ich mich wieder erinnern!", staunte der eine Kieselstein. „Woran denn?", wollte der andere wissen. „An eine Zeit, in der wir eins waren mit der großen Steinseele!", antwortete der eine ihm andächtig.

Die Steine hatten eine Ahnung davon bekommen, wie es damals war, ein einziges großes Ganzes zu sein. „Es ist ein schönes Gefühl, wenn man wieder weiß, wo man herkommt. Aber was glaubst du, passiert jetzt mit uns?" „Ich weiß es nicht, ich weiß nur, dass es herrlich ist, im Fluss zu sein!"

Da waren sich die beiden Steine einig. Und je mehr sie sich zurückerinnern konnten, desto fröhlicher und ausgelassener wurden sie. Und als von ihnen nichts mehr übrigblieb, da waren sie wieder ganz geworden.

Burgruine Klingenberg

Charakter der Wanderung: Diese Rundtour führt uns vom Wallfahrtsort St. Thomas am Blasenstein zunächst zur herrlich gelegenen Ruine Klingenberg. Anschließend geht es in einem Bogen weiter zur imposanten Felsformation der sogenannten Zigeunermauern. Schließlich kehren wir – mit der Möglichkeit eines Abstechers zum Phallusstein – zurück nach St. Thomas. Hier bietet sich noch die Gelegenheit, bei der Bucklwehluck'n den Tag mit einem traumhaften Rundblick ausklingen zu lassen.

Länge	10 km (ca. 3 Std. 30 Min. Gehzeit)
Steigung	430 hm
Markierung	*Ruine Klingenberg (Wegnummer S8)*
Weg	Feld- und Forstwege, Asphalt, Wanderwege
Familien	Tour auch für ausdauernde ältere Kinder geeignet
Anfahrt	Mit dem PKW über Pregarten, Perg oder Grein nach St. Thomas am Blasenstein. Parkmöglichkeiten rund um das Ortszentrum
Einkehr	Gasthaus Ahorner
Sehenswertes	Wallfahrtskirche und Mumie (Luftg'selchter Pfarrer) von St. Thomas am Blasenstein
Information	Marktgemeinde St. Thomas am Blasenstein, Markt 7, 4364 St. Thomas am Blasenstein Tel.: +43 (0) 7265 5455 marktgemeinde@st-thomas.at, www.st-thomas.at

Wegbeschreibung

Wir beginnen unsere mit der Beschilderung *Ruine Klingenberg (Wegnummer S8)* gekennzeichnete Runde beim **Gemeindeamt von St. Thomas am Blasenstein** und folgen der Ausfahrtsstraße nordwärts in Richtung Ortsausgang. Noch inmitten der Häuser führt uns der Wegweiser in einer Linkskurve nach rechts zwischen den Gebäuden – vorbei am Naturdenkmal **Wackelstein** – zu einem

Burgruine Klingenberg

Waldpfad. Wir wandern auf diesem abwärts, überqueren eine Straße und steigen durch den Wald weiter zu einem Güterweg ab. Hier wenden wir uns nach links, verlassen den Güterweg jedoch schon bei der folgenden Gabelung nach rechts abwärts. Vorbei an einem Tiefbehälter geht es nun über einen Bach hinweg und anschließend nach links auf einem Feldweg den Waldrand entlang. Der Weg führt uns sanft ansteigend bis zu einem weiteren Güterweg, auf dem es kurz nach links geht, bevor wir ihn nach wenigen Metern hinter ein paar Häusern wieder nach rechts auf einen Forstweg verlassen, der uns in ein Waldstück hineinführt.

Der Forstweg leitet uns anfangs flach unterhalb der **Bärenlucke** durch den von Felsblöcken übersäten Wald, um später nach einer Linkskurve deutlich nach Norden hin abzufallen. In der Talsenke angekommen biegen wir bei einer Gabelung nach rechts ab und gelangen zu einem Güterweg, der uns wiederum nach rechts – nun bereits den Bergfried der Ruine Klingenberg im Blick – um einen Bauernhof herumführt. Hinter diesem überqueren wir eine Brücke

und biegen dahinter nach links auf eine Forststraße entlang des **Willersdorfer Bachs** ab.

Neuerlich geht es jetzt talaufwärts in ein Waldstück hinein, in dem wir zunächst einen Fischteich passieren. Bald darauf beschreibt die Forststraße eine Rechtskehre und in einem kurvenreichen Anstieg geht es nun stetig höher durch das Gehölz, bis wir schließlich am Höhenrücken zu einer Gabelung gelangen. Hier biegen wir ein letztes Mal nach rechts ab und erreichen so nach rund 1 Std. 30 Min. Gehzeit die **Ruine Klingenberg.** Außerhalb der Mauern der Ruine, die teilweise saniert wird, bieten sich einige Bänke mit tollem Fernblick für eine Rast an.

Beim Abstieg von der Ruine wenden wir uns – zurück an der Forststraßengabelung – nun nach rechts in Richtung Grabneralm. Wenig später erreichen wir bei einem Anwesen einen Güterweg, verlassen diesen jedoch schon nach wenigen Metern nach links auf einen talwärts führenden Feldweg. Bei einem Haus halten wir uns zunächst noch links, um wenig später bei einer dreifachen Gabelung der rechten Abzweigung in den Wald zu folgen. Hier biegen wir bei einer weiteren Gabelung links ab und es geht auf schöner Wegstrecke immer den Hang entlang durch den Wald bis zu einem Bauernhaus am oberen Ende des Tals.

Wir queren unterhalb des Bauernhofs nach links hinüber zur Zufahrtsstraße, wenden uns auf dieser kurz nach rechts und schwenken sofort wieder nach links auf einen Feldweg ein. Auf diesem wandern wir auf der anderen Talseite in einem Linksbogen bergan bis zu einer Rechtskurve am Waldrand. Hier heißt es Acht zu geben, denn es fehlt an dieser Stelle eine Beschilderung – lediglich orangerote Pfeile auf den Baumstämmen zeigen uns an, den Forstweg zu verlassen und einem steilen Pfad zwischen verstreuten großen Felsblöcken hindurch nach rechts den Hang hinauf zu folgen. Der nicht sehr ausgeprägte Pfad bringt uns zum **Aussichtspunkt Waldpeter,** bevor der steile Anstieg bei einem Rastplatz endet.

Dahinter wandern wir vorbei an einem Hochstand über eine Wiesenlichtung bis zu einem Güterweg. Es geht über diesen hinweg, dann folgen wir einem Forstweg nach links. Bald stoßen wir neuerlich auf einen ansteigenden Güterweg, auf dem wir nach rechts abbiegen. Es geht kurze Zeit auf asphaltierter Strecke dahin, bis bei einer Rastbank im Wald unser Weg nach rechts abzweigt. Ein Waldpfad bringt uns in einem Linksbogen nach einem letzten kurzen Anstieg schließlich zu den Felsblöcken des Naturdenkmals der sogenannten **Zigeunermauern.**
Von hier aus geht es auf der anderen Seite schräg nach links wieder den Hang hinab zum Waldrand, dem wir nach links zurück zum Güterweg folgen. Auf diesem biegen wir neuerlich nach links ab, um bald darauf wieder auf unsere Anstiegsroute zu treffen. Schon wenige Meter weiter biegen wir nun allerdings nach rechts ab und

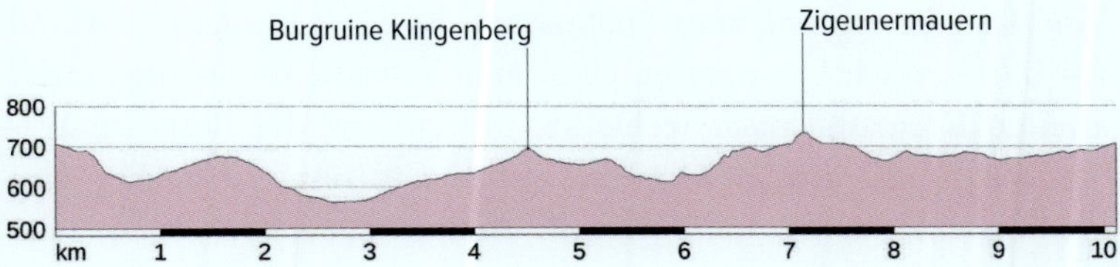

Ausblick von St. Thomas am Blasenstein

gelangen auf einem schmalen Pfad durch Jungwald hinab zu einem Bauernhaus. Hinter diesem geht es auf einem Güterweg kurz nach rechts bis zu einer Gabelung. Hier schwenken wir links der kleinen Kapelle auf einen leicht ansteigenden Forstweg in den Wald ein. Auf diese Weise umgehen wir eine lang gezogene Kurve der Straße, auf die wir jedoch bald wieder treffen. Wir folgen ihr nach rechts bis zu einer Kreuzung, halten uns hier links und biegen schon bei der nächsten Abzweigung nach rechts in eine Zufahrtsstraße zu einem Anwesen ein. Noch vor Erreichen des Bauernhofs geht es nach links entlang des Feldes und anschließend geradeaus durch ein Waldstück zum **Sportplatz** von St. Thomas. Dahinter folgen wir der Straße nach Süden, bis wir am Ende des Gemeindewaldhanges auf eine Beschilderung stoßen, die uns auf die Möglichkeit zu einem kurzen, steilen Abstecher nach rechts in den Wald hinauf zum **Phallusstein** hinweist (rund 15 Minuten hin und zurück).
Von der Abzweigung zum Phallusstein ist es nicht mehr weit und wir biegen nach Überqueren einer ersten Straßenkreuzung an der zweiten Kreuzung nach rechts ab, um entlang der Einfahrtsstraße nach rund 3 Std. 30 Min. Gesamtgehzeit (ohne Abstecher zum Phallusstein) ins Zentrum von St. Thomas zurückzukehren. Hier

krönen wir unsere Wanderung noch mit einem abschließenden Besuch der **Bucklwehluck'n** – einem bekannten Durchschlupfstein, der diejenigen, die sich durch seinen engen Felsspalt zwängen, von Kreuzschmerzen (oder wahlweise Sünden) befreien soll. Vor allem nach dem Ende des untertägigen Besucherandrangs kann man hier abends noch einmal den Blick über die Landschaft schweifen und die Eindrücke des Tages in aller Ruhe Revue passieren lassen.

Burgruine Klingenberg

Die Burgruine Klingenberg ist eine der ältesten und mächtigsten Wehranlagen des östlichen Mühlviertels. Bevor die Burg errichtet wurde, verfügten ihre Erbauer – die Herren von Machland – bereits über zwei Burgen im nahen St. Thomas am Blasenstein. Eine davon befand sich am Platz der bekannten *Bucklwehluck'n,* die zweite im Bereich der heutigen Pfarrkirche. Als mit Klingenberg Mitte des 12. Jahrhunderts die weit größere und sicherere Wehranlage fertiggestellt war, wurden die älteren und räumlich beengten Burgen aufgegeben.

Die Burgruine liegt auf rund 700 Metern Höhe zwischen St. Thomas am Blasenstein und Pabneukirchen auf einer steilen Felskuppe. Die Außenwand des *Palas* steht heute noch und wurde wie die gesamte Anlage in romanischer Quadertechnik aus Weinsberger Granit erbaut. Ursprünglich gab es einen Zwinger, eine Vorburg und eine höher gelegene Hauptburg. Vom Bergfried aus sind auch heute noch die Burg Clam im Süden und die Burgruine Ruttenstein im Norden zu sehen. Der Sichtkontakt zwischen den Burgen war vor allem im Mittelalter von strategischer Bedeutung. Auch nach St. Thomas und Pabneukirchen gab es einen guten Ausblick. Spannendes Detail: Vom Pfarrhof St. Thomas soll ein unterirdischer Gang nach Klingenberg bestanden haben. Bei Kanalbauten im Jahr 1999 wurde ein Teilstück dieses geheimen Verbindungsgangs entdeckt.

Die im 11. Jahrhundert vom Adelsgeschlecht der Perg-Machländer erbaute Burg Klingenberg gilt als Rodungs- und Fluchtburg. Das damalige Herrschaftsgeschlecht rodete im Machland weite Gebiete, die von der Donau bis zum Nordwald reichten. Es folgte das Geschlecht der Clam-Velburger. Da Graf Ulrich – als deren letzter Erbe – beim fünften Kreuzzug in Ägypten 1218 umkam, ging der gesamte Besitz an Herzog Leopold VI., den damaligen Landesfürsten. Klingenberg kam über die Babenberger und Ottokar Přemysl in den Besitz der Habsburger und wurde schließlich bis 1358 an die Wallseer verpfändet. Im Laufe der Zeit war die Burg im Pfandbesitz vieler verschiedener Adelsgeschlechter. Noch vor 1600 wurde die Burg vom bürgerlichen Lorenz Schütter großzügig zum Renaissanceschloss ausgebaut. Die Schütter galten als Unterstützer des Kaiserhauses und kamen im zweiten Türkenkrieg zu einem beachtlichen Vermögen.

Im Zuge der Gegenreformation ging die Herrschaft Klingenberg 1630 samt dem Markt Münzbach an das Chorherrenstift Waldhausen. Nach der Aufhebung des Klosters 1792 durch Kaiser Joseph II. wurde die gesamte Herrschaft Klingenberg vom Domkapitel Linz übernommen, in dessen Besitz es sich noch heute befindet. Nachdem das Stift Waldhausen die Verwaltung aus der Burg abzog, verfiel die Anlage immer mehr, nur mehr Torwärter und arme Leute wohnten noch hier. Nach einem Blitzschlag brannten im Jahr 1700 zudem große Teile der Burganlage ab. Viele der Steinquader wurden danach als Baumaterial in der näheren Umgebung verwendet. 1855 kam es zum Einsturz des Bergfrieds, der heute vorhandene Rest ist noch 24 Meter hoch.

Seit 2013 wird die Ruine durch eine private Initiative wieder instandgesetzt. Der halb eingestürzte Bergfried konnte mit einem Holzbau gut gesichert werden. Die Ruine ist nach umfangreichen Mauersicherungsarbeiten auch im Außenbereich begehbar. Es gibt einen Aussichtsplatz, einen Rundweg sowie eine Reihe von Sitzgelegenheiten.

Die Burgsteine

Es war einmal … eine alte mächtige Burg, die einst aus Granit errichtet worden war. Innerhalb ihrer Mauern war über die Jahrhunderte viel geschehen. Die Burganlage verfiel jedoch immer mehr und geriet schließlich in Vergessenheit. Irgendwann schlug auch noch der Blitz ein und große Teile der alten Mauern wurden ein Raub der Flammen. Nach und nach kamen immer mehr Menschen aus der Umgebung, um sich die guten Steinquader aus Granit als Baumaterial für ihre eigenen Häuser zu holen. Der Burggeist, der seit vielen hundert Jahren auf der Burg ansässig war, sah das gar nicht gern, doch konnte er nichts dagegen tun.

Als schließlich auch noch der Bergfried einstürzte, war es endgültig vorbei mit der Mächtigkeit der einst so stolzen Burg, die früher einmal von einer Reihe von Burggeistern bewohnt war. Viele von ihnen hatten die Burg längst verlassen, doch ein Geist war geblieben. Es handelte sich um einen besonders alten Geist, der einfach keine Lust hatte, sich eine neue Burg zu suchen. Die anderen Geister wollten ihn einst überreden, mit ihnen mitzukommen, doch er blieb, wo er war.

Ein bisschen langweilig war ihm zwar schon auf der Burg, die eigentlich keine mehr war, doch eine Ruine war ja auch nicht schlecht. Aber wen sollte er hier noch erschrecken? Eines Tages kam eine Krähe dahergeflogen, die sehr neugierig war. Sie wusste, dass es hier auf der Ruine einen Burggeist geben musste, die Waldeule hatte ihr davon erzählt. Jedoch konnte man diesem Geist nur bei Dunkelheit begegnen und so wartete die Krähe, bis es Nacht wurde.

Der Geist freute sich, weil er dachte, dass er endlich wieder einmal jemanden erschrecken konnte, auch wenn es nur ein schwarzer Vogel war. „Buh!“, machte er und kam aus seinem Versteck geflogen. „Hallo!“, sagte die Krähe unbeeindruckt und der Geist war enttäuscht, dass sich der Vogel nicht vor ihm fürchtete. „Was machst du hier denn die ganze Zeit so alleine?“, fragte die Krähe und der Geist wusste keine Antwort. Die neugierige Krähe sah sich um und fragte weiter. „Wo ist deine Burg hin verschwunden?" Der Geist sah traurig drein und antwortete: „Immer mehr Leute sind gekommen und haben die Granitsteine weggetragen. So wurde die Burg immer kleiner und kleiner und es blieb mir nur mehr diese Ruine hier." „Ach so", krächzte die Krähe, „jetzt weiß ich auch, warum die Leute, die durch den Wald marschieren, immer wieder so schwere Steine mit sich herumschleppen. Erst neulich habe ich einen gesehen, der mit diesen Granitsteinen sein Haus am Waldrand ausgebessert hat!" Der Geist wurde hellhörig. „Wirklich? Die Menschen bauen aus den alten Burgsteinen also neue Häuser?" „Genau!", bestätigte die Krähe. „Ja, wenn das so ist, dann muss ich meine alten Freunde, die Burgsteine, unbedingt besuchen! Ich will ja sehen, wo sie jetzt liegen und wie es ihnen geht!" Gesagt, getan! Noch in derselben Nacht flogen der Geist und die Krähe in der näheren Umgebung herum, um die verloren geglaubten Burgsteine zu suchen. Als Geist hat man stets eine geheime Verbindung zu den alten Burgmauern und so fand er jeden einzelnen Stein wieder. Das war natürlich eine ganz schön lange Tour, weil ja so viele Steine von der Burg weggetragen und in anderen Gebäuden verwendet worden waren.

Von nun an war dem alten Burggeist ganz und gar nicht mehr langweilig. Die Krähe kam gerne zur Ruine und gemeinsam besuchten sie die verstreuten Burgsteine, die sich immer über den Besuch des Burggeistes freuten. Und da in den Häusern der Umgebung viele Menschen wohnten, hatte der Geist auch wieder alle Hände voll zu tun, um nur ja alle Leute, die ihm begegneten, ordentlich zu erschrecken!

10 Burg Kreuzen

Charakter der Wanderung: Diese Runde führt uns von Bad Kreuzen zunächst zu einem Zwergerlwald voller großer und kleiner Holzfiguren, der vor allem Kinderaugen zum Leuchten bringt. Anschließend geht es weiter durch Wiesen und Felder, bevor wir durch einsame Bachtäler wandern. Den Höhepunkt bildet der Anstieg zur Burg Kreuzen mit ihrem fabelhaften Rundblick. Zuletzt kehren wir wieder ins Zentrum von Bad Kreuzen zurück.

Länge	8,5 km (ca. 3 Std. Gehzeit)
Steigung	300 hm
Markierungen	*Stelzhamerweg (Wegnummer 2), Donausteig, Burg Kreuzen, Wolfsschlucht (Wegnummer 5a)*
Weg	Wanderwege, Asphalt, Forst- und Feldwege
Familien	Tour auch für ausdauernde ältere Kinder geeignet
Anfahrt	Mit dem PKW über Perg oder Grein nach Bad Kreuzen. Parkmöglichkeiten im Ortszentrum
Einkehr	Kirchenwirt (www.kirchenwirtbk.at) Landgasthof zur Zugbrücke (gasthof-schiefer.at)
Sehenswertes	Heimatstube Pabneukirchen
Information	Marktgemeinde Bad Kreuzen, Bad Kreuzen 20a, 4362 Bad Kreuzen, Tel.: +43 (0) 7266 6255 0 gemeindeamt@bad-kreuzen.at, www.bad-kreuzen.at

Wegbeschreibung

Wir beginnen unsere Rundwanderung auf dem Platz vor dem **Gemeindezentrum von Bad Kreuzen.** Hier befindet sich neben einer praktischen Übersichtskarte der Wanderwege auch ein reich bestückter Schilderbaum mit den einzelnen Touren. Wir orientieren uns während des ersten Teils der Wanderung an den *Schildern des Stelzhamerwegs (Wegnummer 2)* und wenden uns zunächst entlang der Straße in Richtung der Kirche.

Die Ortsstraße führt uns links am Gotteshaus vorbei und leitet uns bis zu einer Querstraße, bei der uns die Beschilderung rechts abbiegen lässt. Bei der kurz darauf folgenden Gabelung halten wir uns links, um wenige Meter weiter nach rechts abzuzweigen und eine Unterführung anzusteuern. Jenseits der Unterführung biegen wir auf einen nach links in ein Wäldchen ansteigenden Weg ab. Dieser wird bald flacher und führt uns den bewaldeten Hang entlang. Zuletzt senkt sich der Pfad ab, beschreibt eine Rechtskurve und bringt uns sodann zu einem Güterweg hinab. Wir biegen nach links ab und folgen der Straße in eine Senke. Hier führt sie uns an ein paar einsam gelegenen Häusern vorbei, wobei wir uns an einer Gabelung links halten. Am Ende der kleinen Siedlung biegen wir schließlich nach rechts auf eine Forststraße ab und wandern nun entlang eines Bachs durch ein Waldstück talaufwärts.

Sobald wir wieder den Waldrand erreicht haben, biegen wir an einer Gabelung nach links ab und folgen einem Wanderweg in den **Zwergerlwald,** wo sich zahlreiche bemalte große und kleine Holzfiguren und allerlei liebevoll zusammengestellte Kuriositäten finden – ein Paradies für große und kleine Kinder. An einer Gabelung halten wir uns rechts bergan. Kurz darauf kommen wir zur **Stelzhamerquelle,** hinter der uns ein Forstweg neuerlich zum Waldrand führt. Wir biegen rechts ab und wandern eine Wiese entlang. An einer Gabelung halten wir uns links und überqueren ein Bächlein, um anschließend weiter am Waldrand bergan zu steigen. Wir passieren eine letzte größere Ansammlung an bunten hölzernen Zwergenfiguren sowie steinernen Fliegenpilzen und Marienkäfern, bevor uns der Weg in einem Rechtsbogen endgültig aus der Waldsenke herausbringt. Auf einem Feldweg wandern wir zu einem Gehöft hinauf, wo wir nach links auf einen Güterweg einschwenken.

Wir steigen – mit schönem Ausblick über die umliegende Hügellandschaft mit ihren Waldstücken, Wiesen, Feldern und verstreuten Gehöften – bis zu einer Kuppe empor, wo wir nach rechts abbiegen. Bereits nach wenigen Metern biegen wir jedoch wieder nach links zu einem weiteren Hof ab und wandern hinter diesem auf einem Feldweg weiter. Schon bald gabelt sich der Weg und wir zweigen nach links ab, um wieder talwärts eine weitere Waldsenke anzusteuern. Im Wald verläuft der Weg geradeaus, bis er in einen kurzen Hohlweg übergeht, der uns zu einem querenden Güterweg führt. Rechts abbiegend verlassen wir kurz darauf den Wald und steigen jenseits einer Bachsenke wieder bergan. Nach einer Rechtskurve halten wir uns bei einer Gabelung neuerlich rechts und steuern ein Anwesen an. Hier teilt sich die Straße erneut und wir biegen – vorbei am genannten Gehöft – wieder nach rechts ab. Relativ flach leitet uns der Güterweg in der Folge südwärts auf einen weiteren Bauernhof zu.

Hinter dem Hof halten wir uns entlang der Beschilderung geradeaus auf einem Feldweg, der sich zu einem bewaldeten Taleinschnitt

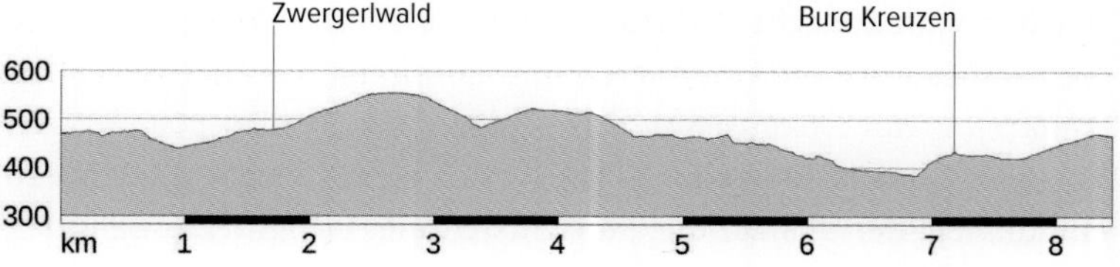

Im Zwergerlwald

absenkt. Unten angelangt folgen wir einem mäandernden Bach durch ein Tal bis zu einem Haus, wo wir die Zufahrtsstraße links liegen lassen, um in der bisherigen Richtung auf einem schmalen Pfad weiter den Bachlauf zu begleiten. Es folgt ein schöner Wegabschnitt, der uns immer das Tal entlang und vorbei an einer einsamen Kate bringt. Hinter dieser steigt der Weg kurz an zu einer Gabelung. Hier biegen wir nach links ab und folgen dem Pfad wieder abwärts, bis wir nach rund 1 Std. 45 Min. Gehzeit in der Bachsenke auf das kunstfertig geschnitzte Holzkreuz der **Waldandacht** treffen. Hier finden sich auch eine Quelle sowie ein schattiger Rastplatz für eine Verschnaufpause.

Bei der Waldandacht verlassen wir die bisherige Markierung des Stelzhamerwegs und orientieren uns ab nun an der *blau-gelben Beschilderung des Donausteigs.* Dazu folgen wir an dieser Stelle dem Forstweg direkt entlang des Wassers nach rechts bachabwärts bis zu einem Steg, der uns auf die andere Bachseite bringt. Hier befinden sich die ersten Stationen eines Kneipp- und Fitnesswegs, denen wir auf dem folgenden Wegabschnitt noch öfter begegnen werden. Es geht nun immer das Bachtal hinab, wobei wir bei einer kurzen klammartigen Passage auf einem Holzsteg wieder die Bachseite wechseln, nur um bald darauf bei einer Fallstufe neuerlich auf die andere Seite zurückzukehren. Schließlich führt uns der Pfad nach links zu einer Straße hinauf, der wir zur Umgehung eines Privatgrundstücks für kurze Zeit abwärts folgen. Hinter dem Anwesen steigen wir wieder nach rechts zum Bach hinab und folgen diesem weiter talwärts.

Zuletzt erreichen wir wieder die Straße und biegen auf dieser neuerlich nach rechts ab. Bevor die Straße einen Rechtsbogen bergan beschreibt, lassen wir nun auch die Schilder des Donausteigs hinter uns und folgen ab sofort der *Beschilderung in Richtung Burg Kreuzen.* Dazu zweigen wir von der Straße nach links auf eine Forststraße ab, die uns entlang des Bachtals in den Wald führt. Nach kurzer Zeit passieren wir einen **steinernen Trog,** um den sich eine Sage rankt und nicht lange danach kommen wir zu einer Weggabelung vor einer Brücke. Wir wenden uns hier nach rechts und passieren das überdachte hölzerne **Standbild von Pfarrer Kneipp.** Bald darauf erreichen wir die **Herzogsquelle,** wo unser Weg in den aus der Wolfsschlucht heraufführenden Steig einmündet. Wir biegen hier rechts ab und über einige Treppenstufen gelangen wir höher, wo der flacher werdende schön angelegte Pfad den **Herkulesfelsen** passiert.

Der Steig windet sich um einen Felssporn herum und leitet uns auf die Südseite des Hügels, wo wir eine erste Kostprobe des uns weiter oben erwartenden Ausblicks erhalten. Zunächst heißt es jedoch – ab nun bis zum Schluss der *Beschilderung Wolfsschlucht (Wegnummer 5a)* folgend – noch in Serpentinen den steilen Hang emporzuwandern, wobei wir bald an der kleinen hölzernen **Aussichtswarte des Jägersitzes** vorbeikommen. Danach dauert es nicht mehr lange, bis wir vor uns die ersten Mauerreste der einstigen Festungsanlage erspähen und bald darauf können wir zwischen den Bäumen auch schon die Burgmauern erkennen. Zuletzt beschreibt der Pfad einen Linksbogen und unter der Brücke zum Burgtor hindurch erreichen wir **Burg Kreuzen** und das direkt vor der Burgmauer errichtete Hotel. Bereits von hier bietet sich ein grandioser Ausblick über die zur Donauebene hin auslaufenden Hügelketten und zur nahen Burg Clam, der bei einem Aufstieg auf den Turm der Burg sogar noch übertroffen wird.

Von der Burg aus folgen wir der Zufahrtsstraße nach Nordwesten bis zur Bundesstraße, die wir überqueren. Jenseits davon geht es nun die alte Ortsstraße hinauf in das Siedlungsgebiet, wobei uns die Straße immer geradeaus ins Zentrum von Bad Kreuzen und damit nach rund 3 Std. Gesamtgehzeit zurück zu unserem Ausgangspunkt bringt.

Burg Kreuzen

Die Burg Kreuzen zählte früher einmal zu den größten Doppelburgen Oberösterreichs und blickt auf eine tausendjährige Geschichte zurück. Dem Torturm war früher eine Zugbrücke vorgelagert, die später durch eine Steinbrücke ersetzt wurde. Heute sieht man vom Burghof nur mehr einen Arkadentrakt, der die Verbindung der beiden Burgen darstellte. Fundamente von zwei Rundtürmen sind noch im Norden und Nordosten der Burg erkennbar. Das Wappen des im 16. und 17. Jahrhundert hier ansässigen Adelsgeschlechts der Meggauer entdecken wir in einer Sonnenuhr aus dem Jahr 1523.

Wohnturm als Aussichtsturm

Der markante quadratische Wohnturm aus dem 13. Jahrhundert, der heute als Aussichtsturm dient, wurde 1974 wieder aufgebaut. Die Mauern dieses zehn Mal zehn Meter umfassenden Turms sind 2,5 Meter dick. Heute erfreuen wir uns an der Möglichkeit, diesen ehemaligen Wohnturm als Aussichtsplattform zu nutzen und von hier aus bis zur Alpenkette zu blicken. Der Turm ist während der Öffnungszeiten der Burgschenke frei zugänglich. Das Innere des mächtigen Turms wird auch für Ausstellungszwecke genutzt.

Am Kasmüllerbach

Wechselhafte Geschichte

Bereits um das Jahr 900 soll die Burg Kreuzen entstanden sein. Die erste urkundliche Erwähnung geht auf das Jahr 1209 mit Hermann von Creutzen als Eigentümer zurück. Danach befand sich die Burg im Besitz der Volkensdorfer, die die Anlage in eine vordere und eine hintere Burg teilten.

Nach weiteren Besitzerwechseln vereinte Helfrich von Meggau 1532 beide Burgen. Mit Siegmund von Dietrichstein als neuem

Eigentümer bestand ab 1655 eine enge Verbindung zu Schloss Greinburg. Da Herzog Ernst I. von Sachsen-Coburg und Gotha die Burg erwarb, wurde später auch die britische Königin Victoria als seine Schwiegertochter Miteigentümerin. Um 1850 befanden sich im Schloss Beamtenwohnungen und Kanzleien. Weiters diente das Anwesen bald auch als Unterkunft für die Kurgäste der ganz in der Nähe gelegenen Kaltwasserheilanstalt. 1880 fiel der Dachstuhl des Schlosses einem Brand zum Opfer. Danach verfiel die Anlage immer mehr.
1965 kam zu es schließlich zu einem Verkauf der verbliebenen Burgruine an die Gemeinde Bad Kreuzen. 1974 erfolgte neuerlich ein Besitzerwechsel. Seit damals ist die Burg im Eigentum des Tourismusverbandes Bad Kreuzen, der die Burg sanieren und teilweise wieder errichten ließ.

Die Burg dient heute als Jugendherberge sowie als Kulturzentrum. Die Jugendherberge ist im ehemaligen Palas der Burg untergebracht. Mit dem Hotel *Schatz.Kammer* wurde 2012 eine zusätzliche Übernachtungsmöglichkeit geschaffen. Weitere Infos unter www.burg-kreuzen.at

Burg Kreuzen als Zufluchtsort

Burg Kreuzen war einst ein Zufluchtsort in unsicheren Zeiten und bot rund 2000 Menschen Platz. Frauen, Kinder und alte Menschen fanden hier Schutz in Zeiten von kriegerischen Auseinandersetzungen oder anderen Gefahren. Beispielsweise diente Burg Kreuzen während der Türkengefahr als wichtige Fluchtburg für die Bevölkerung in der Region. Bis heute zeugen viele der Kemenaten und Keller in der Burg von jener Zeit. Auch vor Seuchen suchte man sich auf der Burg Kreuzen zu schützen. So flüchtete Kaiser Leopold II. im Jahr 1682 mit seinem gesamten Hofstaat hierher, als in Wien die Pest wütete.

Aus der Sagenwelt

Eine Sage erzählt von den Brüdern Schweinsböcker, die vor rund 400 Jahren auf der Burg Kreuzen gelebt haben sollen. Der eine war Katholik, der andere Protestant. Wegen ihres Glaubens waren sie verfeindet, mussten aber unter einem Dach hausen. Aus diesem Grund ließen die Brüder die Burg so umbauen, dass sie sich nur wenig begegnen mussten. Doch die Feindschaft wurde immer schlimmer. Als sie sich einmal zufällig über den Weg liefen, war ihr Hass so groß geworden, dass sie aufeinander losgingen. Beide Brüder starben bei dem Kampf. An den Tod der beiden Männer erinnern in Bad Kreuzen heute noch ein Steinkreuz und eine Steinsäule.

Rund um die Burg

Der Verein *Freunde der Burg Kreuzen* engagiert sich, um die Burg vor dem Verfall zu retten und der Öffentlichkeit zugänglich zu machen. Seit 1987 dient der Bergfried als Ausstellungs- und Kulturzentrum. Advent- und Osterveranstaltungen stellen beliebte Fixpunkte im Jahreskreis dar. In der Burgschenke kann man bei Kaffee und Kuchen das Ambiente der Burg und vom Aussichtsturm den fabelhaften Ausblick genießen.

Burg oder Schloss?

Wann ist eine Burg eine Burg und ein Schloss ein Schloss? Immer wieder begegnen uns bei den Recherchen über die Geschichte von Burgen und Schlössern verschiedene Bezeichnungen. Auch Burg Kreuzen war einmal ein Schloss. Wie sich das zugetragen hat? Im 14. Jahrhundert wurde aus der Burg Kreuzen ein neues prunkvolles Schloss, das ein Beamter im 18. Jahrhundert wieder abtragen ließ, um das Baumaterial für die Errichtung von Schloss Laxenburg nach Wien zu verkaufen. Das Abtragen des Schlosses kostete übrigens mehr als der Verkaufspreis des damit erzielten Baumaterials und war somit eher ein Schildbürgerstreich.

Doch was ist nun der Unterschied zwischen einem Schloss und einer Burg? Der Unterschied liegt eigentlich auf der Hand, denn sobald so ein Bauwerk „nur noch" als Wohnsitz und/oder Verwaltungssitz dient, vielleicht auch noch reich verziert und kostbar ausgestattet ist, sprechen wir von einem Schloss. Steht hingegen die Wehrhaftigkeit im Vordergrund und ist die Anlage eher praktisch und einfach gebaut, dann handelt es sich meist um eine Burg.

Mach es wie die Sonnenuhr, zähl' die schönen Stunden nur!

Es war einmal … eine Sonnenuhr, die zählte auf der Burg Kreuzen die schönen Stunden. Schon viele hundert Jahre machte sie das so und freute sich immer sehr, wenn die Sonne schien und sie etwas zu tun hatte. Eines Tages kam eine Taube geflogen und fragte die Sonnenuhr: „Wie spät ist es denn bitte, ich bin mit meinem Täuberich verabredet und habe beim Vorbeifliegen vergessen, auf die Kirchenuhr zu blicken." Da die Sonne gerade nicht schien, konnte die Sonnenuhr auch keine Auskunft geben. „Tut mir leid, komm am besten wieder vorbei, wenn die Sonne scheint, sonst kann ich dir nicht weiterhelfen", antwortete die Sonnenuhr. „Ja, was bist denn du für eine verrückte Uhr!", schimpfte die verliebte Taube, „weißt nicht einmal, wie spät es ist!"

Doch die Sonnenuhr machte sich nichts daraus, dass die Taube so unfreundlich reagierte. Sie war das über die Jahrhunderte schon gewohnt. Wie vielen Menschen hatte sie in all den Jahren ihres Bestehens schon die Zeit angezeigt? Und immer schien die Sonne dabei! Was für eine schöne Zeit! Eines Tages kam ein alter Mann zu der Uhr und sah sie an, als hätte er noch nie etwas Schöneres auf der Welt gesehen. „Ach, eine Sonnenuhr müsste man sein," sagte er, seufzte und ging weiter. Nur die sonnigen Stunden zu zählen, das war eine Eigenschaft, die meist nur einer Sonnenuhr vorbehalten war.

Es folgte ein besonders verregneter Sommer und die Sonnenuhr hatte über Wochen kaum etwas zu tun. Der alte Mann kam in jenen grauen Tagen wieder und sah an einem wolkenverhangenen Nachmittag ganz traurig in Richtung Sonnenuhr. „Ach, wenn die Sonne nur endlich wieder scheinen würde!", sagte er betrübt und ging weiter. Auch die Taube, die sich vor einiger Zeit über die fehlende Uhrzeit beschwert hatte, war unzufrieden mit der Wettersituation. „Wo bleibt bloß die Sonne? Warum scheint sie nicht? Du bist doch eine Sonnenuhr! Kannst du da nicht was machen?"

Die Sonnenuhr dachte nach. Ob es helfen würde, wenn sie mit der Sonne Kontakt aufnahm? Einen Versuch war es wert! Und so rief die Sonnenuhr ihren Freund, den Sommerwind, und bat ihn, der Sonne eine Botschaft zu überbringen. Schnell wehte der Sommerwind davon und brachte die Nachricht der Sonnenuhr zur Sonne. Und siehe da, kurz darauf brachen die ersten Sonnenstrahlen seit Langem durch die Wolkendecke und alle freuten sich, dass die Sonnenstrahlen zurückgekommen waren. Denn die mächtige Sonne hatte den Wolken befohlen, weiter zu ziehen und den Himmel über jenem Landstrich zu verlassen.

Auch die Sonnenuhr freute sich. Also hatte ihre Botschaft an die Sonne Wirkung gezeigt! Denn jahrhundertealte Sonnenuhren haben eben doch einen ganz guten Draht zur guten alten Sonne! Immerhin zählen sie die sonnigen Stunden und verwalten damit die schönste Zeit, die es gibt.

Schloss Schwertberg und Burgruine Windegg

Charakter der Wanderung: Diese Rundwanderung führt uns zunächst vom Schwertberger Zentrum zum gleichnamigen Schloss am Ufer der Aist. Wir wandern das Flusstal entlang nach Norden, bevor wir durch die hügelige Kulturlandschaft die Burgruine Windegg ansteuern. Zuletzt schlagen wir einen Bogen zurück nach Schwertberg, wobei wir noch die bekannte Freilichtbühne Aiser passieren.

Länge	10 km (ca. 3 Std. 15 Min. Gehzeit)
Steigung	260 hm
Markierung	*Rundwanderweg Schwertberg*
Weg	Wanderwege, Asphalt, Forst- und Feldwege
Familien	Tour auch für ausdauernde ältere Kinder geeignet
Anfahrt	Mit dem PKW nach Schwertberg, Parkmöglichkeiten hinter dem Gemeindeamt
Einkehr	Gasthaus Aiserwirt Einkehrmöglichkeiten in Schwertberg
Sehenswertes	Aiserbühne (www.aiserbuehne.at) Kulturhaus Lichtenwagner in Windegg
Information	Marktgemeinde Schwertberg Schacherbergstraße 3, 4311 Schwertberg Tel.: +43 (0) 7262 611 55 gemeinde@schwertberg.at, www.schwertberg.at

Wegbeschreibung

Wir beginnen unsere Runde auf dem **Marktplatz von Schwertberg,** wo wir uns beim Brunnen entlang der Ausfahrtsstraße mit der *Beschilderung in Richtung Parkplatz Freizeitwiese* nordwärts wenden. Wir folgen der Straße in einem Linksbogen zur Aist, um noch vor Erreichen der Brücke nach rechts in eine Siedlungsstraße einzubiegen. Ein Schilderbaum mit zahlreichen gelben Wanderwegweisern zeigt uns hier unter anderem den *Rundwanderweg Schwertberg* an, an dem wir uns während des gesamten Streckenverlaufs orientieren werden.

Schloss Schwertberg

Wir folgen der Straße entlang des östlichen Ufers der Aist durch die Siedlung, wobei wir uns an einer Gabelung links halten. Schon bald gerät das jenseits des Flusses mächtig über dem dahin strömenden Gewässer aufragende **Schloss Schwertberg** ins Blickfeld. Danach wandern wir noch für kurze Zeit zwischen den Häusern weiter, bevor wir schließlich die sich am Aistufer entlangziehende **Freizeitwiese** erreichen. Die Siedlungsstraße geht nun in einen breiten Schotterweg über, der rechter Hand von steilen bewaldeten Hängen und linker Hand von der ruhig fließenden, von rotbraunem Moorwasser gefärbten Aist begleitet wird.

Kurz hinter einer die Aist querenden hölzernen Fußgängerbrücke macht der Weg einen Bogen nach links und führt uns weiterhin

flach immer am östlichen Flussufer entlang in Richtung **Josefstal.** Hier überspannt neuerlich eine Holzbrücke die Aist, ab der wir nun ein paar hundert Meter einem parallel zum Fluss verlaufenden Gerinne folgen. Schließlich sehen wir am jenseitigen Flussufer die Gebäude einer Kartonfabrik vor uns. Der weitere Weg führt uns jetzt nach rechts in den Wald hinauf. Wir halten uns an einer Gabelung rechts, wobei der Forstweg nach und nach steiler wird. Zuletzt lässt der Anstieg wieder nach und wir erreichen den Waldrand, wo es ein kurzes Stück auf einem Feldweg bis zu einem querenden Güterweg dahingeht.

Wir wenden uns auf dem leicht ansteigenden Güterweg nach links und folgen diesem in gerader Richtung bis zu einer Kreuzung in der Nähe von ein paar Gebäuden, wo wir mit der Beschilderung nach links abbiegen. Nicht lange danach erreichen wir eine Straßengabelung am Waldrand, wo uns bei einem hölzernen Hubertuskreuz ein schattiger Rastplatz empfängt. Wir biegen an der Gabelung nach rechts ab und ziehen entlang des Güterwegs einen Hang in Richtung eines großen Gehöfts empor. Noch bevor wir dieses erreichen, lässt uns die Beschilderung bei einem Marterl neuerlich nach rechts auf einen weiteren Güterweg abbiegen. Dieser bringt uns mit schönem Ausblick in Richtung Donautal abwärts bis zu einem Anwesen, vor dem wir nach rechts auf einen Feldweg einschwenken.

Wir passieren ein kleines Waldstück und sehen bald weitere Häuser vor uns. Zwischen diesen geht es hindurch, bis wir auf dem hier beginnenden Güterweg zu einer Abzweigung gelangen, die uns nach rund 1 Std. 45 Min. Gehzeit nach links zur über den Bäumen aufragenden **Burgruine Windegg** emporleitet. Auf einem steilen, mit großen Steinen gepflasterten Zugang passieren wir die Vorburg. Anschließend gelangen wir durch ein Tor in den inneren Burghof der Anlage, die in jahrzehntelanger mühevoller Sanierungsarbeit von Freiwilligen aus der Umgebung vor dem endgültigen Verfall bewahrt wurde.

Von der Burgruine aus kehren wir zum Güterweg zurück und folgen diesem talwärts in einem Bogen um den Burgberg herum auf dessen Ostseite. Unten angelangt erreichen wir einen Fischteich und das jenseits der Landesstraße gelegene, schön gepflegte **Kulturhaus Lichtenwagner.** Rechts davon befindet sich ein Parkplatz, den wir überqueren, um zu einer hinter Büschen versteckten Kneipp-Anlage zu kommen. Hier beginnt hinter einer Hecke auch ein schmaler Waldpfad, dem wir nun parallel zur Landstraße in südlicher Richtung folgen. Kurz darauf kommen wir zu einer Gabelung, wo wir uns nach rechts zur Straße hinwenden. Sobald wir diese erreichen, biegen wir jedoch sofort wieder nach links auf einen Schotterweg ab, der zu einem großen Fischteich führt. Hier heißt es etwas Acht zu geben, da wir noch vor Erreichen des Teichs nach links auf einer kleinen Steinbrücke einen Bach überqueren, um auf einen schmalen unmarkierten Waldpfad abzubiegen. Leicht ansteigend leitet

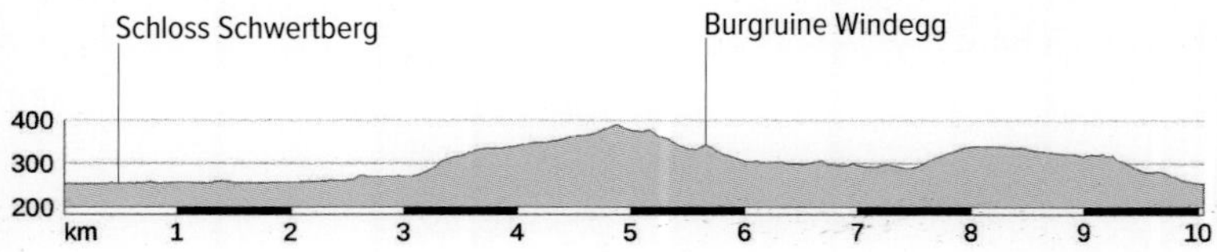

uns dieser durch das Gehölz bis zu den **Grabenhäusern**, zwischen denen wir zu einem Güterweg gelangen.

Wir biegen zunächst nach links ab, um wenige Meter danach wieder nach rechts auf einen weiteren Güterweg abzubiegen und einem Waldrand zu folgen. Es geht vorbei an einem einzelnen Anwesen und wir entdecken nach einer Linkskurve eine idyllische Rastbank bei einem schön gestalteten Andachtsort. Kurz dahinter biegen wir vom Güterweg nach rechts auf einen Forstweg ab, dem wir bis zu einer Gabelung am Waldrand folgen. Wir ignorieren die hier etwas missverständliche Beschilderung und biegen nach rechts ab, um den Wald hinter uns zu lassen und einem Feldweg in sanften Windungen bergan zu folgen.

Am oberen Ende des Hanges gelangen wir zum Ortsrand von **Winden** und biegen auf einem Güterweg nach links ab. Wir steuern nun durch die Kulturlandschaft die Häuser von **Stegfeld** an und biegen hier an einer Kreuzung nach rechts ab. In einem Linksbogen geht es abwärts bis zu einer weiteren Kreuzung, an der uns ein markanter Lochstein sowie ein altes Steinmarterl empfangen. Neuerlich halten wir uns hier rechts, um uns an der nächsten Weggabelung mit der *Beschilderung in Richtung Aiserbühne* nach links zu wenden. Nach Passieren des Aiserwirts haben wir bald die **Aiserbühne** erreicht. Ein verspieltes Gebäude mit einem Türmchen markiert den Zutritt zu der in der warmen Jahreszeit beliebten Freilichtbühne in einem ehemaligen Steinbruch.

Von der Aiserbühne aus geht es schließlich durch ein Torhäuschen und über eine Treppe hinab zu den Siedlungshäusern des **Ortsteils Aiser.** Hier folgen wir der Siedlungsstraße hangabwärts geradeaus und überqueren noch einmal die Landesstraße. Danach wandern wir die letzten Meter zurück ins Zentrum von Schwertberg, das wir am Ende einer bunten Tour nach rund 3 Std. 15 Min. Gesamtgehzeit erreichen.

Auf dem Weg zur Burgruine Windegg

Schloss Schwertberg

Schloss Schwertberg wurde in der zweiten Hälfte des 13. Jahrhunderts auf einem Felsen am Ufer der Aist errichtet und bestand schon damals aus Turm, Hof und Wohngebäude. Urkundlich erwähnt wurde das Schloss erstmals im Jahr 1327. Als erster Besitzer wird Leutold II. von Kuenring genannt. 1359 kaufte Eberhard I. von Kapellen das Schloss. Dieses wechselte danach noch mehrmals seine Besitzer, bis es schließlich 1506 an das Raubrittergeschlecht der Zeller ging. Diese machten von hier aus das Aisttal unsicher. Bernhard Zeller wurde zwar nach geltendem Fehderecht 1521 am Reichstag in Worms freigesprochen, jedoch trotzdem nach seiner Rückkehr von erbosten Linzer Bürgern enthauptet.

Um 1530 ging das Schloss durch Heirat an die Familie Tannberg, welche das Schloss später an Hans von Tschernembl verkaufte. Seinem Sohn Georg Erasmus Tschernembl gehörte auch die Herrschaft Windegg. Er war 1563 eine der einflussreichsten Persönlichkeiten der protestantischen Stände des Landes ob der Enns. Zu dieser Zeit vergrößerten die Herren von Tschernembl das Schloss und bauten es zu einem Herrensitz im Stil der Renaissance um. Als Protestant musste Georg Erasmus von Tschernembl letztlich jedoch das Land verlassen und das Schloss wurde 1620 enteignet. Die Herrschaft Schwertberg ging danach an die Meggauer, die Starhemberger, die Kuefsteiner und schließlich im Jahr 1749 an die Thürheimer. Seit 1911 ist es im Besitz der Familie Hoyos.

Das heutige Erscheinungsbild des sehr gut erhaltenen Schlosses ist von den Ausbauten, die Antonio Canevale 1608 vorgenommen hatte, geprägt. In einem nicht öffentlich zugänglichen Museum und Archiv wird eine 25 Meter lange Karte der Aist aufbewahrt. Das Schloss kann nur von außen besichtigt werden und ist nicht für die Öffentlichkeit zugänglich.

Die Falknerei

Im Innenhof des Schlosses befindet sich ein einzigartiger Falkenzwinger. Dieser galt als Musterbeispiel der damaligen Zeit und wurde sogar in alten Lehrbüchern beschrieben. Die Falknerei ist eine Jagdart, bei der man Greifvögel zur Erbeutung von Wild nutzt. Die abgerichteten Falken, Habichte oder Adler „schlagen" (fangen) die Beute, auf die sie vom Falkner angesetzt werden. Hat der Falke Erfolg, nimmt ihm der Falkner die Beute ab. Bleibt der Falke erfolglos, lockt der Falkner den Jagdvogel auf seinen Arm zurück. Die Falknerei stammt aus Südasien und dem Orient und ist eine mehrere tausend Jahre alte Jagdtechnik. Über den Orient ist die Falknerei im frühen Mittelalter schließlich nach Europa gekommen und galt als Vorrecht des Adels.

Burgruine Windegg

Die Burgruine Windegg liegt nördlich von Schwertberg und ist ein beeindruckendes Beispiel einer romanischen Burg mit Buckelquader-Mauerwerk. Die Burganlage stammt aus dem 12. Jahrhundert, wurde von den Regensburger Domherren errichtet und war einst Verwaltungsmittelpunkt des Regensburger Besitzes zwischen Aist und Naarn. Den Rodungsstreifen zwischen Aist und Naarn erhielten die Regensburger bereits im Jahr 835 von Grenzgraf Wilhelm als Schenkung. Die erste urkundliche Erwähnung von Windegg ist mit 1208 datiert. Als Lehensträger waren die Lengenbacher und die Tschernembl bekannt. Im Jahr 1570 vereinte man die Herrschaft Windegg mit jener von Schwertberg. Um 1700 wurde Windegg nur mehr als Schüttkasten für Getreide verwendet, später dann ganz auf- und dem Verfall preisgegeben.

Aus der Sagenwelt

Eine Sage erzählt von einer tragischen Begebenheit auf Windegg. Ein Pilger kam einst aus dem Heiligen Land zurück und fragte auf seinem Heimweg auf der Burg Windegg um Herberge und Labung. Die geizige Burgherrin verwehrte ihm beides, ebenso die Bitte um einen Schluck Wein. Sie meinte nur spöttisch, er solle zum Brunnen gehen. Der Pilger zog weiter und verfluchte die Burgherrin, die noch in derselben Nacht starb. Seit diesem Zeitpunkt soll jene Burgherrin als Weiße Frau klagend umhergeistern.

Rund um die Burgruine

Seit dem Jahr 1911 ist die Burganlage im Besitz der gräflichen Familie Hoyos. Nachdem eine Sprengung der verbliebenen Burgmauern verhindert werden konnte, starteten im Jahr 1980 die Restaurierungsarbeiten durch den Arbeitskreis Windegg. 1999 gelang es dem Verein, den Bergfried wieder begehbar zu machen und eine Galerie im Turm zu eröffnen. Die Galerie ist jeweils von Mai bis Oktober an Sonn- und Feiertagen von 14.00 bis 18.00 Uhr bei freiem Eintritt geöffnet. Kontakt für Führungen: Marktgemeinde Schwertberg (Tel.: +43 (0) 7262 611 55).

Wer die Ruine Windegg besucht, kann sich gut vorstellen, dass hier einst Ritter ein und aus gingen, dass es ein reges Treiben auf der Burg gab und dass auch gefeiert wurde. Für große Feste gab es auf Burgen lange Tafeln, die feierlich gedeckt waren. Das Geschirr bestand aus Holz, Ton oder Zinn, besonders reiche Burgherren besaßen Silbergeschirr. Gegessen und getrunken wurde damals schon gerne, am liebsten Wild, Huhn, Fisch und Brot, Bier, Wein oder Most. Es gab Musik, Tanz und Gesang. Spielleute und Gaukler traten zur Unterhaltung auf und dressierte Tiere führten Kunststücke vor.

Ein Fest für den Ritter

Es war einmal … in einer Zeit, in der es noch edle Ritter gab. So ein edler Ritter wurde eines Tages auf eine Burg zu einem Fest eingeladen. Jene Burgherrschaft war bekannt für das Kredenzen guter Speisen und Tränke und so schlug der Ritter die Einladung natürlich nicht aus. Als er nach ein paar Tagesritten die Burg erreichte, freuten sich die Bewohner, dass der edle Herr der Einladung gefolgt war und er wurde aufs freundlichste begrüßt. Sein Ruf eilte ihm voraus – er war nicht nur tapfer und mutig, sondern auch treu und gerecht. So ein Ritter suchte weit und breit seinesgleichen!

Das Festmahl begann und es wurde ordentlich aufgetischt. Es gab Speis und Trank in Hülle und Fülle und auch für Musik war gesorgt. Ein dressierter Affe führte allerlei Kunststücke vor und je länger das Fest dauerte, desto fröhlicher wurde die Stimmung. Irgendwann fragte der Ritter seine Gastgeber, warum er eigentlich eingeladen worden sei und weshalb er der einzige Ritter hier in der Runde sei. Die Antwort des Burgherrn überraschte den Ritter: „Wir haben von deiner Tapferkeit und deinem Mut gehört und so haben wir dich eingeladen, weil wir hier auf der Burg ein Problem haben. Unser Burgfräulein – meine Tochter – wurde von einem Raubritter entführt und wir wissen nicht, wo sie sich genau befindet. Deshalb bitten wir dich, sie wieder zu uns zurückzubringen."

Der Ritter wurde daraufhin sehr ernst. Wie konnten diese Burgleute nur so fröhlich feiern, wenn doch die Tochter des Burgherrn entführt worden war? Irgendetwas stimmte hier nicht! Für den Ritter war es vorbei mit dem Feiern, er musste sich sammeln und überlegen, was zu tun war. Auf dem Weg in seine Kammer traf er den Mundschenk des Burgherrn und dieser erzählte ihm die Geschichte vom unglücklichen Burgfräulein. Der Vater wollte sie verheiraten und das Fräulein hatte sich entführen lassen, weil es in einen Raubritter verliebt war. Nun war guter Rat teuer. Der edle Ritter verabscheute nämlich alle Raubritter. Aber sollte er deswegen das Burgfräulein gegen seinen Willen auf die Burg zurückholen? Er wusste es nicht. So verbrachte er den Rest der Nacht betend in der

Burgkapelle und erwachte am nächsten Morgen aus einem lebhaften Traum.

Schnell ritt er frühmorgens in den Wald hinein und kam Stunden später mit dem Burgfräulein zurück. Gemeinsam traten sie vor den Burgherrn und die Tochter sprach: „Mein lieber Vater, ich komme zurück zu dir, aber nur unter einer Bedingung: Ich will selbst entscheiden, wen ich heiraten will!“ Der Burgherr lehnte das ab. Und der Ritter sprach: „Ihr habt mir nicht die ganze Wahrheit gesagt. Eure Tochter wurde nicht entführt, sondern ist von der Burg geflüchtet. Ich habe gesehen, wie glücklich sie mit jenem Raubritter ist, der gar kein so ein schlechter Mensch zu sein scheint. Er stiehlt zwar von den Reichen, gibt aber viel an die Armen weiter.“

Den Burgherrn erzürnte es sehr, dass der Ritter Partei für seine Tochter ergriff. Er ließ beide in den Kerker werfen und tobte vor Wut. Ein paar Tage später wurden die beiden wieder freigelassen, weil der Burgherr einsichtig geworden war und es tat ihm schließlich leid, dass er so ungerecht gehandelt hatte. Der edle Ritter hatte damit wirklich genug von den Launen des Burgherrn und verabschiedete sich auf Nimmerwiedersehen. Das Burgfräulein floh bei der nächsten Gelegenheit wieder zu ihrem Raubritter und lebte glücklich bis an ihr Lebensende.

12 Burg Werfenstein

Charakter der Wanderung: Vom Eingang zur Stillensteinklamm an der Donau führt uns diese nicht allzu lange Rundwanderung auf Forstwegen hinauf zum Dichterstein. Von hier aus können wir einen Blick hinab auf das Donautal und Grein werfen, bevor wir uns an den Abstieg nach Struden und zur Burg Werfenstein machen. Die letzte Etappe bringt uns schließlich entlang der Donau zurück zum Ausgangspunkt.

Länge	6 km (ca. 2 Std. 15 Min. Gehzeit)
Steigung	250 hm
Markierung	*Burg Werfensteinrunde*
Weg	Forstwege, Asphalt, Wanderwege
Familien	Tour auch für ausdauernde ältere Kinder geeignet
Anfahrt	Mit dem PKW zur zwischen Grein und St. Nikola an der Donau gelegenen Stillensteinklamm, Parkmöglichkeiten beim Eingang zur Klamm
Einkehr	Jausenstation Gießenbachmühle (www.giessenbachmuehle.at) Einkehrmöglichkeiten in Grein
Sehenswertes	Historisches Stadttheater Grein (www.stadttheater-grein.at) Oberösterreichisches Schifffahrtsmuseum (www.schloss-greinburg.at)
Information	Marktgemeinde St. Nikola an der Donau, St. Nikola 16, 4381 St. Nikola an der Donau, Tel.: +43 (0) 7268 8155 gemeinde@st-nikola-donau.ooe.gv.at, www.st-nikola.at

Wegbeschreibung

Wir beginnen unsere Tour nahe der Donau beim gemauerten Eisenbahn-Viadukt der Donauuferbahn über den Gießenbach am Eingang zur Stillensteinklamm. Einige gelbe Wanderschilder weisen hier den Weg in verschiedene Richtungen, wobei wir uns während

der gesamten Wanderung an der *gelb-grünen Beschilderung der Burg Werfensteinrund*e des Donausteigs orientieren.

Zunächst wenden wir uns vorbei an der Jausenstation und der sehr gut erhaltenen und gepflegten **Gießenbachmühle** nordwärts in Richtung der Klamm. Wir lassen schon nach kurzer Zeit die Gebäude hinter uns und steuern einen gelb-schwarz gestreiften Schranken an. Hier türmen sich beidseits des Gießenbachs die ersten Felsen auf und wir wechseln über eine Brücke auf die linke Bachseite. Der breite und leicht ansteigende Weg führt uns entlang des Tals bis zu einer weiteren Brücke, wo sich die Wanderwege gabeln. Während der Weg zur Stillensteinklamm auf der linken Seite des Bachs weiterführt, lotst uns die Beschilderung unserer Tour über die Brücke zurück auf die rechte Seite, wo wir dem Forstweg weiter entlang der bewaldeten Hänge bis zu einer Lichtung folgen.
An der Lichtung verlassen wir das Tal und biegen scharf nach rechts auf einen ansteigenden Forstweg ab. Dieser bringt uns sukzessive höher, bis wir an der ersten Gabelung nach rechts abbiegen. Danach geht es kurvenreich weiter durch den Wald bis zu einer zweiten Forstweggabelung, an der wir uns dieses Mal links halten. Neuerlich steigt der Forstweg an, um zuletzt schmaler zu werden und etwas

rechts eines Grabeneinschnitts in einen querenden Forstweg einzumünden. Die Beschilderung zeigt uns diesmal an, der nach rechts bergan führenden Route zu folgen, wobei der zunächst noch deutlich ansteigende Weg bald ein wenig flacher wird und schließlich in leichtem Auf und Ab weiterführt. Nach einiger Zeit zweigt vom Forstweg nach rechts ein schmaler Wanderweg ab, dem wir talwärts folgen.

Der Weg leitet uns nun oberhalb eines Grabens entlang und beschreibt schließlich einen Bogen, wobei wir uns an einer Gabelung am unteren Ende des Bogens nach links aufwärts halten. Oben erwartet uns wieder eine Beschilderung, die den Weiterweg nach rechts anzeigt. Nach kurzer Zeit taucht ein Schild auf der rechten Wegseite auf, das auf einen wenige Meter langen Stichweg zum nahen **Dichterstein** hinweist. Dieser aussichtsreiche kleine Felsplatz mit Blick auf das Donautal und Grein diente nach den Angaben auf dem Schild zu früheren Zeiten einem Poeten von der nahen Burg Werfenstein als Quelle der Inspiration.

Vom Dichterstein geht es nun weiter südwärts bis zu einer Gabelung, an der wir nach rechts abbiegen. An einer weiteren Gabelung bei einer kleinen Lichtung wählen wir neuerlich die rechte Variante, während wir – nun wieder im Wald – bei einer dritten Gabelung nach links abbiegen. Es dauert nicht lange und wir erreichen eine große Waldlichtung mit ein paar einsamen Häusern. Vorbei an einem Anwesen geht es kurz auf einer Zufahrtsstraße weiter, bevor wir diese nach wenigen Metern auch schon wieder nach rechts auf einen weiteren Forstweg verlassen. Gleich unterhalb des Anwesens

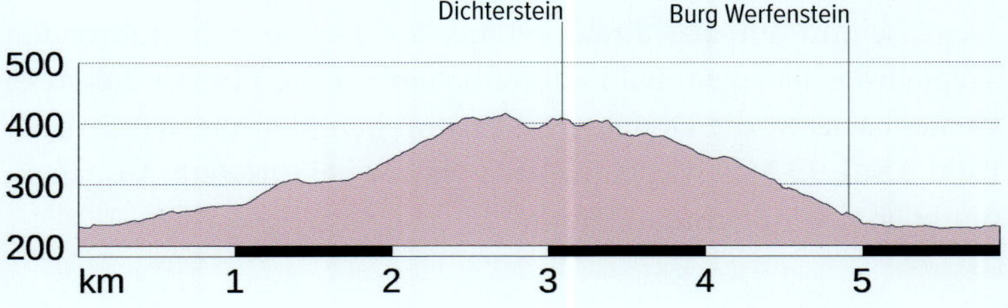

erwartet uns eine **Rastbank des Donausteigs** am oberen Ende einer von alten Obstbäumen bestandenen Lichtung.

Vom Rastplatz aus wenden wir uns im Anschluss entlang des linken Waldrands hangabwärts, bis wir wieder in den Wald eintauchen. Gleich darauf mündet unser Weg in einen querenden Forstweg ein, dem wir nach rechts talwärts folgen. So wandern wir einige Zeit auf dem genannten Weg dahin, bis uns die Schilder scharf nach links auf einen Wanderpfad abbiegen lassen, der zu Beginn von alten Steinmauern gesäumt ist. Zuletzt erreichen wir wieder eine abschüssige Wiesenlichtung, die wir zum unteren Ende hin queren, um uns bei zwei Weggabelungen jeweils nach links entlang des Waldrands zu halten.

So erreichen wir die ersten Häuser der **Ortschaft Struden,** zwischen denen wir mit gutem Blick auf die träge dahinströmende Donau auf einem Wiesenweg zu einer Zufahrtsstraße absteigen. Wir folgen dieser nach links zu einer Siedlungsstraße, auf der wir nun rechts abbiegen, um uns an einer Gabelung wenige Meter weiter wiederum rechts zu halten. In einem Linksbogen geht es zu einem beschrankten Bahnübergang hinab, den wir überqueren. Gleich dahinter führt nach rechts eine Zufahrtsstraße zur nahen **Burg Werfenstein** empor. Diese befindet sich in Privatbesitz und kann nur von außerhalb des Geländes in Augenschein genommen werden.

Von Burg Werfenstein aus folgen wir der Siedlungsstraße weiter abwärts bis zu einer Querstraße, die uns nach rechts entlang der letzten Häuser zur Bundesstraße entlang der Donau bringt. Unterhalb der stolz auf einem Felsen thronenden Burg spazieren wir nun ein Stück auf dem Gehsteig entlang der Bundesstraße stromaufwärts, bis wir nach links die Straße überqueren und für den letzten Wegabschnitt auf den direkt entlang der Donau dahinführenden Treppelweg abbiegen. Bald darauf haben wir die Einmündung des Gießenbachs in die Donau erreicht und befinden uns damit nach rund 2 Std. 15 Min. Gesamtgehzeit wieder bei unserem Ausgangspunkt an der Stillensteinklamm.

Burg Werfenstein

Burg Werfenstein ist eine Niederungsburg, also eine Burg im Flachland oder in einer Talsohle, und liegt in der Ortschaft Struden der Gemeinde St. Nikola an der Donau. Sie steht auf einem zur Donau hin rund 30 Meter steil abfallenden Felskopf aus Weinsberger Granit. Von der mittelalterlichen Bausubstanz sind nur noch ein Teil der Ringmauer und der Turm erhalten. Ein späterer Neubau fügt sich harmonisch in den baulichen Altbestand der Burg ein, ist von außen jedoch nicht einsehbar. Die Burg befindet sich in Privatbesitz und wird auch heute noch bewohnt.

Werfenstein wurde wohl Anfang des 13. Jahrhunderts von den Grafen Clam-Velburg erbaut. Durch einen Erbvertrag soll die Burg anschließend in den Besitz der Babenberger übergegangen sein. Die erste urkundliche Erwähnung erfolgte im Jahr 1234. Die Burg wechselte über die Jahrhunderte oftmals ihre Besitzer und wurde meist von landesfürstlichen Burggrafen verwaltet. Nach 1490 wurde die Burg Werfenstein mit der Herrschaft Greinburg vereint und verfiel immer mehr. Eine Darstellung aus dem Jahr 1531 zeigt die Burg bereits ohne Dach. Bis zum Ende des 19. Jahrhunderts war die Anlage im Besitz der Herzöge von Sachsen-Coburg und Gotha.

Auf Werfenstein residierte einst auch der englische Hofkurier Julius Joseph Kanné. 1907 kaufte Georg Adolf Josef Lanz von Liebenfels – einer der Erben von Julius Joseph Kanné – die Burgruine und baute sie zum Erzpriorat des von ihm gegründeten Neutempler-Ordens aus. Dessen Ideen gelten als Grundlage des nationalsozialistischen Gedankengutes. Nach dem Zweiten Weltkrieg wurde die Burg geplündert und befand sich seither in wechselndem Besitz.

Das Sperrsystem des Strudens

Im Gebiet der Herren von Machland wurden einst auf verschiedenen Donaufelsen, bei denen es besonders starke Strudel und Wirbel gab, eine Reihe von Burgen und Türmen erbaut. Burg Werfenstein zählte zum „Sperrsystem des Strudens“, mit dessen Hilfe die Schifffahrt auf der Donau kontrolliert und blockiert werden konnte. Die

Donaustrudel spiegeln sich im Namen Werfenstein, der *Gestein am Donaustrudel* bedeutet, sowie auch in der Bezeichnung *Wirbelstein.* Die Donauburgen hatten die Schifffahrt fest im Griff. Am linken Donauufer stand die Burg Werfenstein und dieser schräg gegenüber auf der Donauinsel Wörth das Wörtherschloss. Hier wurde die Donau vor allem in Kriegszeiten mit Sperrketten abgeriegelt. Zu diesem Sperrketten-System zählten weiters die Burg Haustein und die Burg Pain. Von all diesen Donaufesten blieb bis heute nur Burg Werfenstein bestehen. Auch die gefährlichen Strudel gibt es mittlerweile nicht mehr, denn im Zuge der Strudenregulierungen wurden die Felsen, die für die gefährlichen Wirbel verantwortlich waren, gesprengt.

Sagenhafter Strudengau

Rund um die Donaustrudel gibt es viele Sagen, welche die Umstände jener Zeit wiedergeben. Damals gab es noch Raubritter, die mithilfe einer langen Kette, die über den Donaustrom gezogen wurde, Schiffe plünderten. Die Schiffsleute wurden gefangengenommen und im Teufelsturm auf der Burg Werfenstein eingesperrt. Oftmals verhungerten die Gefangenen elendig in ihrem Gefängnis. Der Sage nach war das Wehklagen der Ermordeten auch lange Zeit später noch in stürmischen Nächten zu hören.

Die Mauern jenes unheimlichen Turms waren auch mit der Seele eines Schwarzen Mönchs verbunden, der zur Strafe für seine Schandtaten hierher verbannt wurde und keinen Frieden finden konnte. Wem er erschien, dem brachte er Unglück. Im 11. Jahrhundert soll einmal ein Bischof, der donauabwärts an Werfenstein vorbeikam, den Schwarzen Mönch gesehen haben. Seinen Begleitern blieb die Erscheinung verborgen. Die Reise führte den Bischof nach Persenbeug in das Schloss einer Gräfin. Im jenem Schloss brach der Fußboden ein und die Gästeschar fiel ein Stockwerk tiefer. Während alle anderen mit dem Leben davonkamen, starb der Bischof als Einziger bei dem Sturz.

Zur Zeit der Kreuzzüge sah die Besatzung eines Kreuzfahrerschiffs den Schwarzen Mönch. Alle bis auf einen Mann erschraken über die Erscheinung. Schon bald darauf zerschellte das Schiff an einer Klippe und sank. Nur jener Mann, der den Schwarzen Mönch nicht gesehen hatte, überlebte. Der Teufelsturm wurde später abgerissen, die Steine als Kriegsbollwerk verwendet.

Sehr bekannt ist weiters die Sage vom Schusterstein – so wird die vorragende Felsnase bei der Burg Werfenstein genannt. Einst soll sich ein Schuster in ein Burgfräulein verliebt haben, doch der Vater des Mädchens war gegen diese Liebe. Er verurteilte den Schuster zum Tode, falls er nicht direkt auf der Felsnase ein Paar Stiefel anfertigen könne. Diese Sage gibt es in verschiedenen Ausführungen. Ein anderes Mal ist es ein trunksüchtiger Schuster, der einen Opferstock ausgeraubt hatte und zur Strafe diesen Dienst leisten musste.

Auch eine Sage über eine Donaunixe, die einem Fährmann in Not half, weil er sie zuvor vor groben Burschen beschützt hatte, ist bekannt. Weiters berichtet eine Sage von den weinenden Donaunixen, die dem Donaufürsten nachtrauern. Denn jener Donaufürst hatte einst die Tochter eines Fischers in sein Reich geholt. Der Fischer wollte seine Tochter zurückholen und schlug dem Donaufürsten im Kampf ein paar Steine aus der Krone. Es heißt, dass der Donaufürst erst dann wieder in sein Reich zurückkehren kann, wenn er die fehlenden Steine gefunden hat.

Dichterstein

Als Autorin hat mich besonders der Dichterstein interessiert, den wir auf unserer Wanderung zur Burg Werfenstein besucht haben. Auf jenem Dichterstein soll sich einst der Hofpoet von Burg Werfenstein aufgehalten haben, um sich von der Muse küssen zu lassen. Kein Wunder, dass dieser Ort bei Dichtern beliebt war, denn die schöne Aussicht auf das Donautal wirkt besonders inspirierend. Wer am Dichterstein längere Zeit verweilen möchte, sollte eine Sitzunterlage mitbringen, denn ein Bankerl gibt es hier leider nicht.

Der Schmetterlingsblick

Es war einmal ... ein Burgfräulein, das liebte Schmetterlinge. Sehr gerne verbrachte das Fräulein Zeit in der Natur, um sich an den Schmetterlingen zu erfreuen. Eines Tages entdeckte es den schönen Aussichtspunkt am Dichterstein, der damals allerdings noch nicht so geheißen hat. Hierher kam die junge Frau immer wieder und studierte die Natur, die Schmetterlinge und ganz bestimmt hat sie auch den Ausblick genossen.

Bei einem ihrer Besuche schlief die junge Maid beim Dichterstein ein und siehe da, ein Tagpfauenauge setzte sich auf ihre Stirn und schenkte ihr seinen Schmetterlingsblick. Von jenem Tag an besaß das Burgfräulein einen großen Schatz. Wenn sie die Augen schloss, konnte sie die Welt durch die Augen des Schmetterlings sehen. Sie behielt ihre Gabe für sich und erfreute sich daran.

Bald darauf geschah ein Unglück. Die junge Frau wurde bei einem ihrer Spaziergänge gefangen genommen und von Räubern verschleppt. Ihre Familie sollte Lösegeld für ihre Auslieferung bezahlen. Sie saß gefesselt in einem finsteren Loch, hatte die Augen verbunden und wusste nicht, wie es weitergehen sollte.

Der Schmetterlingsblick leistete ihr in dieser Situation gute Dienste. Natürlich hatten die Schmetterlinge im Wald erfahren, was mit ihrer lieben Freundin geschehen war und wollten helfen. Das Burgfräulein sah nun, wie ihr Freund, der Schmetterling, in die Burg flog und ganz aufgeregt vor der Nase ihres Vaters herumflatterte. Der Burgherr verscheuchte den Schmetterling schnell und so flog der Schmetterling zum Burgpoeten, der seine Anwesenheit weit mehr schätzen konnte. Der Schmetterling lockte den Poeten schließlich aus der Burg und führte ihn in den Wald.

Als das Burgfräulein jenes Geschehen vor dem inneren Auge sah, war die Freude groß. Leider trug das Fräulein aber nicht nur eine Augenbinde, sondern auch noch einen Knebel und Fesseln – und so konnte es sich nicht bemerkbar machen, selbst als der Hofpoet schon ganz in ihrer Nähe war. Da der Schmetterling vor der Hütte der Räuber hin und her flatterte, beschloss der Poet höflich anzuklopfen. „Wer weiß, wo mich dieses schöne Flügeltier hinführt, das kann ja nur etwas Gutes bedeuten!“, freute er sich noch. Die Räuber waren gerade nicht zu Hause, aber die Großmutter, die für die Räuberbande den Haushalt führte und kochte, war da. „Wer da?“, raunzte sie. „Mein Name ist Roderich, der Poetische, darf ich Sie mit meiner Anwesenheit beglücken?“ Die Großmutter verstand rein gar nichts. Einerseits, weil sie schwerhörig war und andererseits, weil sie von Poesie noch nie in ihrem Leben etwas gehört hatte. Weil sie aber glaubte, es könnte wichtig sein, öffnete sie die Tür.

Der Mann, der da vor ihr stand, gefiel ihr sehr. So ein wohlriechender, gut gekleideter Herr war bis jetzt noch nie freiwillig in ihre Hütte gekommen. Da würden sich ihre Enkel sicher freuen, wenn sie heimkamen, dass sie auch einmal eine Beute für sie hatte. Die Räuber-Oma ließ Roderich den Poeten eintreten und bot ihm etwas zu trinken an. Der Schmetterling war so klug, dass er draußen blieb. Kaum hatte Roderich den ersten Schluck getan, wurde er sehr müde und als er später wieder zu sich kam, fand er sich geknebelt und mit verbundenen Augen im Verlies des Burgfräuleins wieder. Das Fräulein hatte es mittlerweile geschafft, den lästigen Knebel loszuwerden und erzählte Roderich von der Entführung.

Mittlerweile war es dunkel geworden. Das Burgfräulein und der Poet fehlten beide beim Abendmahl auf der Burg. „Die werden doch nicht zusammen durchgebrannt sein?“, fragte sich der Burgherr. Seine Frau schüttelte den Kopf: „Nein, nein. Ganz sicher nicht. Unser Fräulein hat doch nur Schmetterlinge im Kopf und unser Roderich seine Poesie!“, meinte sie.

In der Zwischenzeit war der Schmetterling wieder zur Burg zurückgeflogen und versuchte erneut, die Aufmerksamkeit der Burgbewohner auf sich zu lenken. Leider ohne Erfolg. Das Burgfräulein beobachtete das Treiben und hoffte noch immer auf Rettung. Roderich ärgerte sich unterdessen über den Schmetterling, der ihn in die Räuberhöhle gelockt hatte. Mit lautem Gepolter kamen die

Räuberbrüder von ihrem Beutezug zurück. Das Fräulein bekam jetzt große Angst und Roderich auch. Doch zum Glück waren die Räuber viel zu müde, um sich um die Gefangenen zu kümmern und die Großmutter hatte ganz vergessen, dass sie heute auch schon einen Fang gemacht hatte.

Am nächsten Morgen staunte das Burgvolk nicht schlecht. Im Burghof tummelten sich Hunderte, ja vielleicht sogar Tausende Schmetterlinge. Der Burgherr ließ sich dieses Schauspiel nicht entgehen. Plötzlich flogen alle Schmetterling gleichzeitig zur Burg hinaus und warteten auf ihn. „Was soll denn das?", murmelte er. Endlich verstand er den Hinweis! So viele Schmetterlinge! Das konnte nur etwas mit dem Verschwinden seiner Tochter zu tun haben! Er rief zwölf seiner stärksten Männer zusammen und folgte dem Schmetterlingsschwarm. Das Burgfräulein konnte alles mit seinem Schmetterlingsauge beobachten und beruhigte Roderich, weil es wusste, dass die Rettung nahte.

Die Burgleute stürmten schließlich die Behausung der Räuberbande und retteten das feine Burgfräulein und den sanften Poeten. Ab diesem Zeitpunkt dichtete Roderich am liebsten über Schmetterlinge und das Burgfräulein. Oft sah man sie gemeinsam beim Dichterstein – und beide hatten von nun an Schmetterlinge im Bauch!

13 Burgruine Windhaag bei Perg

Charakter der Wanderung: Diese nicht allzu lange Runde führt uns zunächst von Windhaag bei Perg zu einem Aussichtspunkt auf einem Hügel, bevor wir einen Bogen hinab zur Burgruine schlagen. Durch schattige Waldgebiete wandern wir anschließend entlang eines Bachtals weiter talwärts. Zuletzt kehren wir – begleitet von schönen Ausblicken – wieder bergan zu unserem Ausgangspunkt zurück.

Länge	6 km (ca. 2 Std. Gehzeit)
Steigung	240 hm
Markierungen	*Enzmilner Kulturwanderweg, Routen II und III*
Weg	Feld- und Forstwege, Asphalt, Wanderwege
Familien	Tour auch für ausdauernde ältere Kinder geeignet
Anfahrt	Mit dem PKW nach Windhaag bei Perg, Parkmöglichkeiten beim Gemeindeamt
Einkehr	Burg Klein Windhaag (gasthaus.bogenschuetzenclub.at) Einkehrmöglichkeiten in Windhaag bei Perg
Sehenswertes	Museum und Filialkirche Altenburg (www.windhaag-perg.at) Heimatstube & Waffenkammer Windhaag bei Perg (www.windhaag-perg.at)
Information	Gemeinde Windhaag bei Perg Eva-Magdalena-Straße 7, 4322 Windhaag bei Perg Tel.: +43 (0) 7264 4255 gemeinde@windhaag-perg.at, www.windhaag-perg.at

Wegbeschreibung

Wir beginnen unsere kurze, aber abwechslungsreiche Rundwanderung auf dem **Enzmilner-Platz** zwischen dem Gemeindeamt, der Pfarrkirche und der Volksschule von Windhaag bei Perg, wo sich auch eine große Übersichtskarte mit den Wanderwegen der Gemeinde befindet. Zunächst steuern wir das Gemeindeamt an und steigen auf dessen rechter Seite eine kurze Steintreppe hinauf. So

Burgruine Windhaag bei Perg

gelangen wir zu einer Straße, wo wir die ersten gelben Wanderwegbeschilderungen entdecken. Darunter befindet sich auch jene des *Enzmilner Kulturwanderwegs,* dem wir zunächst entlang der *Route II* und ab der Burgruine entlang der *Route III* folgen.

Wir wenden uns auf der Straße nach Norden und zwischen den Häusern geht es bis zu einem alten steinernen **Torbogen,** der zu früheren Zeiten zunächst Teil des Schlosses und später des Klosters Windhaag war. Wir folgen den Schildern durch das Tor und wandern entlang der Straße auf einen weiteren Torbogen zu, den wir ebenfalls durchschreiten. Dahinter geht es noch ein Stück in einem Linksbogen die Ortsstraße entlang, bis diese schließlich in eine weitere Straße einmündet. Wir wenden uns nun nach rechts, biegen jedoch noch vor dem Ortsende neuerlich nach rechts auf eine Siedlungsstraße ab. Auf dieser gehen wir bergan, um nach wenigen Metern an einer Gabelung die mittlere Variante zu wählen, die uns geradeaus weiter den Hang hinaufführt. Zuletzt geht die Straße in

einen Feldweg über, der uns bis zu einem Hochbehälter samt **Rastplatz** bringt. Von hier lässt sich ein wunderbarer Panoramablick bis zur Alpenkette genießen.

Hinter dem Hochbehälter wandern wir noch ein kurzes Stück bergan, bevor uns der nun leicht abfallende Weg am Waldrand nach rechts abbiegen lässt. Über eine Kuppe hinweg wenden wir uns wieder südwärts, wobei wir die nahe gelegene **Hubertuskapelle** links liegen lassen. Abwärts geht es vorbei an einem Anwesen und gleich darauf scharf nach links entlang einer Baumreihe über einen Feldweg auf den bewaldeten Hausberg zu. Im Wald folgen wir dem breiten Weg bis zu einem Kreuzungspunkt bei der **Friedrichsruh,** wo wir mit der Markierung nach rechts auf einen Wanderweg einschwenken. Dieser leitet uns in einem Rechtsbogen entlang eines Hangs abwärts, wobei wir unter uns bereits die **Burgruine Windhaag** sehen. Mit einer letzten Linkskehre schwenkt der Pfad hinab zu einer Siedlungsstraße, der wir nach links zwischen den Häusern bis zur Ruine folgen. Die von einer Arbeitsgemeinschaft in jahrelanger Arbeit abgesicherte und begehbar gemachte Burgruine lässt sich einerseits umrunden, andererseits auch innerhalb der Mauern über Metalltreppen bis zur Spitze des Bergfrieds hinauf erkunden.

Von der Ruine aus wenden wir uns anschließend entlang der *Route III des Enzmilner Kulturwanderwegs* weiter talwärts. Links vorbei am früheren Schlossteich, der als Pferdeschwemme diente, folgen wir dem alten Weg nach Münzbach einen Bachgraben entlang. Auf dem Wanderweg gelangen wir schon bald zu einer Forststraße, auf der wir weiter talabwärts gehen. Schon nach wenigen Metern passieren wir dabei einen großen Findling mit einem dem **hl. Eustachius** geweihten Bildnis. Bald darauf geht es aus dem Wald hinaus und wir setzen vorbei an einem Anwesen unseren Weg auf einem Feldweg fort. Nicht lange danach kommen wir an einem zweiten Hof vorbei und tauchen wieder in den Wald ein. Bei einer kleinen Brücke fließen zwei Bächlein zusammen und wir biegen gleich dahinter auf einem querenden Forstweg nach rechts ab. Wenige Meter weiter halten wir uns an einer Weggabelung wiederum rechts und folgen anschließend in leichtem Auf und Ab dem **Tal des Hausbergbachs.**
Nach längerem Marsch durch das bewaldete Tal zieht der Weg zuletzt an einer Talsperre kurz bergan, bevor er uns nach einer Linkskurve zu einem Güterweg führt. Von hier aus bestünde die Möglichkeit zu einem gut halbstündigen (hin und zurück) Abstecher nach links auf asphaltierter Strecke vorbei an einem Sägewerk zu der bereits von hier aus auf einem Hügel sichtbaren **Kirche von Altenburg** mit ihren schönen Fresken. An Sommerwochenenden kann dort auch ein kleines Museum besichtigt werden.

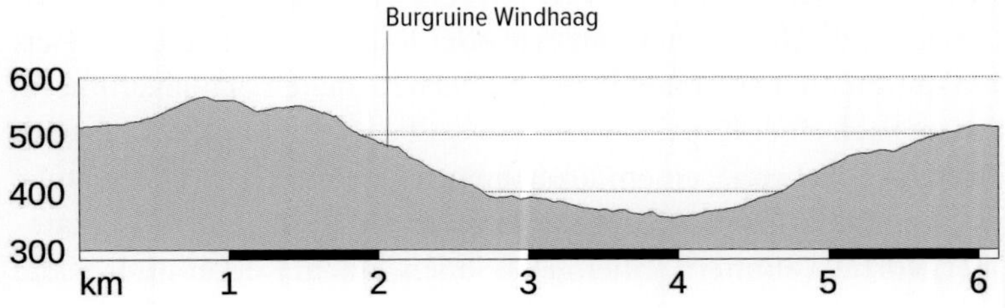

Wir wenden uns jedoch auf dem Güterweg talaufwärts nach rechts, wobei wir schon bald rechter Hand über uns das langgestreckte Gebäude des **Ausflugsgasthauses Burg Klein Windhaag** entdecken. Beim Parkplatz des Gasthauses biegen wir nach rechts auf einen weiteren Güterweg ein. Hier sehen wir auch die im Wald ringsum platzierten Tierfiguren eines **3D-Bogenparcours.** Auf dem Güterweg steigen wir bis zu einem nahen Bauernhaus hinauf, wo wir nach links auf einen weiterhin deutlich ansteigenden Feldweg abbiegen. Entlang eines Waldrands gewinnen wir nach und nach an Höhe, wobei sich zunehmend der Blick weitet und wir nach Süden hin auch wieder die Kirche von Altenburg erkennen können.

Noch einmal bietet sich bei ein paar Bäumen mit einer Bank eine Gelegenheit zu einer Rast, bevor der Weg etwas flacher wird und uns durch Felder auf ein erstes Anwesen zuführt. Ab hier geht es nun auf einem ansteigendem Güterweg in Richtung des Zentrums von Windhaag, wo wir bei der Pfarrkirche wieder zur Ortsdurchfahrt gelangen. Noch einmal biegen wir nach links ab und haben schließlich nach rund 2 Std. Gesamtgehzeit wieder unseren Ausgangspunkt vor dem Gemeindeamt erreicht.

Burgruine Windhaag bei Perg

Windhaag war einst ein kleinerer Adelssitz, der von einem Graben umgeben war. Die gotische Anlage diente als Verteidigungsbau und als Fluchtburg. Burg Windhaag wurde 1290 erstmals urkundlich erwähnt. Sie war ursprünglich nicht sehr groß, dafür soll sie für damalige Verhältnisse recht wohnlich gewesen sein. Als Joachim Enzmilner die Herrschaft Windhaag im Jahr 1636 kaufte, hatte die Burg ihre Wehrhaftigkeit längst verloren und eher Schlosscharakter. Sie bestand schon damals aus vielerlei Räumlichkeiten: einer Herrenkammer, einer Frauenkammer, verschiedenen Schlafkammern, einem Saal, einer Kapelle, einer Tafelstube, mehreren Küchen, einer Pfisterei (Bäckerei), einem großzügigen Balkon, einer Pflegerstube zur Verwaltung, einer Schatzkammer, einer Rüst- und Pulverkammer, Vorratskammern, einem Heuboden, einem Kerker und vielem

Panoramablick über Windhaag bei Perg

mehr. Dazu kamen noch Bauwerke, die sich außerhalb des Schlossgrabens befanden: eine Kapelle, ein Pferdestall, eine Reitstube, ein Getreidekasten, ein Brauhaus, eine Schmiede und eine Badestube.

Bewegte Geschichte

Bereits im 13. Jahrhundert befand sich auf dem Burgstall eine Hausburg. Die Brüder Freitel und Heinrich nannten sich damals „von Windhaag" und bis 1400 war die Burg im Besitz der „Windhaager". Von 1400 bis 1485 folgten die Tannbecker und es kam zu einem ersten Ausbau. 1432 belagerten die Hussiten die Anlage.
Im 15. Jahrhundert erfolgte der zweite Ausbau der Burg mit Zubauten und zwei Schalentürmen, also Wehrtürmen in der Burgmauer mit einer offenen Rückseite. 1485 nutzten die Ungarn Windhaag als

Stützpunkt. Ein kaiserliches Aufgebot stürmte die Burg, die durch Kanonenbeschuss schweren Schaden erlitt. Kaiser Friedrich III. übergab die Burg schließlich seinem Kämmerer Lasla von Prag. So kamen 1485 die „Herren von Prag" nach Windhaag. 1491 wurde Windhaag zur Herrschaft samt Landgericht erhoben. 1512 wurde die Annakapelle fertiggestellt und 1524 die Burgkapelle, die dem heiligen Petrus geweiht wurde, errichtet. Von 1597 bis 1636 waren die aus Wien stammenden und in den Ritterstand erhobenen Schütter die Herren über Windhaag. 1636 folgte Joachim Enzmilner als neuer Besitzer. Windhaag wurde noch bis 1734 als Pfarrhof bewohnt und verfiel in der Folge. 1782 wurde Windhaag dem Religionsfonds und schließlich dem Linzer Domkapitel übergeben. 1990 kaufte die Gemeinde Windhaag die Ruine.

Graf Joachim Enzmilner

Graf Joachim Enzmilner wurde im Jahr 1600 geboren und stammte aus bürgerlichen Verhältnissen. Er war gebildet, kaiserlicher Rat, später Kanzleileiter im Landhaus. Zum Freiherrn erhoben folgte später die Ernennung zum Reichsfreiherrn und letztendlich zum „Graf Freiherr von und zu Windhag". Als Gegenreformator war er streng katholisch und ging als Reformationskommissär in Niederösterreich gegen Protestanten vor. Der Ausspruch „Der Windhager kommt" soll damals mit Angst und Schrecken verbunden gewesen sein. 8000 Familien verließen in jener Zeit aus Religionsgründen das Land und es gab 22000 „Bekehrte".

Joachim Enzmilners Tätigkeit als Reformationskommissär brachte ihm großen Reichtum und damit verbunden den Grafenstand ein. Das alte Schloss Windhaag entsprach bald nicht mehr seinen Ansprüchen und so ließ er in einer Bauzeit von 30 Jahren auf einem Hang gegenüber ein weiteres Prunkschloss im Stil der italienischen Renaissance erbauen. Es war das schönste Schloss weit und breit und besaß eine beeindruckende Waffen- und Münzsammlung sowie eine 20000 Bände umfassende Bibliothek, auf die der Graf besonders stolz war.

So erfolgreich er in weltlichen Dingen war, so tragisch war seine Familiensituation. Insgesamt starben 14 Kinder aus erster Ehe mit seiner Frau Maria. Nur eine Tochter – Eva Magdalena – überlebte. Nach dem Tod seiner Frau Maria war Enzmilner in zweiter Ehe mit der Gräfin Sprinzenstein verheiratet. Die Ehe blieb kinderlos. Die Tochter aus der ersten Ehe – Eva Magdalena – flüchtete im Alter von 19 Jahren vor dem Einfluss des Vaters und trat in Tulln in das Dominikanerinnenkloster ein. 18 Jahre später gelang es Enzmilner, seine Tochter zurückzuholen. Er stellte ihr das alte Schloss als Kloster zur Verfügung, das Eva Magdalena als Priorin mit 12 Nonnen bezog. In der Folge befand sich hier von 1668 bis 1689 ein Dominikanerinnenkloster.

Als Graf Enzmilner im Alter von 78 Jahren starb, war es ihm wichtig, seine Bibliothek in guten Händen zu wissen. Seine Bücher kamen in die Bibliothek im Dominikanerkonvent in Wien und auch die bis heute wirksame „Windhaager Stipendienstiftung" geht auf sein testamentarisches Vermächtnis zurück. Mit jener Stiftung wird auch heute noch talentierten jungen Menschen Wissenschaft und Bildung ermöglicht.

Priorin Eva Magdalena

Enzmilners Tochter Eva Magdalena war Priorin der kleinen Nonnenschar im alten Schloss geworden und erbte nach dem Tod ihres Vaters seine Besitztümer. Ihren Reichtum zur Schau zu stellen, lehnte sie ab und so ließ sie nicht einmal zehn Jahre nach Fertigstellung das neue Prunkschloss ihres Vaters abreißen und verkaufte das damit gewonnene Baumaterial zugunsten der Errichtung eines neuen größeren Klosters. Die Brunnen des ehemaligen Windhaager Prunkschlosses befinden sich heute am Stadtplatz in Steyr, am Marktplatz in Königswiesen sowie auf einem Bauernhof in Linz-Ebelsberg. Eva Magdalena starb im Jahr 1700. Kurz nach ihrem Tod schlug ein Blitz in das neue Kloster ein und verursachte einen Dachstuhlbrand. Das Kloster wurde 1782 durch Joseph II. aufgelöst. Wirtschaftliche Gründe und mangelndes soziales Engagement waren der Grund. Die Klosterkirche wurde in der Folge zur Pfarrkirche.

Burgruine Windhaag heute

Das alte Schloss Windhaag besteht heute lediglich als Ruine. Waren einst nur noch Mauerreste, Palas und Bergfried vorhanden, ist nach den Erhaltungsmaßnahmen der Gemeinde und der Arbeitsgemeinschaft Burgruine Windhaag aus den verfallenen Mauern eine stattliche Ruine samt Hungerturm geworden. Seit 2012 kann der Bergfried über eine Treppenkonstruktion besucht werden. Die Aussichtsplattform erlaubt einen Blick auf die Alpenkette, das Machland und natürlich auf Windhaag.

Schlossteich

Der ehemalige Schlossteich, der einst zum Tränken der Pferde diente, ist heute von einer grünen Schicht bedeckt. Es handelt sich um sogenannte Wasserlinsen, die mir als Inspiration zu einem Märchen dienten.

Die Wasserlinsensuppe

Es war einmal … vor langer, langer Zeit, da gab es eine Burg, die eigentlich ein Schloss war – oder doch eine Burg? Das war damals eigentlich nicht so wichtig. Die Hauptsache war, dass alles prächtig war und es den Burgbewohnern an nichts fehlte. Es wurden rauschende Feste gefeiert und die Leute lebten in Saus und Braus. Die meisten Besucher – vor allem die Ritter – kamen zu Pferd angereist. Für die Zeit ihres Aufenthaltes blieben die Pferde beim Schlossteich, um sich von dem meist sehr langen und anstrengenden Ritt zu erholen. In der Burg bogen sich derweil die Tische vor gutem Essen und

Trinken – doch an die Verköstigung der fremden Pferde dachte meist niemand. Da standen sie angebunden am Schlossteich und labten sich am Wasser. Denn das Gras ringsum war schon bis auf die Stoppeln abgefressen worden.

In jedem Schlossteich wohnt auch immer ein Schlossfrosch. Das Märchen vom Froschkönig hatte dazu beigetragen, dass es bei Fröschen ziemlich hip wurde, einen Schlossteich zu bewohnen, es war gewissermaßen Ehrensache. Viele Frösche wurden damals von Prinzessinnen – natürlich erfolglos – geküsst. Frosch Rüdiger XXVII. lebte hier und bemühte sich, sein Froschgeschlecht so gut wie möglich aussehen zu lassen.

Als Rüdiger einen abgemagerten Gaul am Schlossteich beim Wassertrinken beobachtete, wurde er ganz traurig. „Was für ein armseliges Tier!", dachte er. „Trägt seinen Ritter von A und B nach C und noch viel weiter und bekommt nicht einmal etwas Gescheites zum Fressen! Das müssen wir sofort ändern!" Frosch Rüdiger klatschte in die Froschhände und sofort erschien eine Armada an Libellen. „Ihr lieben Libellen, holt mir hurtig Futter für das schmale Pferdchen, damit es uns nicht vom Fleisch fällt und wir hier keine üble Nachrede bekommen!"

So flogen die Libellen an einen nahen Tümpel und holten von dort die schönsten und grünsten Wasserlinsen, die sie finden konnten. Das dürre Ritterpferd freute sich über die nahrhafte Wasserlinsensuppe, die es nun munter schlabbern konnte und kam schnell wieder zu Kräften. Seit jener Zeit gibt es im Schlossteich diese feinen Wasserlinsen, die von den Pferden nah und fern sehr geschätzt werden. Der gute Ruf des Schlossteichs verbreitete sich schnell in der Pferdewelt und Frosch Rüdiger freute sich, dass er den Pferdegästen jedes Mal wieder so ein nahrhaftes Mahl anbieten konnte. Und so wird die Wasserlinsensuppe auch heute noch im Schlossteich zu Windhaag angeboten. Wer von euch mag sie kosten?

Bezirk Rohrbach

Schloss Altenhof und Burgruine Falkenstein

Charakter der Wanderung: Diese entlang einsamer Naturpfade führende Rundwanderung, die stellenweise ein wenig Achtsamkeit und Trittsicherheit erfordert, leitet uns vom Donautal bei Rannamühl durch das Rannatal nordwärts. Nach Erreichen der Ranna-Talsperre wandern wir weiter bergan bis Schloss Altenhof. Anschließend geht es wiederum auf Wanderwegen zur Ruine Falkenstein, bevor uns der Weg talwärts zurück zur Donau bringt.

Länge	12,5 km (ca. 4 Std. Gehzeit)
Steigung	370 hm
Markierung	*Rannatalweg (Wegnummer PF1)*
Weg	Forstwege, Wanderwege, Asphalt
Familien	Tour aufgrund der Länge, Steigung und Charakteristik für Kinder weniger geeignet
Anfahrt	Mit dem Auto an das nördliche Donauufer bei Rannamühl. Parkmöglichkeiten direkt an der Donau nahe der Einmündung des Rannatals ins Donautal
Einkehr	Gasthof Mayrhofer in Altenhof Gasthof Draxler in Niederranna (www.donau-urlaub.at)
Sehenswertes	Skulpturenpark Wesenufer (www.atelier-fahrner.com) Römerpark Schlögen
Information	Gemeinde Pfarrkirchen im Mühlkreis 4141 Pfarrkirchen 13a, Tel.: +43 (0) 7285 415 gemeindeamt@pfarrkirchen.at, www.pfarrkirchen.at

Wegbeschreibung

Wir beginnen unsere Runde am Ufer der Donau in **Rannamühl.** Vom direkt am Fluss gelegenen Parkplatz aus überqueren wir zunächst die Straße und folgen dann vorbei an einem Anwesen einem Güterweg nordwärts in das **Tal der Ranna** hinein. Wir passieren nach kurzer Zeit einen kleinen Teich und kommen danach zu einer Weggabelung vor einer Brücke über die Ranna. Hier finden

Schloss Altenhof

wir linker Hand die erste Beschilderung des Wanderwegs, dem wir während der gesamten Tour folgen werden. Die Markierung des *Rannatalwegs (Wegnummer PF1)* zeigt uns an, noch vor der Brücke nach links auf einen Forstweg abzubiegen, um auf diesem entlang des Tals dem Verlauf der naturbelassenen Ranna in Richtung des Ranna-Stausees zu folgen.

Zunächst wandern wir in sehr sanftem Anstieg auf der linken Flussseite entlang, wobei wir im weiteren Verlauf mehrmals die Talseite wechseln werden. Der Weg führt uns mit den Flusswindungen mehr oder weniger immer in Richtung Norden. Dabei können wir uns fast durchgängig an einem unverbauten, waldreichen Tal erfreuen, dessen viele schattige Passagen vor allem an heißen Sommertagen angenehme Temperaturen bieten.

Nach etwas mehr als der Hälfte der Wegstrecke bis zum Staudamm kommen wir zu einer beschilderten Abzweigung mit einer

Rastbank, die zu einer kurzen Pause einlädt. Dahinter setzen wir unseren Weg im Tal entlang der Ranna fort und sehen so schließlich nach einem zuletzt etwas deutlicheren Anstieg die **Talsperre** vor uns. Sobald wir den hohen Betondamm erreicht haben, biegen wir nach rechts auf einen schmalen Wanderpfad ab. Dieser bringt uns mithilfe einiger Kehren steil bergan bis zu einem querenden Wanderweg auf Höhe der Dammkrone. Hier bietet sich ein kurzer Abstecher nach links zu der über den Damm führenden Straße an, von wo aus wir sowohl den Ausblick zurück über das Rannatal, durch das wir aufgestiegen sind, als auch in die entgegengesetzte Richtung über den langgezogenen **Stausee** genießen können. Rechts neben der Staumauer fällt zudem unterhalb eines Felsens ein großes steinernes Heiligenstandbild ins Auge.

Im Anschluss kehren wir wieder zur Weggabelung oberhalb des serpentinenreichen Aufstiegswegs zurück und setzen unsere Wanderung entlang einer Wasserleitung auf dem reizvollen Wanderweg fort. Der immer wieder durch Seilgeländer gesicherte Weg, der nach der rechten Seite hin teilweise steil zum Flusstal abfällt und daher ein wenig Aufmerksamkeit beim Setzen der Tritte erfordert, leitet uns den bewaldeten Hang entlang nach Süden. Immer wieder sorgen dabei auf Metallstegen verlaufende Wegpassagen sowie sogar ein kurzer in den Fels gesprengter Tunnel für zusätzliche Abwechslung.

Schließlich schwenkt der Weg – immer noch der Wasserleitung folgend – nach links in ein Seitental ab. Der zuvor noch stellenweise abwärts führende Pfad steigt nun an und bringt uns zuletzt aus dem Wald heraus. Wir passieren ein Anwesen und folgen anschließend einer Zufahrtsstraße weiter bergan bis zu ihrer Einmündung in eine Landstraße. Wir wenden uns hier kurz nach rechts, biegen jedoch schon am Ende einer Kurve mit der Beschilderung nach links auf einen ansteigenden Wiesenpfad ab. Über die Wiese gelangen wir neuerlich zur Straße, verlassen diese jedoch wiederum sofort am Ende einer weiteren Kurve. Erneut geht es auf einem Wiesenpfad bergan, der bei einem Parkplatz direkt am Rand der **Ortschaft Altenhof** endet. Jenseits der Straße sehen wir den Beginn einer Lindenallee, die uns nach einer Gehzeit von rund 2 Std. 45 Min. mit dem in Privatbesitz befindlichen **Schloss Altenhof** zu unserem ersten Etappenziel bringt.

Vom Schloss aus geht es im Anschluss auf der Ortsdurchfahrt in Richtung des Zentrums von Altenhof, wo wir in der Ortsmitte der Beschilderung folgend nach rechts auf eine Seitenstraße abbiegen.

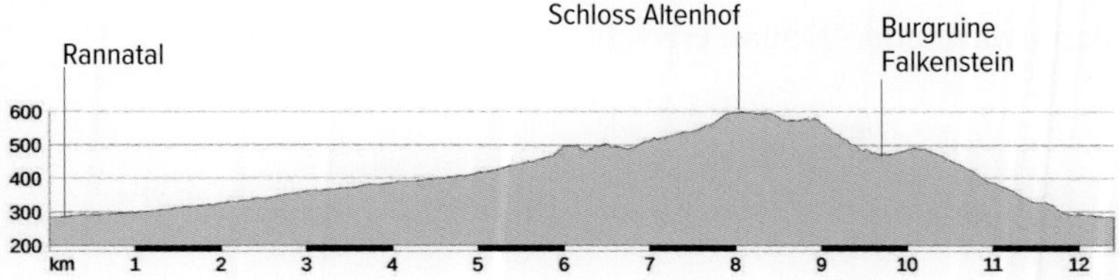

Die Straße bringt uns zum Kindergarten, hinter dem wir nach links auf einen Feldweg einschwenken. Während wir auf dem Pfad in Richtung Waldrand wandern, bietet sich beim Blick zurück ein weiterer Eindruck von Schloss Altenhof. Am Waldrand senkt sich der Wanderweg abwärts und gabelt sich nach wenigen Metern, wobei wir die rechte Abzweigung wählen. Stetig durch den Wald talwärts wandernd erreichen wir so nach nicht allzu langer Zeit eine Forststraße und sehen gleich darauf rechter Hand die **Burgruine Falkenstein** vor uns. Zu deren mühevoller Rettung vor dem Verfall haben sich einige Enthusiasten zusammengefunden, um in ihrer Freizeit an Erhaltung und Wiederaufbau der Anlage zu arbeiten. Linker Hand ragt der aufgrund von früheren Sanierungsarbeiten noch gut erhaltene **Wasserturm** der Burg aus dem Dickicht. Ein paar informative Schautafeln schildern die geschichtlichen Hintergründe der Burg und eine Spendenbox lädt zur Unterstützung der Erhaltungsbestrebungen ein.

Von der Burgruine aus folgen wir dem Weg leicht bergan den Hang entlang bis zu einem Grabeneinschnitt, wo wir einen schmalen Bach zu überwinden haben. Danach geht es weiter den Hang entlang bis zu einer Plattform auf einem Felssporn, wo eine Bank zu einer aussichtsreichen Rast einlädt. Dahinter senkt sich der Pfad sukzessive abwärts durch den Wald. An einer Gabelung halten wir uns rechts weiter talwärts und erreichen so nach einiger Zeit schließlich ein modernes Blockhaus. Dahinter biegen wir vor einem Anwesen nach rechts ab und wenige Minuten später haben wir dann bei einem Sägewerk wieder den **Talgrund des Rannatals** erreicht. Hinter dem Werksgelände überqueren wir auf der uns noch vom Beginn der Wanderung bekannten Brücke den Fluss. Zuletzt folgen wir der Zufahrtsstraße talauswärts und haben so nach rund 4 Std. Gesamtgehzeit und einer an Natur- und Kultureindrücken reichen Rundwanderung wieder unseren Ausgangspunkt am Ufer der sich träge dahinwälzenden Donau erreicht.

Am Ranna-Stausee

Schloss Altenhof

Die Ruine Falkenstein und das Schloss Altenhof befinden sich in unmittelbarer Nachbarschaft und sind heute im Besitz der Familie Salburg-Falkenstein. Die erste urkundliche Erwähnung von Schloss Altenhof erfolgte 1204. Vier Jahrhunderte später kam es in den Besitz der Grafen von Salburg, die es umbauten. 80 Jahre später wurde das Schloss ein Raub der Flammen, danach aber wieder aufgebaut. Aus dieser Zeit stammt die barocke Schlosskirche, welche als größte private Schlosskirche Österreichs gilt. Diese ist an Sonntagen um 8 Uhr für den Gottesdienst geöffnet. Über die Möglichkeit von Schlossführungen kann man sich unter der Telefonnummer +43 (0) 7285 262 informieren.

Die Räumlichkeiten des Schlosses werden heute für Hochzeiten, Feierlichkeiten und Seminare genutzt. Weiters stehen im Schloss Ferienwohnungen für Übernachtungen zur Verfügung. Auf dem Schlossgelände gibt es auch eine Schlossgärtnerei, die zu den Öffnungszeiten für Besucher frei zugänglich ist. In den Sommermonaten finden auf dem Schlossareal Benefizkonzerte statt. Zum Schloss führt eine beeindruckende alte Lindenallee, die 1997 als Naturdenkmal anerkannt wurde. Weitere Infos unter www.schloss-altenhof.at.

Burgruine Falkenstein

Die Falkensteiner waren einst ein mächtiges Adelsgeschlecht, das im 13. Jahrhundert für die Erschließung des Gebietes nördlich der Donau verantwortlich war. Die Burg Falkenstein wurde 1140 erstmals urkundlich erwähnt und liegt über dem Rannatal. Die Burganlage war mit 2960 m² umbauter Gesamtfläche sehr groß und damals der bedeutendste Adelssitz des Oberen Mühlviertels. Sie gilt als Wurzel der Besiedelungsgeschichte des Mühlviertels sowie der angrenzenden bayerischen und böhmischen Regionen. Die Höhenburg war als wichtiger Adelssitz immer wieder umkämpft. Ab dem 13. Jahrhundert begannen die Falkensteiner mit der Urbarmachung der Gegend. Vom erschlossenen Gebiet rund um die Burg aus erstreckten sich die Rodungs- und Siedlungstätigkeiten in Richtung Böhmerwald. Calhoch II. von Falkenstein gründete 1218 das Kloster Schlägl an der Großen Mühl am Fuße des Böhmerwaldes. Der wohl berühmteste Falkensteiner war jedoch Zawisch von Falkenstein, denn er war am Ende des Hochmittelalters der Nachfolger von Böhmenkönig Ottokar. Zawisch wurde in Hluboka enthauptet und im böhmischen Kloster Hohenfurth bestattet.
Die Burg Falkenstein wechselte über die Jahrhunderte immer wieder die Besitzer. Rund 30 Jahre nach dem Brand von 1572 übernahm schließlich Heinrich von Salburg die Herrschaft Falkenstein und vereinte damit die Burg mit seinen weiteren Besitzungen Altenhof und Hochhaus zu einer Verwaltungsgemeinschaft. Die Burg war zeitweise noch von Jagdpersonal bewohnt, verfiel letztlich aber immer mehr.

Die Gründungssage

Zur Burg Falkenstein gibt es eine Gründungssage, die vom einflussreichen Geschlecht der Grafen von Peilstein erzählt. Einer dieser Grafen hatte mehrere wertvolle Jagdfalken. Die Edelknaben Rudger und Ralf waren Freunde und für die Pflege der Falken zuständig. Rudger hatte eines Tages nicht gut genug aufgepasst und so entflog der Lieblingsfalke des Grafen. Der Zorn des Grafen war groß und er drohte Rudger mit der Todesstrafe, sollte der Falke nicht binnen drei Tagen wieder auftauchen.

Gemeinsam mit seinem Freund Ralf durchkämmte Rudger das Jagdgebiet des Grafen, um nach dem Falken zu suchen. Doch der Falke ließ sich nicht blicken. Rudger wollte die Suche am dritten Tag schon aufgeben und war sehr verzweifelt, doch Ralf suchte weiter. Während Rudger schon im Burgverlies einsaß, nutzte Ralf das Licht des Vollmonds für die Suche im Wald. Im Tal des Rannabachs bestieg er einen Felsen, um sich besser umsehen zu können. Da erblickte er endlich den gesuchten Falken und lockte ihn mit dem gewohnten Ruf zu sich. Der verirrte Vogel ließ sich damit ganz leicht einfangen. Die Freude war groß, doch die Zeit knapp. Ralf machte sich deshalb so schnell wie möglich auf den Heimweg. Als er bei Morgengrauen die Burg erreichte, wollte man den armen Rudger gerade an ein Pferd anbinden, um ihn zu Tode zu schleifen. Mit dem Lieblingsfalken des Grafen in der Hand rettete Ralf seinem Freund im letzten Moment das Leben. Der Graf war zufrieden und ließ sich berichten, wo Ralf den Falken gefunden hatte. Der Ort gefiel dem Peilsteiner Grafen recht gut und so ließ er auf dem Felsen eine Burg erbauen und nannte sie Falkenstein. Sein Geschlecht wurde fortan Falkensteiner genannt.

Die Nixe im Wasserturm

Eine weitere Sage erzählt von der Nixe Lilofee: Ein Falkensteiner Burgherr soll sich einst in eine schöne Frau verliebt haben, die jedoch eine Nixe war. Sie sagte zu, mit auf seine Burg zu kommen, wenn sie bei Vollmond im Wasserturm alleine sein durfte. Das ging eine Weile gut, bis der Burgherr überredet wurde, doch einmal nachzusehen, was seine Frau da im Turm ganz alleine so treibe. Die Neugierde wurde immer größer und so lugte der Burgherr in einer Vollmondnacht durch einen Türspalt in den Wasserturm hinein. Da sah er seine Frau am Wasser sitzen – sie hatte keine Beine, sondern eine Flosse. In dem Moment blitzte und donnerte es fürchterlich und die Nixe Lilofee war für immer verschwunden.

Den Wasserturm der Nixe Lilofee kann man auch heute noch besuchen. Er sieht aus wie ein Rapunzelturm aus dem Märchen und lädt Mutige und Schwindelfreie dazu ein, ihn mithilfe einer eisernen Leiter zu erklimmen.

Wasserturm der Burgruine Falkenstein

Rettung der Burgruine Falkenstein

Durch die Arbeiten eines Erhaltungsvereins wurde bereits vor Jahren der totale Einsturz der Burgruine verhindert. Der massive Wasserturm aus dem 15. Jahrhundert konnte in den 1960er-Jahren durch eine Arbeitsgemeinschaft von einigen Lehrern gesichert werden.

In Zusammenarbeit mit dem Bundesdenkmalamt wird weiter an der Erhaltung der Burganlage gearbeitet. Aus Sicherheitsgründen kann das Burgareal von Besuchern nur während der Sanierungswochenenden betreten werden. Der länderübergreifende Erhaltungsverein engagiert sich seit Jahren für die Erhaltung der Ruine und freut sich über tatkräftige Unterstützung. Helfer sind herzlich willkommen! Unter dem Motto „Bürger retten Burgen" kann man auf der Burg Falkenstein zum Ruinenretter werden. Nähere Infos unter der Telefonnummer +43 (0) 7285 7011.

Eine goldene Zeit

Es war einmal … auf der Burgruine Falkenstein. Über die Jahrhunderte war die stolze Burganlage zu einer Ruine verfallen und drohte einzustürzen. Doch es fanden sich beherzte Bürger, die gemeinsam dafür sorgten, dass die Mauern der ehemaligen Burg nicht ganz verfielen. Sie reparierten sie so gut es ging. Das brauchte viel Zeit und Geduld und natürlich vieler Hände Arbeit.

Eines Tages kreiste ein Falke über der Burg, die seinen Namen trug und beobachtete das rege Treiben auf dem Areal. Kurz darauf kam ein weiterer Falke dazu und beide Raubvögel kreisten nun gemeinsam über der Burgruine. „Schau dir das an", sagte der eine, „diese Leute kommen immer am Wochenende zur Burg. Was die hier wohl wollen?" „Vielleicht suchen sie einen Schatz?" „Soviel ich weiß, gibt es hier schon lange keine Schätze mehr zu finden!", antwortete der andere Falke. „Vielleicht droht ein feindlicher Angriff und sie rüsten die Burg dafür wieder auf?" „Wer weiß das schon? Vielleicht leisten sie auch nur ihren Frondienst und sind deswegen hier?" Die Falken fanden keine Antwort auf das emsige Treiben unter ihnen und so kreisten sie weiter und wunderten sich.

Die Menschen auf dem Burgareal arbeiteten währenddessen fleißig weiter und freuten sich über die Fortschritte, die durch ihre Arbeiten entstanden. Und viele von ihnen fanden wirklich einen Goldschatz auf der Burg Falkenstein. Doch dieser Schatz war kein materieller, sondern ein gefühlter. Nach getaner Arbeit zu wissen, dass sich die Mühe wieder einmal gelohnt hatte, vergoldete die Zeit, die sie hier verbrachten und stärkte ihre Gemeinschaft auf besondere Art und Weise.

Diese alte Burg im Rannatal war einst Ausgangspunkt für die Besiedelung des Mühlviertels sowie der angrenzenden bayerischen und böhmischen Regionen. Ein großartiges Stück Geschichte in Form eines alten Bauwerks. Wer selbst eine goldene Zeit auf der Burg Falkenstein verbringen möchte, der kann gerne mit anpacken und ist jederzeit willkommen!

15 Schloss Götzendorf

Charakter der Wanderung: Diese Rundwanderung führt uns von Rohrbach-Berg durch eine bewaldete Senke zur Ortschaft Götzendorf. Hier erwartet uns im Zentrum das wenig bekannte gleichnamige Schloss mit hübschem Arkadenhof. Entlang von Feld- und Forstwegen geht es anschließend in einem Bogen wieder zurück zum Ausgangspunkt.

Länge	9,5 km (ca. 3 Std. Gehzeit)
Steigung	260 hm
Markierung	*Götzendorfer Steig (Wegnummer 57)*
Weg	Feld- und Forstwege, Asphalt, Wanderwege
Familien	Tour auch für ausdauernde ältere Kinder geeignet
Anfahrt	Mit dem PKW nach Rohrbach-Berg, Parkmöglichkeiten rund um das Ortszentrum
Einkehr	Zum Wirt Getzendorf Einkehrmöglichkeiten in Rohrbach-Berg
Sehenswertes	VILLA sinnenreich (www.villa-sinnenreich.at) Museum des Buchdrucks (www.ooemuseen.at/museum/251-museum-des-buchdrucks)
Information	Stadtgemeinde Rohrbach-Berg Stadtplatz 1–3, 4150 Rohrbach-Berg Tel.: +43 (0) 7289 6255 stadt@rohrbach-berg.ooe.gv.at, www.rohrbach-berg.at

Wegbeschreibung

Wir beginnen unsere Runde vor dem Rathaus auf dem **Stadtplatz von Rohrbach-Berg.** Im Eingangsbereich des Gebäudes ist eine Übersichtskarte angebracht, die auch die Wanderung *Götzendorfer Steig (Wegnummer 57)* zeigt, die wir uns heute vorgenommen haben. Zunächst wenden wir uns auf dem Platz westwärts in Richtung der **Dreifaltigkeitssäule.** Hinter dieser folgen wir der Hanriederstraße – vorerst noch unmarkiert – nach links aus dem Zentrum

hinaus. Nach kurzer Zeit wird die Bebauung lockerer und wir sehen bei einer nach rechts in eine Einfamilienhaus-Siedlung abzweigenden Straße die erste Wegbeschilderung in *Richtung Schloss Götzendorf.* Wir folgen der genannten Siedlungsstraße geradeaus bis zu einer Straßengabelung, an der wir uns links halten. So lassen wir schon nach kurzer Zeit die letzten Häuser hinter uns. Die Straße geht hier in einen Schotterweg über, der uns unter der Bundesstraße hindurch und einen Hang hinab in eine bewaldete Senke führt.

In der Senke passieren wir einen Teich und überqueren im Anschluss auf einem Wanderweg das schmale Gerinne des **Lanzerstorfer Bachs.** Jenseits des Bachgrabens geht es auf einem Wiesenweg bergan, der uns bald entlang einer Baum- und Strauchreihe auf ein Waldstück zuführt. Am Waldrand treffen wir auf einen querenden Feldweg, auf den wir links abbiegen. Wenige Meter weiter erwartet uns ein Rastplatz mit schönem Ausblick zurück nach Rohrbach-Berg und dahinter stoßen wir auf eine **dem hl. Sebastian geweihte Steinsäule.** Gleich darauf kommen wir zu einer Weggabelung und lassen uns von der Markierung nach rechts in den Wald lotsen, wobei wir uns bei einer weiteren Forstweggabelung im Wald links halten und der *rot-weiß-roten Markierung* entlang eines Bachgrabens abwärts folgen.

Ein Stück tiefer biegen wir nach links zu einer kleinen Holzbrücke ab, die uns auf die andere Seite des Grabens bringt. Wenige Meter weiter biegen wir an einer Gabelung nach rechts ab und wandern nun auf der anderen Seite des Grabens hinunter. Der Weg beschreibt einen langen Bogen nach links und bringt uns weiter durch den Wald abwärts. An einer Weggabelung trennt sich der Weg mit der Nummer 58 von unserer Runde und wir halten uns links und wandern bis in die **Senke des Fischbachs** hinab. Hier zweigen wir zuletzt über einen kurzen, mit einem Geländer versehenen Steig nach rechts ab und haben dann bei einer Freifläche den Talgrund erreicht. Es geht zunächst vorbei an einem Gedenkkreuz nach links entlang eines Bächleins, das wir bald auf einem Trittstein überqueren. Danach spazieren wir durch ein Wäldchen, an dessen Rand wir auf einer Brücke den Fischbach überschreiten und so einen Feldweg erreichen, der uns den Gegenhang hinauf zu einem Waldstück führt.

Am Waldrand biegt der Weg nach links ab und durch die Wiesen und Felder geht es nach und nach bergan, bis wir auf einen Güterweg stoßen. Nach rechts folgen wir diesem bis zum höchsten Punkt, wo eine Bank unter einem einsamen Baum Gelegenheit zum Durchschnaufen und zu einem Blick über die umliegende Hügellandschaft bietet. Anschließend wenden wir uns an der Straßengabelung hinter dem Rastplatz nach links und steuern die nahe **Ortschaft Götzendorf** an. Bereits zwischen den Häusern biegen wir an einer Straßengabelung neuerlich nach links ab und haben so nach rund 1 Std. 15 Min. Gehzeit das Zentrum des kleinen Weilers erreicht. Rechter Hand der Durchfahrtsstraße befindet sich ein kleiner Platz mit einem Gasthof, bei dem wir einkehren können. Ein wenig südlich des Platzes treffen wir auf das von dieser Seite

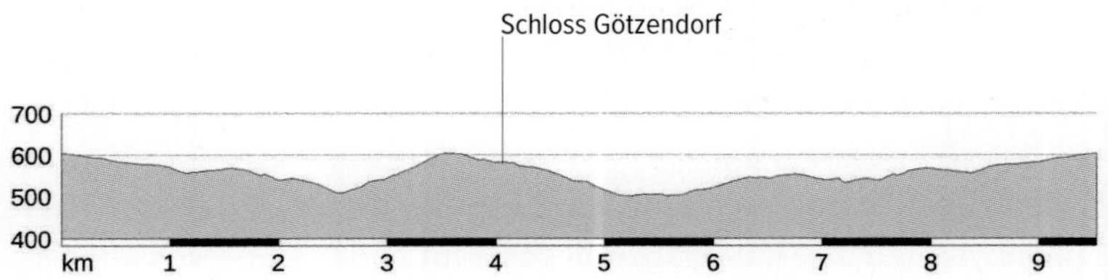

Heiligenstandbild in Götzendorf

nicht auf den ersten Blick als solches erkennbare **Schloss Götzendorf,** dessen kleinen Innenhof wir durch eine Toreinfahrt betreten können.

Anschließend steuern wir über eine schmale Gasse schräg gegenüber vom Schlosseingang wieder die Hauptstraße an und verlassen nach rechts – vorbei am Feuerwehrhaus – den Ortskern. Es geht ein Stück die Straße entlang und aus dem Ortsgebiet hinaus. Schon nach kurzer Zeit biegen wir jedoch nach rechts auf einen geschotterten Feldweg ab. Der Weg leitet uns talwärts – mit schönem Blick zurück auf das nun über uns thronende Schloss. Unterhalb des Schlosses beschreibt der Feldweg eine Linkskehre und wir wandern auf einem landschaftlich besonders reizvollen Wegabschnitt ein Stück weit durch das **Fischbachtal.** Zuletzt macht der Weg einen Bogen nach links und wir treffen bei der Fischmühle wieder auf die Straße, der wir über eine Brücke hinweg nach rechts bergan folgen.

Beim **Weiler Unterfischbach** zeigt uns die Beschilderung an, nach links zwischen die Häuser abzubiegen. Hinter den Häusern verlassen wir die Straße in einer Kurve geradeaus auf einen Feldweg. Dieser bringt uns in sanftem Anstieg nach Norden, wo wir kurz hinter einem Hochsitz an einer Gabelung den Weg nach links einschlagen. Dieser führt uns in ein Waldstück hinein und wir wandern nun gemütlich die Hänge oberhalb des Fischbachtals entlang. An zwei weiteren Gabelungen halten wir uns jeweils wiederum links auf dem weiter flach dahin führenden Forstweg, der erst etwas später wieder ansteigt. Zuletzt biegen wir kurz vor einem Hochstand erneut nach links ab und haben bald jene Wegkreuzung erreicht, die wir bereits vom ersten Teil unserer Tour kennen. Nun wenden wir uns an dieser Stelle mit der *Beschilderung in Richtung Stadtplatz* nach rechts bergan. Für den Rest des Wegs folgen wir den uns schon vom Beginn der Wanderung bekannten Pfaden wieder zurück ins **Zentrum von Rohrbach-Berg,** wo wir nach rund 3 Std. Gesamtgehzeit bei unserem Ausgangspunkt am Stadtplatz eintreffen.

Schloss Götzendorf

Das im 17. Jahrhundert von einer wehrhaften Burg zu einem herrschaftlichen Schloss umgebaute Anwesen ist auch heute noch gut erhalten. Der Eingang besteht aus einem mächtigen Granittor. Im quadratischen Innenhof befindet sich ein schöner Arkadengang. Weiters sehenswert sind Reste von Kratzputzverzierungen sowie die Schlosskapelle im Nordtrakt. Den Altar ziert eine spätgotische Marienstatue mit dem Jesuskind. Das Hochaltarbild zeigt eine Darstellung von Mariä Himmelfahrt. Gedenksteine, die im ehemaligen Meierhof angebracht waren, wurden restauriert und im Schlosshof wieder zugänglich gemacht. Der Teich am Fuß der Außenmauer ist wahrscheinlich ein Überrest des einstigen Burggrabens.

Schlossgeschichte

Schloss Götzendorf blickt auf eine lange Geschichte zurück. In einer Pergamenturkunde des Stiftes Wilhering aus dem Jahr 1180 wird der Name *Walter von Gocynesdorf* genannt. Später wurde daraus Gezendorf und schließlich Götzendorf. Ein Herr *Chunrat de Götzentorf,* ein ehrsamer Ritter und Landrichter ob der Enns, wird

1306 genannt. Danach folgte die Herrschaft der Hauzenberger und Viechtensteiner sowie schließlich Martin von Oedt, der sich *Merth von Oedt zu Getzendorff* nannte und ein Passauer Pfleger war. Ein interessantes Detail: Die beim Schlosseingang befestigte Marmortafel bezeugt diesen Kauf. Die Oedter waren bis 1758 Besitzer von Götzendorf. Dann erwarb Graf Johann Friedrich Lamberg das Schloss. Nachdem das Schloss 1899 abbrannte, verkauften die Lamberger die Brandstätte ein Jahr später an die Gemeinde Oepping. Von 1871 bis 2010 befand sich die Volksschule Oepping im Schlossgebäude.

Sagenhaftes rund um das Schloss

Eine Sage erzählt von einem Pfleger auf Schloss Götzendorf, der von einem Bauern ein Schaf bekam, um dessen Sohn vom Militärdienst freizukaufen. Doch der Pfleger hielt sein Wort nicht und so verwünschte ihn der Bauer und der Pfleger wurde tobsüchtig. Niemand konnte helfen, bis ein Wunderdoktor dazu riet, den Fluch zu lösen, indem der Pfleger sein Unrecht wieder gut machte. Nun wurde schnell ein Bote nach Linz geschickt, um den Bauernsohn vom Militärdienst zu befreien. Und an jenem Sonntag, an dem der Bauernbursch wieder nach Hause kam, fand auch der verwunschene Pfleger wieder seine Ruhe.

Weitere Sagenmotive berichten von einem grausamen Grafen. Eine Bauernfamilie vertrieb er von ihrem Hof und schenkte diesen einem seiner Günstlinge. Das Tal, in dem die Hänge von Götzendorf zur Kleinen Mühl hin verlaufen, hieß einst *Finsterau.* Auch eine Finstermühle gab es dort. Der letzte Besitzer verlor die Mühle durch den herzlosen Grafen, aber bereits ein Jahr später riss ein Hochwasser die Mühle fort. Im sogenannten Finsterholz war es den Götzendorfern seit jeher erlaubt, sich mit Brennholz versorgen, was der Graf jedoch eines Tages verbot. Eine arme alte Frau wurde zum Tode verurteilt, weil sie sich nicht an das Verbot gehalten hatte. Nach ihrem Tod fand der Graf keine Ruhe mehr – irgendwann hat ihn der Teufel geholt und es heißt, dass sein Sarg leer begraben wurde.

Vom Schloss Götzendorf verläuft über den Katzensteg ein Weg talwärts zum Fischbach. Hier soll einst eine Wasserhexe ihr Unwesen getrieben haben. Ein betrunkener Fuhrmann war spät in der Nacht unterwegs und vernahm in der Nähe des Fischbachs sonderbare Geräusche, so als ob jemand Wäsche schwemmen würde. Die Schwemmgeräusche wurden immer lauter, Nebel stieg auf und dem Fuhrmann wurde angst und bange. Die Wasserhexe wollte schon mit ihren spitzen Krallen nach ihm greifen, als er gerade noch den 14 Nothelfern ein Versprechen gab. Mit einem Schlag war Ruhe und das Rauschen und die Nebelschwaden verzogen sich. Als der Spuk vorbei war, wurde der Fuhrmann übermütig und rief „He Wasserhexe, schwemm auch mir das Hemd!" So schnell konnte er gar nicht schauen, stand die Wasserhexe vor ihm und forderte sein Hemd ein. Er jagte mit dem Pferdefuhrwerk nach Hause, um der Hexe zu entkommen. Doch die Hexe gab so lange keine Ruhe, bis er sein Hemd über die Tormauer warf. Am nächsten Tag sah man sein zerfetztes Hemd auf einem Baumwipfel flattern. Der Mann erholte sich nicht mehr von seiner Todesangst und soll bald darauf gestorben sein.

Das Schloss heute

Der Innenhof des Schlosses ist frei zugänglich und kann besichtigt werden. In der kleinen Schlosskirche wird einmal in der Woche am Sonntag ein Gottesdienst abgehalten. Schlossführungen gibt es auf Anfrage und Voranmeldung. Schloss Götzendorf dient heute auch als Hochzeitslocation. Nähere Infos gibt es am Gemeindeamt Oepping unter der Telefonnummer +43 (0) 7289 8235.

Märchenhafte Rast

Unweit des Schlosses steht eine Rastbank mit herrlichem Blick auf den Schlossteich. Dieser Platz bietet sich hervorragend zum Verweilen an. Und wenn man Glück hat, kann man hier auch die Bekanntschaft mit einer besonders zutraulichen Katze machen. Wir leisteten uns gegenseitig Gesellschaft, sie saß bei der Jause zwischen uns auf der Bank und erfreute sich am Innenleben unserer Wurstsemmeln. Zum Dank begleitete sie uns dann auch noch auf einem Teilstück unserer Wanderung. Kein Wunder, heißt doch ein alter Weg, der vom Schloss zum Fischbach führt, *Katzensteg.*

Der Schlossgraf

Es war einmal … eine Katze, die stammte aus einem hochadeligen Katzengeschlecht, was sie aber nicht wusste. Ihr Zuhause war ein kleiner Käfig in einem Tierheim, aber irgendwie spürte die Katze, dass sie hier nicht hingehörte. Das Essen schmeckte fad und die anderen Katzen waren ziemlich schlecht gelaunt und missmutig. Wenn die kleine Katze in der Nacht träumte, dann befand sie sich in einem Schlossgarten und spielte mit goldenen Kugeln. Und wenn sie wieder aufwachte, war sie traurig, weil sie noch immer im Käfig saß.

Doch eines schönen Tages wurde die Katze adoptiert und durfte das Tierheim verlassen. Leider stellte sich jedoch heraus, dass eines der Kinder der Familie unter einer Katzenhaarallergie litt und so landete die Katze auf einem Bauernhof, wo es noch viele andere Katzen gab. Der Oberboss war hier der alte Kater Flocke, der deswegen so hieß, weil er als kleines Kätzchen immer so gern mit den Schneeflocken gespielt hatte. Aber das war schon lange her. Dann kam Kater Schlitzohr in der Rangordnung. Er hatte seit einem Kampf mit einem Fuchs einen Spalt im rechten Ohr und war recht stolz auf seinen Namen. Als dritte im Bunde hatte am Hof Frau Mauz das Sagen. Sie war eine liebenswerte alte Katzendame und viele der jungen Hofkatzen waren ihre Kinder.

Als Neuzugang hatte es unser kleines Kätzchen erst einmal nicht gerade leicht am Bauernhof. „Wo kommst du denn her?“, fragte der alte Kater Flocke mürrisch. „Zuerst war ich in einem Käfig und dann bei einer Familie in der Stadt“, sagte die kleine Katze ganz schüchtern. „Aber Flocke, sei doch nicht so unfreundlich zu unserem Neuzugang!“, mischte sich Frau Mauz ein. „Hast du auch einen Namen?“, fragte die Katzendame. „Nein, ich habe noch keinen Namen.“ Schlitzohr meinte nun: „Dann musst du dir deinen Namen verdienen, schau mich an, so kommt man als Kater zu einem würdigen Namen!“, und er deutete stolz auf sein zweigeteiltes Ohr. „Aber nein, nein!“, entgegnete Frau Mauz, „das muss nun wirklich nicht sein! Wir finden schon einen geeigneten Namen für dich!“

Und so geschah es, dass sich die kleine Katze gut am Bauernhof einlebte und eines Tages mit Altkater Flocke zum ersten Mal auf Mäusejagd ging. Da das Revier von Kater Flocke sehr groß war, kamen sie auch bei einem Schloss der Gegend vorbei und das kleine Kätzchen war plötzlich ganz aufgeregt. „Was ist denn das? So ein schönes und großes Haus habe ich ja noch nie gesehen!“, rief es. „Das ist ein Schloss und es ist schon so alt, dass sich niemand mehr genau daran erinnern kann, wann es gebaut wurde“, antwortete Flocke. Das kleine Kätzchen war begeistert und lief schnell in den Schlossgarten.

Plötzlich erinnerte es sich an seine Träume und wusste, dass hier einst einmal die Heimat seiner Vorfahren war. Als es Flocke von seinem Wunsch erzählte, hier zu bleiben, machte dieser große Augen. Von nun an wurde der kleine Kater „Schlossgraf“ genannt und nur noch selten am Bauernhof gesehen. Sein neues Zuhause war das schöne alte Schloss geworden! Das Mäusefangen machte im Schlossgarten einfach viel mehr Spaß! Und von den Besuchern des Schlosses bekam der Schlossgraf nicht nur ganz viele Streicheleinheiten, sondern auch noch jede Menge zu fressen.

Burgruine Haichenbach

Charakter der Wanderung: Diese herrliche Runde, die neben Ausdauer auf einigen Wegabschnitten auch Trittsicherheit erfordert, führt uns zunächst zu der oberhalb der Schlögener Schlinge erbauten Burgruine Haichenbach. Anschließend steigen wir hinab zur Donau, wo wir einem wildromantischen, aber auch herausfordernden Steig entlang des Flusses folgen. Zuletzt geht es in steilem Anstieg zurück zum Hochplateau, wo wir durch Wiesen und Felder zu unserem Startpunkt zurückkehren.

Länge	15 km (ca. 5 Std. 30 Min. Gehzeit)
Steigung	690 hm
Markierungen	*Donauschlingenweg; tlw. unmarkiert*
Weg	Feld- und Forstwege, Asphalt, Wanderwege
Familien	Tour aufgrund der Länge, Steigung und Charakteristik für Kinder weniger geeignet
Anfahrt	Mit dem PKW über Hofkirchen im Mühlkreis oder Niederkappel zur Ortschaft Dorf, von hier südwärts bis zum Wanderparkplatz der Ruine Haichenbach am Waldrand
Einkehr	Einkehrmöglichkeiten in Hofkirchen im Mühlkreis oder Niederkappel
Sehenswertes	Dr. Rudolf Kirchschläger-Gedenkzentrum in Niederkappel (www.niederkappel.at) Mühlviertler Dom in Niederkappel (www.niederkappel.at)
Information	Marktgemeinde Hofkirchen im Mühlkreis, Markt 8, 4142 Hofkirchen i. M., Tel.: +43 (0) 7285 7011 gemeindeamt@hofkirchen.at, www.hofkirchen.at

Wegbeschreibung

Wir beginnen unsere lange und durchaus fordernde Rundwanderung, die auf einigen Abschnitten auch gutes Schuhwerk, Vorsicht und Trittsicherheit erfordert, beim **Wanderparkplatz** der Burgruine Haichenbach. Wir orientieren uns dabei während des größten

Burgruine Haichenbach

Teils der Tour an der *grün-gelben Beschilderung des Donauschlingenwegs.* Diese führt uns zunächst auf einer Forststraße in südlicher Richtung in den Wald hinein. Dabei geht es immer den bewaldeten Höhenzug entlang, wobei an den wenigen Gabelungen der Weg immer eindeutig ausgeschildert ist.

Schon bald können wir rechts und links unterhalb das Flusstal sehen und erkennen, dass wir uns bereits innerhalb der Schlögener Donauschlinge befinden. Nach einer letzten kurzen Senke tauchen dann auch schon der Turm sowie der Torbogen der **Ruine Haichenbach** auf. Im Inneren des Burghofs laden einige Bänke zu einer Rast ein, während eine Metalltreppe den Aufstieg auf den Bergfried ermöglicht. Von hier oben bietet sich ein einzigartiges Panorama über die um die Burg herum verlaufende **Schlögener Schlinge** sowie über die umliegenden bewaldeten Abhänge und die zwischen Wiesen und Feldern verstreut liegenden Ortschaften.

Wir setzen unseren Weg am hinteren Ende der Burganlage fort, indem wir auf einem teilweise steinigen und von Wurzeln überwachsenen Wanderpfad weiter den Hangrücken entlang vorsichtig in Richtung Donau absteigen. Nach einiger Zeit halten wir uns an einer Gabelung links. Zuletzt beschreibt der Weg noch ein paar Kehren und bringt uns dann zu einem Forstweg, dem wir nach rechts weiter talwärts folgen. Schließlich gelangen wir aus dem Wald heraus und kommen zum kleinen **Weiler Au** im Donautal. Hier verlassen wir für kurze Zeit den beschilderten Weg und biegen gleich nach Erreichen eines asphaltierten Güterwegs wieder nach links auf einen Feldweg ab. Dieser führt uns durch die Felder stromabwärts zurück nach Norden, wobei wir uns an einer auftauchenden Weggabelung rechts halten. Von hier aus können wir die aus dem Wald herausragenden Steinerfelsen jenseits der Donau erkennen. Zuletzt steuern wir ein einsames Haus nahe der Donau an, um noch vor diesem nach rechts zum asphaltierten Treppelweg abzubiegen. Auf diesem geht es am erwähnten Anwesen vorbei nach links und schon nach kurzer Zeit endet der Asphalt und es beginnt ein leicht ansteigender schattiger Forstweg.

Nach einiger Zeit kommen wir zu einer Weggabelung, ab der mit dem **Naturlehrweg Donauschlinge** der schönste, aber auch anspruchsvollste und an etlichen Stellen Vorsicht und Trittsicherheit erfordernde Wegabschnitt beginnt. Dazu biegen wir an der Gabelung nach rechts auf einen schmalen Pfad ab, der uns zunächst wieder abwärts führt. In weiterer Folge wird uns dieser Steig über rund dreieinhalb Kilometer in vielfachem Auf und Ab – in abschüssigem und zum Teil felsigem Gelände durch Stahlseil-Absicherungen und bei einem besonders steilen Abschnitt von einer Metalltreppe unterstützt – durch einen wunderbar naturbelassenen Wegabschnitt mit einer ideal an dieses Mikroklima angepassten Pflanzen- und Tierwelt leiten. Immer wieder weisen dabei Informationstafeln auf Besonderheiten hin und Rastbänke bieten Gelegenheit zum Durchschnaufen. Dann und wann überqueren wir kleine, von den Hängen herabsprudelnde Bäche und mit etwas Glück treffen wir zur richtigen Jahreszeit auf eine der blaugrün schillernden seltenen Smaragdeidechsen.

Gegen Ende führt uns der Pfad an ein paar Häusern vorbei und nun dauert es nicht mehr lange und wir erreichen einen Schotterweg sowie eine **Bootsanlegestelle,** von der aus es in den Sommermonaten die Möglichkeit gäbe, mit einer Fähre gegen Entgelt zurück zum Weiler Au gebracht zu werden. Wir setzen jedoch unsere Tour entlang der Donau fort und gelangen so vorbei an einem verlassenen Steinbruch zu einem kleinen Hafen, in dem Hausboote vor Anker

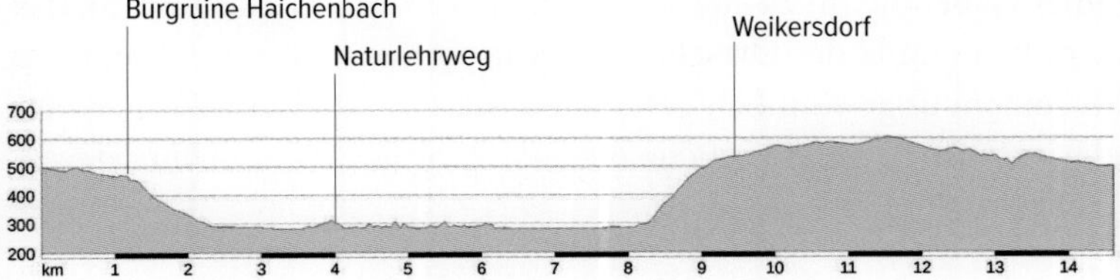

liegen. Ab hier ist der nächste Teilabschnitt asphaltiert und wir spazieren weiter den Fluss entlang, bis vor uns nach rund 2 Std. 15 Min. Gehzeit die Häuser der **Ortschaft Grafenau** auftauchen.

Hier verlassen wir neuerlich den Donauschlingenweg, um die Strecke auf *unmarkierten Wegen* deutlich abzukürzen. Dazu biegen wir gleich hinter einer Brücke über ein Bächlein nach links auf einen kurzen Feldweg ab, der uns näher an die Häuser von Grafenau heranführt. Sobald wir eine Zufahrtsstraße erreichen, halten wir uns zunächst noch kurz geradeaus. So kommen wir zu einem Gedenkkreuz, das an jene Zeiten erinnert, als die Pest innerhalb weniger Wochen den gesamten Ort entvölkert hat. Bei der anschließenden Gabelung biegen wir nach links ab, um nach einer Rechtskurve auf der Rückseite der Häuser und nun näher an den bewaldeten Hängen weiter stromabwärts zu wandern. Vorbei an einem letzten Bauernhaus gelangen wir zu einem Feldweg, dem wir noch ein Stück weiter folgen. Schon nach wenigen Metern treffen wir auf eine Wandermarkierung in Richtung Teufelskirche. Wir folgen jedoch nicht dieser Beschilderung, sondern biegen hier nach links auf einen Wiesenpfad ab. Dieser leitet uns zum Wald hinauf, wo wir wiederum nach links entlang des Waldrands weitermarschieren. Schon bald wird der Pfad deutlich steiler und bringt uns nach und nach durch den Wald höher.

Mit der Zeit schwenkt der Weg, der vorerst nichts von seiner Steilheit verliert, langsam nach rechts, um einem Taleinschnitt bergan zu folgen. Wenig später geht der Pfad in einen Forstweg über, der sich zuletzt etwas abflacht, während er uns weiter aufwärts und zuletzt in einem weiten Linksbogen aus dem schattigen Wald herausführt. Nun sehen wir die Häuser von **Weikersdorf** vor uns, die wir ansteuern. Wir spazieren zwischen den Häusern hindurch und biegen an einer Gabelung im Zentrum nach rechts ab. So gelangen wir an das nördliche Ende der Ortschaft, wo wir an einer Güterwegkreuzung bei einem ungewöhnlich gestalteten Marterl unter einer Birke wieder auf unsere ursprüngliche *Beschilderung des Donauschlingenwegs* treffen.

Smaragdeidechse

Wir folgen der Markierung nach links und wandern in einem Linksbogen auf die Westseite von Weikersdorf. Hinter dem letzten Anwesen halten wir uns an einer Gabelung rechts, um dem Güterweg weiter leicht bergan auf eine kleine Kuppe zu folgen. Rechter Hand bietet sich ein weiter Panoramablick über die wellige Landschaft mit dem **Mühlviertler Dom von Niederkappel** als besonderem Blickfang. Hinter der Kuppe führt uns der Güterweg in leichtem Auf und Ab durch die Felder westwärts auf **Niederbumberg** zu. Kurz vor der Siedlung biegen wir zunächst nach links ab, um anschließend zwischen den Häusern hindurch und wieder abwärts auf die Durchzugsstraße zuzugehen. Es folgt nun ein nicht allzu langer Anstieg entlang der Straße nach links, bis wir zuletzt den höchsten Punkt kurz vor dem Zentrum von **Oberbumberg** erreicht haben.

Hier lässt uns die Beschilderung nach links abbiegen und in einem Rechtsbogen geht es auf die Südseite der Ortschaft, wo wir auf einem Güterweg ein paar entfernte Gebäude am Waldrand oberhalb des Donautals ansteuern. Bei einer großen mit Efeu bewachsenen Föhre direkt vor den Häusern schwenken wir nach rechts auf einen Wiesenweg ab, wobei es jedoch schon nach kurzer Zeit heißt Acht zu geben, um nicht die Abzweigung nach links ins Unterholz hinein zu verpassen. Auf einem Pfad, der bald in einen Forstweg übergeht, wandern wir durch das Wäldchen, um an seinem anderen Ende nach links abzubiegen. Bei den letzten Bäumen geht es wiederum nach links und wir folgen nun stets dem Waldrand, bis wir zu einem schönen und aussichtsreichen Rastplatz mit Sitzgelegenheit an der Abbruchkante des Donautals kommen. Danach folgen wir noch einmal dem Waldrand, bis wir auf einen querenden Forstweg treffen, dem wir nur kurz nach links in den Wald folgen, um sofort darauf wieder nach rechts auf einen schmalen Waldpfad abzubiegen. Es geht noch einmal steil hinab zu einem Bach, den wir überqueren, um anschließend den Gegenhang zu erklimmen und den Wald endgültig hinter uns zu lassen.

Wir steigen die letzten Meter entlang des Waldrands zu einem Feldweg an, der uns vorbei an ein paar Obstbäumen hinauf zum **Weiler Dorf** bringt. Hier treffen wir auf den Güterweg zum Parkplatz der Ruine Haichenbach. Wir biegen links ab und genießen beim Weitergehen das wundervolle Panorama der hügeligen Landschaft rund um das Donautal, während wir den letzten Wegabschnitt in Angriff nehmen. Vorbei an ein paar Höfen steuern wir wieder den Waldrand der Schlögener Halbinsel an und erreichen so nach einer recht anstrengenden, aber auch erfüllenden Wanderung nach rund 5 Std. 30 Min. Gesamtgehzeit wieder unseren Ausgangspunkt beim Wanderparkplatz.

Burgruine Haichenbach

Die Burgruine Haichenbach liegt hoch über der Schlögener Schlinge auf 450 Metern Seehöhe im Gemeindegebiet von Hofkirchen. Im Jahr 1160 wurde die Burg erstmals urkundlich erwähnt. Namensgeber und Erbauer waren Otto und Wernher von Eichenbach. Nach 200 Jahren verkaufte der letzte Haichenbacher die Burg an Bischof Albrecht von Bayern. Viele Pfleger zeichneten in weiterer Folge für diesen Ort verantwortlich. Besonders wild ging es hier im 15. Jahrhundert zu, denn die Burgherren Simon und Hans Oberhaimer machten die Gegend als Raubritter unsicher. Immer wieder galten ihre Überfälle Passauer Schiffsleuten. 1529 wurde die Pflegschaft nach Marsbach verlegt, die Burg begann zu verfallen und es folgten einige Besitzerwechsel. Heute ist die Burg im Besitz von Georg Stradiot, der außerdem der Eigentümer von Schloss Marsbach ist. Die Burguine Haichenbach trägt auch den Namen *Kerschbaumschlössl* – diese Bezeichnung lässt sich auf den Hofnamen eines nahe gelegenen Bauernhofes zurückführen und ist mit einer Sage verbunden.

Von der einst ausgedehnten Burganlage mit einer Gesamtfläche von 1 450 m² sind heute nur noch Reste des Wohnturms, das Westtor und einige Mauern übrig. Um die Substanz der Burgruine zu erhalten, starteten im Jahr 1983 durch die „Arbeitsgemeinschaft für Heimatpflege“ aus dem Bezirk Rohrbach und dem örtlichen Erhaltungsausschuss erste Befestigungsarbeiten. Die Sanierung wurde mit Bauarbeiten am Turm im Jahr 2002 abgeschlossen. Dank dieser Maßnahmen können wir die Burgruine Haichenbach heute sicher besteigen und einen herrlichen Ausblick auf die Schlögener Schlinge genießen.

Der Raubritter von Haichenbach

Die Burgruine Haichenbach war einst eine stolze Raubritterburg. Ihr damaliger Besitzer überfiel Kaufleute und Schiffsleute und brachte das Raubgut auf die Burg. Mit einer langen Kette sperrte er die Donau ab und hielt damit die vorbeifahrenden Schiffe auf. Die Höhenburg Haichenbach war uneinnehmbar und der Raubritter und sein Gefolge waren gefürchtet. Der Bischof von Passau, dem das Land ringsum gehörte, versuchte dem Ritter ins Gewissen zu reden und drohte mit irdischen und himmlischen Strafen. Doch nichts und niemand konnte den Raubritter stoppen. Eines Tages brach er sich jedoch beim Sturz vom Pferd das Genick und verstarb. Als der Ritter in der Burg aufgebahrt wurde, zerstörte ein Feuer die Burganlage bis auf die Grundmauern. Die Leute meinten damals, dass der Teufel den Ritter geholt habe. Der tote Raubritter erschien dem Bischof von Passau im Traum und erbat seine Hilfe. Um aus der Hölle erlöst zu werden, wollte er sein Raubgut der Kirche schenken. So schickte der Bischof seine Leute zur Burg und ließ den Schatz von Haichenbach bergen. Zwei Teufel sollen noch bis zuletzt

Durch die Felder westlich von Weikersdorf

auf den Schatztruhen gesessen haben und wurden mit folgenden Worten verscheucht: „In Gottes Namen, fahren wir!“ Danach lösten sich die Teufel in Luft auf und die Fährmänner brachten den Raubritterschatz sicher zum Bischof nach Passau.

Eine weitere Sage berichtet darüber, warum Haichenbach auch *Kerschbaumschlössl* genannt wird. Einst verschleppten der Raubritter und seine Männer einen Kaufmann und warfen ihn in den Kerker der Burg. Der Gefangene verfluchte den Raubritter samt seiner Burg und spuckte den Fluch mit einem Kirschkern über die Burgmauer. Der Kirschkern wurde zum Kirschbaum und just über diesen Baum soll es viele Jahre später feindlichen Angreifern gelungen sein, die Burg zu erstürmen und das Raubritternest auszuheben.

Apropos Raubritternest … im Inneren der Burgruine entdeckten wir ein verlassenes Raubvogelnest. Das geräumige Nest bestand aus vielen trockenen Zweigen und befand sich auf dem Mauervorsprung einer Schießscharte. So ein Raubvogel passt natürlich perfekt zur Ruine Haichenbach! Ob er wieder zurückkommt?

Der Burgspatz

Es war einmal … ein kleiner Spatz namens Pfiffo, der war sehr frech und fröhlich. Immer hatte er einen flotten Zwitscherer im Schnabel und seine gute Laune war regelrecht ansteckend. Die anderen Vögel mochten ihn, weil er sie aufheiterte und immer eine lustige Melodie wusste – auch an Regentagen!

So geschah es, dass Pfiffo eines Tages eine Einladung auf die nah gelegene Burgruine bekam. Die Vögel des Waldes wussten, dass dort ein Raubvogelpärchen nistete – doch niemand hatte sich bis jetzt getraut, die beiden zu besuchen. Raubvögel galten als gefährlich, denn zu ihrer Beute gehörten manchmal auch kleine Vögel! Als die anderen Vögel von der Einladung hörten, wollten sie den Spatz warnen: „Flieg' da lieber nicht hin! Wer weiß, vielleicht sind sie einfach nur hungrig und bestellen dich als Abendessen zu ihnen!"

Aber Pfiffo war guter Dinge und neugierig war er auch. Wie oft kam es denn schon vor, dass ein Spatz eine Einladung von einem Raubvogel erhielt? Also flog er zu der nahe gelegenen Burgruine und fand das Raubvogelpärchen in seinem Nest vor. „Guten Tag!", sagte der Spatz, „ich bedanke mich für die freundliche Einladung! Schön habt ihr es hier auf der Burgruine! Und diese tolle Aussicht! Wirklich nett hier!" Ein bisschen mulmig war Pfiffo schon zumute, aber er zwitscherte gleich munter weiter, um davon abzulenken. „Danke, dass du unsere Einladung angenommen hast!", sagte nun Gero, das Raubvogel-Männchen, und das Weibchen nickte. „Weißt du, wir haben gehört, dass es im Wald einen Spatz gibt, der sehr fröhlich ist und auch andere mit seiner guten Laune anstecken kann! Und so haben wir uns nach dir erkundigt und dich zu uns eingeladen. Du musst wissen, meine Frau Gundula ist schwermütig und könnte eine Aufheiterung gebrauchen. Möchtest du eine Zeit lang bei uns auf der Burg bleiben? Das würde uns sehr freuen!"

Pfiffo war überrascht über die Rede des Raubvogels und als er in die traurigen Augen des Raubvogel-Weibchens blickte, wusste er Bescheid, dass Gero die Wahrheit gesprochen hatte. „Ja, und wer sagt mir, dass ihr mich nicht eines Tages einfach auffresst?", fragte der Spatz aus dem Bauch heraus. „Das würden wir nie tun! Wir haben noch nie im Leben einen Vogel gefressen! Darauf gebe ich dir mein Ehrenwort!" Gero meinte es ernst und Pfiffo war verblüfft. Er, der kleine Wicht, sollte dazu beitragen, dass das Raubvogel-Weibchen Gundula wieder fröhlich werden möge? Eine wahrhaft herausfordernde Aufgabe! Was wäre, wenn er es nicht schaffen würde? Vielleicht würden sie ihn zur Strafe doch töten? Viele, viele Gedanken gingen dem kleinen Spatz durch den Kopf. Am liebsten wäre er gleich wieder fortgeflogen, aber er blieb und versuchte sein Bestes.

Zuerst fragte er, ob es einen Grund gäbe, warum Gundula immer so traurig war. Gero erzählte dem Spatz von Gundulas Höhenangst und dass sie deswegen auch sehr schlecht schlafen würde. „Höhenangst?", fragte der Spatz, „ihr seid doch Vögel und könnt fliegen, wie kann man denn da bloß Höhenangst haben?" Gero antwortete: „Das ist ja das Problem! Seit wir hier heroben auf der Burg leben, ist Gundula nicht mehr geflogen." Der Spatz dachte nach, ob in diesem Fall sein lustiges Gezwitscher ausreichen würde, um Gundula wieder fröhlich zu machen. „Wisst ihr was, ich werde es einfach versuchen!", gab sich der Spatz gewohnt unverzagt. Gero bedankte sich, Gundula sah aber immer noch traurig drein.

Also trällerte der Spatz drauf los und zwitscherte so fröhlich er nur konnte seine lustigen Melodien. Auf Gundula schien das Gezwitscher jedoch keinen Eindruck zu machen. Anschließend erzählte Pfiffo noch ein paar exotische Vogelwitze, die er von seinen Freunden, den Zugvögeln, gehört hatte. Wieder keine Reaktion. Dann hatte er eine gute Idee und flog davon. Als er wiederkam, hatte er ein Gänseblümchen im Schnabel, das für Gundula bestimmt war: „Liebe Frau Gundula, seht dieses Gänseblümchen, es war einst mein Glücksbringer beim Fliegen, als ich noch ein klitzekleiner Spatz war. Meine Mutter hat mir damals so ein Blümchen gegeben, das ich bei meinem ersten Flug im Schnabel hielt." Gundula hatte aufmerksam zugehört und sprach jetzt zum Spatz: „Glaubst du wirklich, dass mir dieses Blümchen die Höhenangst nehmen kann?" „Ja, das glaube ich wirklich! Probiere es doch einmal aus!", bestärkte sie der Spatz. Und so nahm Gundula das Gänseblümchen in den Schnabel und im selben Moment weiteten sich ihre Augen. Sie sah sich um, schaute nach oben, nach unten, öffnete ihre Flügel und flog davon.

Gero traute seinen Augen nicht und flog seiner geliebten Gundula schnell hinterher. Auch der Spatz bemühte sich, mit den Raubvögeln mithalten zu können. „Das klappt doch prima!“, rief Pfiffo vergnügt und Gundula antwortete mit einem fröhlichen: „Jaaa!“ Aber während sie den Schnabel für ihre Antwort öffnete, flog das Gänseblümchen auf und davon und Gundulas Höhenangst war wieder da. Schnell rettete sie sich auf den Ast eines hohen Baumes und zitterte vor Angst. Gero und der Spatz landeten gleich neben ihr. Der Spatz sagte: „Liebe Gundula, ich gratuliere dir! Du hast deine Höhenangst bezwungen!“ „Waaas? Du siehst doch, dass ich am ganzen Leib zittere und nicht weiß, wie ich von diesem Baum herunterkommen soll?“, empörte sich Gundula. „Wenn ich dir sage, dass ich die Geschichte mit dem Gänseblümchen nur erfunden habe, dann hast du den Beweis dafür, dass du es alleine durch deine Überzeugung geschafft hast, deine Höhenangst zu überwinden!“, entgegnete Pfiffo. Gundula und Gero sahen ihn ungläubig an. „Du hast die Geschichte mit dem Gänseblümchen also nur erfunden?“ „Jawohl!“, sagte Pfiffo. Gundula dachte nach. Da steckte also doch mehr in ihr, als sie glaubte, und Gero freute sich, dass noch Hoffnung bestand.
In der Zwischenzeit hatte Pfiffo wieder ein neues Gänseblümchen besorgt: „Wenn es dir hilft, dann nimm es! Aber ich sage dir, du kannst es auch ohne!“ So nahm Gundula erneut ein Gänseblümchen in den Schnabel und flog vom Baum zurück auf die Burgruine. Von nun an übte sie jeden Tag das Fliegen mit einem Gänseblümchen im Schnabel. Mit der Zeit schaffte es das Raubvogelweibchen schließlich auch ohne seinen Talisman und konnte wieder völlig angstfrei fliegen. Der kleine Spatz und das Raubvogelpaar waren in der Zwischenzeit gute Freunde geworden. Pfiffo besuchte die beiden immer wieder auf der Burgruine und freute sich über Gundulas Fortschritte. Und die Raubvögel waren ihm ewig dankbar, dass er es mit seiner gewitzten Art und einer kleinen Notlüge geschafft hatte, Gundula die Angst vor dem Fliegen zu nehmen.

Schloss Marsbach

Charakter der Wanderung: Diese nicht sehr lange und dennoch an unterschiedlichen Eindrücken reiche Rundwanderung führt uns von Hofkirchen im Mühlkreis zunächst durch Wiesen und Felder zu einem Stein-Labyrinth. Anschließend passieren wir das Naturdenkmal Drei Linden, bevor wir abwärts zum Schloss Marsbach wandern. Mit wunderbarer Aussicht ins Donautal geht es schließlich in einem Bogen wieder zurück nach Hofkirchen.

Länge	7 km (ca. 2 Std. 30 Min. Gehzeit)
Steigung	260 hm
Markierung	*Marsbachrunde (Wegnummer 85)*
Weg	Feld- und Forstwege, Asphalt, Wanderwege
Familien	Tour auch für ausdauernde ältere Kinder geeignet
Anfahrt	Mit dem PKW nach Hofkirchen im Mühlkreis, Parkmöglichkeiten rund um das Ortszentrum
Einkehr	Einkehrmöglichkeiten in Hofkirchen im Mühlkreis
Sehenswertes	Heimatmuseum Lembach (www.ooemuseen.at/museum/100-heimatmuseum-lembach) Hanrieder-Gedenkraum Putzleinsdorf (www.ooemuseen.at/museum/4-hanrieder-gedenkraum)
Information	Marktgemeinde Hofkirchen im Mühlkreis Markt 8, 4142 Hofkirchen i. M., Tel.: +43 (0) 7285 7011 gemeindeamt@hofkirchen.at, www.hofkirchen.at

Wegbeschreibung

Dieser nicht allzu schwierige, aber sehr abwechslungsreiche Rundwanderweg beginnt am östlichen Eingang zum **Ortskern von Hofkirchen im Mühlkreis.** Zahlreiche gelbe Wanderbeschilderungen weisen hier den Weg, darunter auch jene der *Marsbachrunde (Wegnummer 85),* an der wir uns während der gesamten Tour orientieren werden.

Wir folgen der Markierung zunächst entlang der Ortsstraße ins Zentrum von Hofkirchen, wo wir vor dem Marktgemeindeamt den Brunnen sowie eine Prangersäule entdecken. Vom kleinen Platz aus biegen wir anschließend mit der Beschilderung nach links in eine Seitenstraße ab, die uns abwärts an den südlichen Ortsrand bringt. Hier überqueren wir eine Straße und wenden uns bei der dahinterliegenden Gabelung nach links. Ein sanft abfallender Güterweg begleitet uns nun durch Wiesen und Felder auf ein paar Häuser zu. Die Straße windet sich zwischen den Gebäuden hindurch und bringt uns an das untere Ende der kleinen Siedlung, wo wir einen Bach überqueren. Danach folgen wir dem Güterweg noch ein Stück weit bis vor einen Bauernhof, wo uns die Beschilderung nach links auf einen leicht ansteigenden Feldweg einschwenken lässt.

Der Feldweg führt in weiterer Folge in leichtem Auf und Ab einen Waldrand entlang, bis wir die Bäume hinter uns lassen und auf ein Anwesen zuhalten. Hier treffen wir wieder auf einen Güterweg, dem wir nach links bergan bis zu einer Straßengabelung folgen. Wir biegen hier nach rechts ab und wandern in südlicher Richtung weiter, wobei wir uns an einer zu einem Gehöft abbiegenden Zufahrt geradeaus halten. Der Feldweg führt uns schließlich entlang einer Strauchreihe auf ein Wäldchen zu. Sobald wir dieses erreichen, zeigt uns eine Markierung die Möglichkeit zu einem kurzen Abstecher nach rechts entlang des Waldrands zu einer Kuppe hin an. Wir nutzen diese lohnenswerte Gelegenheit und erreichen nach wenigen Minuten auf einem Wiesenpfad einen Aussichtsplatz direkt am Waldrand. Vor uns bilden zahlreiche Steinskulpturen ein künstlerisch gestaltetes **Labyrinth** und von einem bequemen Rastplatz aus lassen sich sowohl die nahen Kunstwerke als auch die herrliche Landschaft mit Muße betrachten.

Im Anschluss kehren wir wieder zum Feldweg am unteren Ende des Waldrandes zurück und folgen diesem nach rechts in das Wäldchen hinein. Nur wenige Meter weiter erwartet uns linker Hand mit uralten Bäumen und einem Marterl das zu früheren Zeiten als Richtplatz genutzte **Naturdenkmal *Drei Linden.*** Dahinter geht es rasch wieder aus dem Waldstück hinaus und der geschotterte Weg führt uns durch Wiesen abwärts in Richtung der Abhänge des Donautals. Zuletzt beschreibt der Weg einen Bogen nach links und wir steuern ein paar Häuser an. Kurz bevor wir diese erreichen, sehen wir eine Markierung der *Marsbachrunde,* die nach rechts auf einen Feldweg weist. Wir bleiben jedoch vorerst unserer bisherigen Richtung treu und steuern weiter den vor uns liegenden Hof an. Rechts davon biegen wir auf einen Wiesenpfad ab und vorbei an einem idyllisch oberhalb der Donau gelegenen **Marterl** geht es zwischen verstreuten Häusern etwas steiler talwärts. Bald treffen wir auf eine Zufahrtsstraße, die uns weiter abwärts führt.

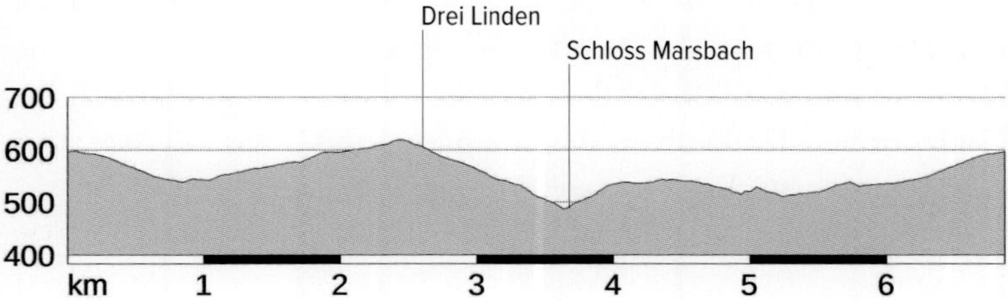

Zuletzt erreichen wir die Hauptstraße und sehen nach rund 1 Std. Gehzeit direkt vor uns das in Privatbesitz befindliche und für die Öffentlichkeit unzugängliche **Schloss Marsbach** aufragen. Rechter Hand auf dem Vorplatz befindet sich hinter einer kleinen Kapelle eine Rastbank, die wir nutzen können, um uns vor dem Rückweg noch ein wenig auszuruhen. Anschließend geht es auf dem gleichen Weg wieder bergan, zunächst auf der Zufahrtsstraße, anschließend auf dem Wiesenpfad bis zum großen Hof am oberen Ende des Hanges. Wie wir bereits zuvor gesehen haben, lotst uns die Beschilderung nun beim letzten Haus nach links auf einen Feldweg. Dieser führt uns mit traumhaftem Blick auf den mächtigen Strom, die am gegenüberliegenden Ufer befindliche Ortschaft Wesenufer und die ein Stück weiter flussaufwärts gelegene Donaubrücke immer oberhalb der Abhänge des Donautals entlang.

Nach einem kleinen Rastplatz geht es abwärts auf ein Waldstück zu, wo wir uns nach wenigen Metern bei einer Gabelung links halten. Der nun schmaler gewordene Pfad bringt uns im Wald sacht weiter abwärts, wobei er nun in Richtung Norden dreht. Zuletzt geht der Pfad in einen Forstweg über und wir kommen zu einer Lichtung, wo von links ein weiterer Forstweg heranführt. Wir halten uns geradeaus und kommen so bei einem etwas verfallenen Gehöft aus dem Wald heraus und zu einem Güterweg. Dieser bringt uns bergan zu einer Straßengabelung, an der wir nach links abbiegen und dabei den Bockbach überqueren. Links des Bachs geht es anschließend weiter bergan durch einen kleinen Weiler.

Hinter dem letzten Haus biegen wir nach rechts auf einen Feldweg ab und folgen so neuerlich dem Bachtal, bis wir bei einem Gehöft wieder auf die bereits vom Hinweg bekannte Wegstrecke treffen. Auf dem Rest des Wegs marschieren wir auf bekannten Pfaden und folgen ab dem Hof dem Güterweg zunächst durch die kleine Siedlung und anschließend durch die Wiesen bergan zurück ins Zentrum von Hofkirchen, das wir nach rund 2 Std. 30 Min. Gesamtgehzeit erreichen.

Auf dem Weg zum Naturdenkmal Drei Linden

Schloss Marsbach

Über 500 Jahre stand an der Stelle von Schloss Marsbach eine nicht sehr große, aber außerordentlich schwer zu bezwingende Burg. Sie wurde 1075 erstmals als *Morspah* urkundlich erwähnt und ist damit der älteste Adelssitz im Oberen Mühlviertel. Die Veste war bischöflich-passauischer Eigenbesitz – die Marsbacher waren bischöfliche Ministerialen und eine Seitenlinie der Herren von Wesen. Jedoch schädigten die Marsbacher ihren Lehensherrn, den Bischof von Passau, wo sie nur konnten. Das Ausmaß der Plünderungen führte dazu, dass ab 1222 die „Reichsacht" über sie verhängt wurde.

Die exponierte Lage von Marsbach erlaubte es, die Donau von Niederranna bis zur Schlögener Schlinge zu kontrollieren. Die Überwachung des Donauverkehrs spielte auch für die Raubritter eine große Rolle, denn Marsbach war einst eine Raubritterburg und sorgte bei Kaufleuten und Schiffern für Angst und Schrecken – besonders in der Zeit, als der letzte Fehderitter Otmar Oberhaimer Ende des 15. Jahrhunderts im Besitz der Burg war und hier sein Unwesen trieb. Für seine Plünderungen und Gewalttaten wurde er später hingerichtet.

Nach dem Tod Oberhaimers gehörte Marsbach wieder den Passauern, die in der Burg ein Verwaltungszentrum einrichteten. Marsbach wurde zum Gerichts- und Verwaltungsmittelpunkt der Region und blieb es bis 1848. Zwischen 1561 und 1598 ließ Bischof Urban die schon baufällige Anlage im Stil der Renaissance neu errichten. Nach wechselnden Besitzverhältnissen wurde Marsbach 1957 zum Schlosshotel umfunktioniert, das aber leider schließen musste. Heute befindet sich das Schloss im Privatbesitz von Georg Stradiot.

Marsbacher Gerichtsstätte *Die Scheibe*

Auf unserer Wanderung treffen wir auch auf die alte Gerichtsstätte des Land- und Pflegschaftsgerichts Marsbach. Der Galgen bei den Linden wurde *Die Scheibe* genannt. Die letzte öffentliche Hinrichtung fand hier am 29. April 1848 statt. Es handelte sich um eine Frau, die ihren Mann vergiftet haben soll.

Zu dieser Gerichtsstätte gibt es eine seltsam anmutende Sage: Als wieder einmal ein Verurteilter zum Galgen bei den Linden geführt wurde, traf der zum Tode verurteilte Mann auf eine Hochzeitsgesellschaft und rief aus Leibeskräften: „Heilige Mutter Maria, bitte erlöse mich!" Da erschrak die Braut, denn der Verurteilte war ihr ehemaliger Schatz, der aus Eifersucht einen Nebenbuhler erschlagen hatte. Schnell entschlossen eilte die Braut zu ihm und heiratete ihn an Ort und Stelle. Als Eheleute zogen die beiden fort und niemand hat jemals mehr etwas von ihnen gehört.

Schloss Marsbach ist auffällig schön mit wildem Wein bewachsen, der im Laufe der Jahreszeiten mit seinem Farbenspiel die Blicke auf sich zieht. Dieses Naturschauspiel auf dem alten Mauerwerk hat mich zu einem Märchen inspiriert.

Der Liebesbeweis

Es war einmal … ein Burgfräulein, das war sehr hübsch und anmutig. Es hatte viele Verehrer und so war es schwierig für das Mädchen, eine Wahl zu treffen. Das feine Fräulein wusste einfach nicht, für welchen Bewerber es sich entscheiden sollte und vor lauter Nachdenken und Grübeln war es ganz traurig geworden. Wie so oft ging die junge Maid zu ihrer Amme, wenn es um Herzensangelegenheiten ging, und diese wusste Rat: „Bitte deine Verehrer, dir einen Beweis für ihre Liebe zu erbringen. Doch dieser Liebesbeweis darf nicht viel kosten, sondern muss etwas sein, das von Herzen kommt!“ Was für eine gute Idee! Das adelige Fräulein lud alle Brautwerber zu einem Fest auf das Schloss ein und verkündete den Wunsch nach diesem besonderen Liebesbeweis.

Die heiratslustigen Männer kamen in den nächsten Tagen und Wochen einer nach dem anderen auf das Schloss, um dem jungen Fräulein ihre Aufwartung zu machen. Ein schon etwas in die Jahre gekommener Graf schenkte dem Fräulein als Zeichen seiner Verehrung schöne Augen und überreichte einen Strauß mit Pfauenfedern. Eine gute Idee, die jedoch nicht wirklich zu Herzen ging.

Einer der Kandidaten wollte mit seinem Besuch warten, bis es Nacht geworden war. Vom Balkon des Schlosses aus zeigte er mit dem Finger gen Himmel und sprach: „Alle diese Sterne schenke ich meiner Angebeteten.“ Ein netter Versuch, aber leider war er nicht der Erste, der den Himmel auf Erden versprach.

Der nächste Bewerber hatte eine weiße Taube dabei, die darauf dressiert war, Menschen auf den Kopf zu fliegen. Und er sprach: „Wisset, holde Maid, ihr gehet mir nicht mehr aus dem Kopfe und deswegen wird diese Taube euch zeigen, dass ich euch innig liebe. Flieg, Täubchen, flieg!“ Doch anstatt sich auf den Kopf des Burgfräuleins zu setzen, flog die Taube auf den Kopf des Burgherrn, der sich fürchterlich darüber aufregte, weil ihm das weiße Federtier beim Anflug auch noch seinen Wams beschmutzte. Das Fräulein war belustigt über diese missglückte Darbietung, mehr aber auch nicht.

Ein weiterer Kandidat trug ein Liebesgedicht vor, das sich leider nicht reimte. Einer spielte auf einer Flöte, um das Herz des jungen Fräuleins zu erreichen. Doch noch immer nicht fühlte sich die Maid von Herzen berührt und noch immer nicht wusste sie, für wen sie sich entscheiden sollte.

Als letzter Bewerber trat ein junger Edelmann ein, der einen Lederbeutel bei sich trug. „Seht her, liebes Fräulein, was ich hier habe. Es ist eine Pflanze, die ich euch schenken möchte.“ Und er nahm eine selbstkletternde Jungfernrebe aus seinem Lederbeutel. „Diese Pflanze nennt sich Wilder Wein und soll ein Symbol meiner Liebe zu euch sein. Wenn ihr diese einzige Pflanze am Fuße der Schlossmauer pflanzt, wird sie über die Jahre das ganze Schloss mit Ranken und Blättern in den schönsten Farben bedecken. Und so ist es auch mit meiner Liebe zu euch. Ich habe euch ein einziges Mal gesehen und schon rankte sich die Pflanze der Liebe um mein ganzes Herz. So möchte ich um eure Hand und um euer Herz bitten und bin überglücklich, wenn ihr mein Werben erhört!“ Das junge Fräulein errötete und die Amme, die aus einem Nebenraum die Szenerie mitverfolgte, hatte Tränen der Rührung in den Augen. „Ja“, sagte das Burgfräulein, „ja, dich will ich erhören, dein Liebesbeweis hat mein Herz berührt, dich will ich zum Mann nehmen!“

Und so geschah es, dass am Tage ihrer Hochzeit jene wilde Weinrebe am Fuße der Schlossmauern gepflanzt wurde. So wie die Liebe der beiden wuchs auch die wilde Weinrebe am Schloss empor und erfreute Gott und die Welt mit ihrer Üppigkeit und Farbenpracht.

18 Schloss Neuhaus an der Donau und Schloss Gneisenau

Charakter der Wanderung: Die konditionell fordernde, aber auch sehr abwechslungsreiche Rundwanderung führt uns vom Donauufer in Untermühl zunächst durch das Tal der Großen Mühl. Anschließend folgt ein steiler Anstieg nach Kleinzell, bevor wir uns – vorbei am Naturbad Resilacke und an der eindrucksvollen Erlebniswelt Granit – wieder talwärts bewegen. Mit Schloss Neuhaus folgt der Höhepunkt der Tour, danach lassen wir die Runde an der Donau ausklingen.

Länge	13,5 km (ca. 4 Std. 30 Min. Gehzeit)
Steigung	410 hm
Markierung	*Der steinige Weg*
Weg	Forst- und Feldwege, Asphalt, Wanderwege
Familien	Tour aufgrund der Länge, Steigung und Charakteristik für Kinder weniger geeignet
Anfahrt	Mit dem PKW an das Donauufer nach Untermühl, Parkmöglichkeiten im Ortszentrum
Einkehr	Gasthof Scharinger in Kleinzell (gasthof-scharinger.at) Landhotel Ernst in Untermühl (www.gasthof-ernst.at)
Sehenswertes	Hopfenmuseum St. Ulrich im Mühlkreis (www.hopfenerlebnis.at) Schopper- und Fischermuseum Aschach (museum.aschach.at)
Information	Marktgemeinde St. Martin im Mühlkreis Markt 2, 4113 St. Martin im Mühlkreis Tel.: +43 (0) 7232 2105-0 gemeindeamt@sankt-martin.at, www.sankt-martin.at

Wegbeschreibung

Wir beginnen unsere Rundwanderung, die während der gesamten Strecke der gelb-grünen *Beschilderung der Donausteigrunde „Der steinige Weg"* folgt, in **Untermühl** am Ufer der träge dahin

Schloss Neuhaus an der Donau

strömenden Donau. Im Zentrum von Untermühl finden sich neben zahlreichen Parkplätzen auch einige Wanderschilder, darunter jenes für unsere Tour.

Vom Startpunkt aus folgen wir zunächst der Straße vorbei am Landhotel Ernst und einem kleinen Bootsanlegeplatz in einem Rechtsbogen nach Westen. Schon bald kommen wir zu einer Straßengabelung, an der wir links abbiegen, um in der Folge auf einer Brücke die **Große Mühl** zu überqueren, welche hier in die Donau mündet. Gleich hinter der Brücke biegen wir nach rechts ab und wandern auf einem Güterweg immer links des Flusses talaufwärts. Zuletzt beschreibt die Straße eine Linkskurve und wir haben mit dem 1924 eröffneten **Speicherkraftwerk Partenstein** das damals größte Kraftwerk Österreichs vor uns. Vor der Brücke, die über den Fluss zum Kraftwerk führt, biegen wir nach links auf eine Forststraße ab.

Die Forststraße folgt dem schattigen Mühltal in zahlreichen Windungen immer sanft bergan nach Norden. Schon bald kommen wir zu einer Weggabelung, an der wir uns links halten. So geht es einige Zeit dahin, bis wir an einer weiteren Weggabelung bei einem Holzhaus zunächst geradeaus marschieren, um dann bei einer Furt nach links abzuschwenken und auf einem Wanderweg talaufwärts zu wandern. Es folgt ein längerer landschaftlich sehr reizvoller Wegabschnitt, der schließlich bei der **Ebenmühle** endet. Hier wechseln wir über eine Brücke auf die andere Seite der Großen Mühl, um gleich hinter der Brücke nach links auf einen steil in den Wald hinaufführenden Wanderweg abzubiegen.

Der nun folgende Pfad ist im ersten Abschnitt etwas abschüssig, teilweise steinig und erfordert entsprechende Vorsicht und Trittsicherheit. Schon nach kurzer Zeit überqueren wir über ein paar größere Steine einen Bach und steigen danach weiter steil bergan. So kommen wir zu einem Forstweg, den wir überqueren, um dahinter scharf nach links weiter bergwärts zu streben. Zuletzt mündet der Weg in einen querenden Forstweg ein, der uns nach rechts noch ein Stück weiter aufwärts und schließlich aus dem Wald herausführt. Es folgt noch ein Stück Feldweg einen Wiesenhang empor, dann biegen wir nach links auf einen Güterweg ab. So haben wir schon bald den von einem markanten Zwiebeldach gekrönten Turm des ehemaligen **Schlosses Gneisenau** vor uns.

Vom Schloss aus folgen wir der Ortsstraße nach rund 2 Std. 15 Min. Gehzeit das letzte Stück in das Zentrum von **Kleinzell im Mühlkreis.** Hinter der Kirche biegen wir am Ortsplatz direkt neben dem Gasthof Scharinger nach rechts in eine Siedlungsstraße ab und folgen dieser immer geradeaus nach Osten. An einer Straßengabelung halten wir uns mit der *Beschilderung des steinigen Wegs* weiterhin geradeaus, bis wir schließlich am Ortsende vor Erreichen eines Waldstücks nach rechts auf einen Pfad abbiegen. Die hier etwas missverständliche Markierung führt uns wenige Meter hinter einem Anwesen schräg in ein Wäldchen hinab. Schon kurze Zeit später sehen wir rechter Hand zwischen den Bäumen das **Naturbad Resilacke.** Wir folgen jedoch vorerst noch dem Wanderweg weiter geradeaus, bis wir ein Gebäude am Ende einer asphaltierten Zufahrt erreichen. Hier machen wir eine scharfe Kehre nach rechts und steuern direkt den idyllisch in einem ehemaligen Steinbruch gelegenen tiefen Badeteich an.

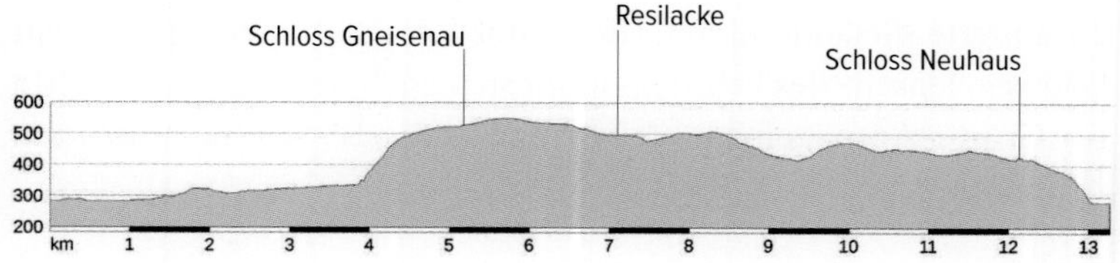

Noch vor Erreichen der Resilacke zeigt uns die Beschilderung an, nach links auf einen Pfad abzubiegen, der uns entlang einer Liegewiese zu einem kleinen schilfbewachsenen Tümpel führt. Rechts davon biegt der Pfad in den Wald ab und wir folgen ihm bis zu einer Wegkreuzung, an der wir links abbiegen. Am Waldrand kommen wir zu einem Anwesen und biegen hier neuerlich nach links ab. Kurz darauf mündet der Weg in einen Güterweg ein, auf dem wir wiederum nach links abbiegen. Es dauert nicht lange und der Güterweg mündet in eine querende Straße ein, auf der wir uns nach rechts wenden, um sie wenige Meter weiter nach rechts auf eine Hofzufahrt zu verlassen, von der wir jedoch ebenfalls sofort wieder nach rechts auf einen Feldweg einschwenken. Der Feldweg führt uns in einem Linksbogen um ein Wäldchen herum und senkt sich dann entlang eines umzäunten **Granitsteinbruchs** talwärts.

Der Weg mündet in einen Schotterweg ein und wir folgen diesem nach links weiter abwärts und durch ein Waldstück. Am Waldrand erreichen wir ein weiteres Abbaugelände und folgen der Zufahrtsstraße nach links in eine Talsenke. Unterwegs treffen wir auf eine Informationstafel, die uns die interessanten historischen Hintergründe des hiesigen Granitabbaus näherbringt. Kurz hinter der Infotafel biegen wir scharf nach links ab und queren über ein paar große Granitsteinblöcke einen Bach. Dahinter biegen wir auf einen Forstweg nach links ab, um ihn sofort wieder nach links auf einen Wanderweg zu verlassen. Dieser führt uns immer ansteigend durch das Unterholz, bis wir zuletzt den Waldrand und die Häuser von **Plöcking** erreichen. Auf einer Siedlungsstraße geht es bergan bis zur Ortsdurchfahrt, auf der wir uns nach rechts wenden. Kurz vor dem kleinen Feuerwehrhaus verlassen wir die Straße nach links und erreichen nun die äußerst interessant gestaltete und informative **Erlebniswelt Granit.** Der Wanderweg führt uns direkt durch das von zahlreichen unterschiedlichen Gesteinen und Schautafeln dominierte Gelände einen Hang hinab bis zu einem querenden Feldweg. Jenseits des Feldwegs lohnt sich noch ein kurzer Abstecher zur **Granit-Arena,** einem kleinen Amphitheater mit Sitzreihen aus Granitblöcken.

Wir biegen oberhalb der Granit-Arena auf dem genannten Feldweg nach Osten ab und wandern bis zur Landesstraße, die wir geradeaus überqueren. Dahinter führt uns ein Forstweg in ein Waldstück hinein und über einen Graben hinweg. Jenseits des Grabens biegen wir nach rechts auf einen Weg ab, der uns immer den Taleinschnitt entlang südwärts auf das Donautal zuführt. Schließlich kommen wir zu einem Güterweg und folgen diesem nach links ein kurzes Stück bergan bis zu einer Gabelung. Wir biegen hier nach rechts ab und sehen nun bereits den mächtigen Turm von **Schloss Neuhaus an der Donau** vor uns. An einer Straßengabelung beim **Neuhauser Platzl** halten wir uns noch einmal geradeaus und es geht direkt hinab zum Schloss, das sich in Privatbesitz befindet und nur von außen betrachtet werden kann.

Vom kleinen Parkplatz vor dem Schloss führt schräg nach rechts ein Forstweg abwärts, dem wir unterhalb des Schlosses in den Wald hinein folgen. Wenige Meter hinter dem Waldrand gabelt sich der Weg und wir biegen nach links ab, wobei sich der Pfad bald sukzessive absenkt. Nach einem Linksbogen gabelt sich der Weg erneut und wir halten uns diesmal rechts. Der nun steilere und teilweise steinige Pfad bringt uns durch das Unterholz immer weiter abwärts bis zum Waldrand, wo wir schließlich wieder das breite Tal der Donau überblicken. Wir bringen die letzten Meter hinter uns und schlüpfen zwischen zwei Holzschuppen hindurch, um die Häuser von **Untermühl** zu erreichen. Noch ein letztes Mal heißt es rechts abbiegen, dann haben wir nach rund 4 Std. 30 Min. Gesamtgehzeit wieder unseren Ausgangspunkt am Donauufer erreicht.

Schloss Neuhaus

Schloss Neuhaus thront auf einem Höhenrücken der Donau und ist als eine der größten Burganlagen Österreichs weithin sichtbar. Es entstand um 1170 als Jagdschloss für die Passauer Bischöfe, zur ersten urkundlichen Erwähnung kam es im Jahr 1280. Schließlich wurde Wernhard von Schaunberg damit belehnt. Im 14. Jahrhundert wurde Neuhaus vom Geschlecht der Schaunberger zu einer

Festung ausgebaut. 1371 erhielten die Schaunberger vom Landesfürsten die Erlaubnis, Maut auf der Donau einzuheben und erbauten unterhalb des Schlosses den sogenannten Kettenturm. Die Schaunberger blieben bis 1481 auf Schloss Neuhaus. In dieser Zeit entstanden auch der markante fünfeckige Turm mit dem Kleeblattfries sowie die originellen Wasserspeier – einer davon ist heute noch als *Gesäß von Neuhaus* bekannt.
Nach den Schaunbergern erhielt Herzog Georg von Bayern Schloss Neuhaus. Von 1506 bis 1519 folgte Kaiser Maximilian I. und vereinte die Herrschaften Neuhaus und Rannariedl. Die Familie Sprinzenstein erhielt Neuhaus 1591 als „freies Eigen". Ab 1650 fand ein großer barocker Umbau durch die Sprinzensteiner und die Errichtung der Schlosskapelle statt. Durch eine Heirat kam das Schloss 1729 an die Grafen von Thurn und Taxis. Eduard Planck von Planckenburg kaufte 1868 das Schloss und im Jahr 1920 gelangte es wiederum durch Heirat an die heutige Besitzerfamilie Plappart. In der gut erhaltenen Anlage ist heute eine Guts- und Forstverwaltung untergebracht.

Das Gesäß von Neuhaus

Das Schloss besitzt einen Bergfried mit Kragsteinen und fünf Wasserspeiern, die eine besondere Geschichte haben. Die großen granitenen Wasserspeier, die sich auf den fünf Kanten des Bergfrieds befinden, stellen Tier- und Menschenköpfe dar. Einer der Speier hat jedoch die Form eines menschlichen Hinterteils. Es heißt, dass der nackte Po eine Antwort der Schaunberger auf die *Schaunberger Fehde* mit den Habsburgern war, da dieser genau in Richtung Wien zeigt. Die Burg Neuhaus wurde über die Jahre erfolgreich verteidigt, doch unterlagen die Schaunberger letztendlich und mussten die Habsburger als Lehensherren anerkennen.

Der Kettenturm

Unterhalb von Schloss Neuhaus steht auf einem vorspringenden Felsen der Kettenturm, der im Volksmund auch Lauer- und Räuberturm genannt wurde. Vom Kettenturm aus wurden damals mithilfe einer eisernen Kette, die über die Donau gespannt war, die Schiffe angehalten. Erst nachdem die Mautgebühr bezahlt wurde,

ging die Fahrt weiter. Die Mautgebühren stiegen und die Kauf- und Schiffsleute beschwerten sich bald über die Machenschaften der Schaunberger. Letztendlich wurde es den Schaunbergern verboten, auf der Donau Maut einzuheben.
Erst in der Zeit der Bauernkriege wurde die Kette wieder über die Donau gespannt, denn im Jahr 1626 wollten die Bauern verhindern, dass Soldaten, Waffen und Nahrungsmittel mit Schiffen in das belagerte Linz gelangten. Während der Franzosenkriege wurde die Donau zu Beginn des 19. Jahrhunderts zum letzten Mal abgesperrt. Eine historische Anekdote: Napoleon ließ die 180 Meter lange und 3 580 Kilogramm schwere Kette damals als Andenken nach Paris bringen, wo sie heute noch im Armeemuseum lagert. In Zusammenarbeit mit dem Tourismusverband, der Marktgemeinde St. Martin im Mühlkreis sowie dem Grundeigentümer wurde der Kettenturm 2013 revitalisiert und ist heute als Aussichtsplattform *Donaublick Kettenturm* sehr beliebt.

Sage vom Riesen

Einst lebte in den Wäldern in der Nähe der Burg Neuhaus ein mächtiger Riese, vor dem sich die Leute der Umgebung sehr fürchteten. Ein Ritter fing den Riesen schließlich eines Tages ein und machte ihn zu seinem Knecht. Er nutzte die Stärke des Kerls und trug ihm auf, für seine Burg einen mächtigen Turm zu bauen. So schleppte der Riese große Steinbrocken herbei und baute daraus wie aufgetragen jenen Turm. Der mächtige Turm steht heute noch und ging als Turm von Schloss Neuhaus an der Donau in die Geschichte ein. Es hieß, dass die Schulterblätter des Riesen lange Zeit am Schlosstor von Neuhaus hingen. Nach einer anderen Version der Sage soll der Riese den fünfeckigen Turm des Schlosses in nur einer Nacht errichtet haben. Im Rausch seiner Macht und Stärke peinigte er danach viele Menschen in der Umgebung. Da rotteten sich die Leute zusammen, brachten den Unhold zu Tode und hefteten seine Schulterblätter als Warnung an das Schlosstor.

Naturdenkmal Hainbuchenallee

Nördlich des Schlosses befindet sich eine Hainbuchenallee, die bereits 1685 urkundlich erwähnt wurde. Die frei zugängliche Allee liegt links vor der Einfahrt zum Schloss, umfasst 118 Hainbuchen und ist rund 300 Jahre alt. Diese besondere Baumallee ist heute ein Naturdenkmal und stammt aus der Zeit der barocken Gartenfeste, wie sie auch auf Schloss Neuhaus unter der Herrschaft der Sprinzensteiner zwischen 1660 bis 1700 abgehalten worden sind. Die Hainbuche ist bekannt für ihr zähes, hartes Holz und die Eigenschaft, sich zu einem undurchdringlichen Bollwerk von Ästen und Blättern zu verwachsen. Schon die Kelten umpflanzten ihre Siedlungen mit der widerstandsfähigen *Hagebuche,* wie sie im Volksmund auch genannt wird. Vermutlich entstand über die Hagebuche auch das Wort *Hexe,* die früher *Hagse* hieß.

Schloss Gneisenau

Die erste urkundliche Erwähnung von Schloss Gneisenau geht auf das Jahr 1161 zurück. Sigbert Gneusse diente dem Bischof von Passau zu jener Zeit als Ministerialrat. Die Gneussen blieben bis 1338 im Besitz ihrer Stammburg, die später zu einem Wasserschloss ausgebaut wurde. Vom einstigen Anwesen ist heute nur noch der Turm erhalten, der – so wie das gesamte Schloss – oftmals umgebaut wurde. 1945 von den Sowjets geplündert, war das Schloss bis 1953 von russischen Soldaten besetzt. Danach wurde es vollständig saniert und gleichzeitig umgebaut. Seit dem Jahr 1959 dient Schloss Gneisenau als Bezirksaltenheim.

Die magische Allee

Es war einmal … eine Hainbuchenallee, die hatte magische Kräfte. Wer durch diese Allee ging und sich dabei etwas ganz fest wünschte, konnte sicher sein, dass der Wunsch in Erfüllung ging. Doch mit der Zeit verlor die Allee ihre Magie, weil sich niemand mehr etwas wünschte. Eines Tages ging ein Mädchen mit seiner Großmutter durch die Allee und die alte Frau erzählte von früher, als das Wünschen noch geholfen hatte und die Magie noch vielerorts präsent gewesen war. „Schade, dass man sich hier jetzt nichts mehr wünschen kann", meinte die Enkelin und die Großmutter antwortete: „Du kannst dir immer etwas wünschen, wer weiß, vielleicht erwacht die alte Magie wieder zum Leben und dein Wunsch geht in Erfüllung!"

So wünschte sich das Mädchen, dass die Magie an jenen Ort zurückkommen sollte. „Was hast du dir denn gewünscht?", fragte die Großmutter. „Das darf ich nicht verraten!", erwiderte das Mädchen und die Großmutter nickte. Wünsche bleiben am besten so lange geheim, bis sie in Erfüllung gehen.

Genau zu der Zeit, als die alte Frau mit der Enkelin durch die Baumallee spazierte, saß auch eine Hexe in einer der Hainbuchen und beobachtete alles. Schnell flog die Hexe mit dem innigen Wunsch des Mädchens im Gepäck zum großen Hexenrat und erzählte von der Begebenheit. Die alten Hexen waren außer sich vor Freude und stimmten dem Wunsch des Kindes zu. Von nun an sollte die alte Hainbuchenallee wieder ein magischer Wunschort sein.

Als das Mädchen gemeinsam mit der Oma wieder zwischen den Bäumen herumspazierte da merkte es schon, dass sich etwas verändert hatte. Das Grün der Bäume strahlte noch schöner als sonst und die Vögel zwitscherten fröhlicher. Sollte sich der Wunsch erfüllt haben? Sofort wünschte sich das Mädchen wieder etwas – und siehe da, bald schon ging der Wunsch wirklich in Erfüllung! So hatte das Mädchen die Hainbuchenallee aufs Neue verzaubert und die alte Magie zurückgebracht.

19 Burg Piberstein

Charakter der Wanderung: Auf dieser Runde wandern wir zunächst von Traberg aus durch eine liebliche Wald- und Wiesenlandschaft zur Ortschaft Ahorn. Von dort führt uns ein Stichweg weiter zur Burg Piberstein, einer Wehranlage wie aus dem Bilderbuch. Auf dem gleichen Weg kehren wir anschließend nach Ahorn zurück. Ab hier erwartet uns noch eine ansprechende Waldpassage entlang des Schallenbergs, bevor wir schließlich wieder in Traberg eintreffen.

Länge	10,5 km (ca. 3 Std. 30 Min. Gehzeit)
Steigung	330 hm
Markierungen	*Ahorn – Burg Piberstein (Wegnummer T4), 3-Burgenweg (roter Punkt), nach Traberg*
Weg	Forst- und Feldwege, Asphalt, Wanderwege
Familien	Tour auch für ausdauernde ältere Kinder geeignet
Anfahrt	Mit dem PKW nach Traberg, Parkmöglichkeiten im Zentrum
Einkehr	Gasthof Annahof (www.annahof-kastner.at)
Sehenswertes	Jahrhundertwebstuhl Helfenberg Waldkreuzkapelle Maria Rast
Information	Marktgemeinde Oberneukirchen, Marktplatz 43, 4181 Oberneukirchen, Tel.: +43 (0) 7212 7055 gemeinde@oberneukirchen.ooe.gv.at www.oberneukirchen.at

Wegbeschreibung

Wir starten unsere Wanderung im **Zentrum von Traberg** und wenden uns entlang der beim **Gasthof Annahof** von der Hauptstraße abzweigenden Straße nach Norden. Linker Hand entdecken wir bei einem kleinen Platz eine Übersichtskarte mit den Wanderwegen der Region. Während des ersten Teils der Tour orientieren wir uns an der Beschilderung der Route nach Ahorn und Burg Piberstein *(Wegnummer T4, blaue Raute als Symbol).*

Burg Piberstein

Die Straße führt uns an den Ortsrand, wo wir bei der Ortstafel schräg nach links auf eine Nebenstraße in Richtung des Sportplatzes von Traberg abbiegen. Es geht rechts am Fußballfeld vorbei auf einen Wiesenweg, der uns zu einem Waldstück leitet. Sobald wir das Wäldchen erreichen, wenden wir uns auf dem Weg nach links und folgen dem Waldrand ein wenig bergan, bis uns die Beschilderung kurz vor einer Kuppe nach rechts in den Wald einschwenken lässt. In einem Bogen geht es an das andere Ende des Waldstücks, wo uns ein Wiesenweg nach rechts bis zu einem querenden Güterweg bringt.

Auf dem Güterweg biegen wir nach links ab und kommen nach kurzer Zeit zu einem Gehöft, wo wir die Straße nach rechts auf einen Feldweg verlassen. Bald erreichen wir wieder ein Waldstück und zweigen hier nach links entlang des Waldrands ab. Am Ende des

Waldes folgen wir dem Weg in gerader Richtung weiter auf einen kleinen Weiler zu und kommen vorbei an den wenigen Häusern wieder zu einem querenden Güterweg. Auf diesem geht es nach rechts ein wenig bergan, bis wir kurz vor einer Kuppe nach links auf einen Wiesenweg einschwenken. Durch ein weiteres Waldgebiet, in dem wir uns an einer Gabelung links halten, gelangen wir zum nächsten Weiler, wo wir einer Zufahrtsstraße abwärts bis zu einer Querstraße folgen. Auf dieser rechts abbiegend lassen wir bald die Ortschaft hinter uns und gelangen kurz hinter einem letzten Anwesen an einen Waldrand. Sobald die Straße eine Rechtskurve beschreibt, folgen wir einem Forstweg nach links in den Wald hinein.

Es folgt eine besonders schöne Passage, bei der wir nach einem Linksbogen schließlich den Forst hinter uns lassen und nahe einem Bauernhof zu einer asphaltierten Zufahrt gelangen. Auf dieser wenden wir uns nach links, erreichen so nach wenigen Metern die Hauptstraße und folgen dieser nach rechts vorbei an einem alten kleinen Feuerwehrhaus in Richtung der **Ortschaft Ahorn.** Vorbei am renovierten **Gasthaus Ziegelstadel** steuern wir das Zentrum von Ahorn an, indem wir nach links auf die Ortsdurchfahrt einbiegen. Im Zentrum angelangt treffen wir bei einer Kreuzung auf mehrere Wanderschilder und folgen ab sofort der *Beschilderung des 3-Burgenwegs (roter Punkt).*

Wir wenden uns an der genannten Kreuzung nach rechts und wandern auf einem Feldweg nach Nordwesten, wobei wir uns nach kurzer Zeit an einer Gabelung rechts halten. Nach einiger Zeit mündet der Feldweg in einen Güterweg ein, auf dem wir nach links abbiegen. Es geht leicht bergan bis zu einem Bauernhof, wo der Güterweg endet und in einen Feldweg übergeht. Der Weg bringt uns zu einem Waldstück, durch das uns ein Forstweg in stetem Gefälle längere Zeit abwärts bis zu einer querenden Straße leitet. Hier überqueren wir schräg nach links eine Straßenkreuzung und wandern auf der anderen Seite ein kurzes Stück einen sanft ansteigenden Wiesenhang bergan, bis wir bei einem alten Marterl samt Rastbank auf die kurze Zufahrtsstraße zur Burg stoßen. Dieser folgen wir das letzte Stück nach rechts und erreichen so nach rund 1 Std. 45 Min. Gehzeit die in vielen Arbeitsstunden restaurierte **Burg Piberstein.**

Nach einer ausgiebigen Rast bei der Burg kehren wir anschließend auf dem gleichen Weg ins Zentrum von **Ahorn** zurück. Ab hier begleitet uns bis zum Ende der Tour die gelbe *Beschilderung „nach Traberg".* So überqueren wir zunächst die Kreuzung und folgen einem Güterweg südwärts aus der Ortschaft hinaus. Die Straße steigt bis zu einem Waldgebiet leicht an und kurz bevor sie eine Rechtskurve beschreibt, biegen wir nach links auf einen Forstweg ab. Dieser führt uns in den Wald hinein, wo er zunächst weiter ansteigt.

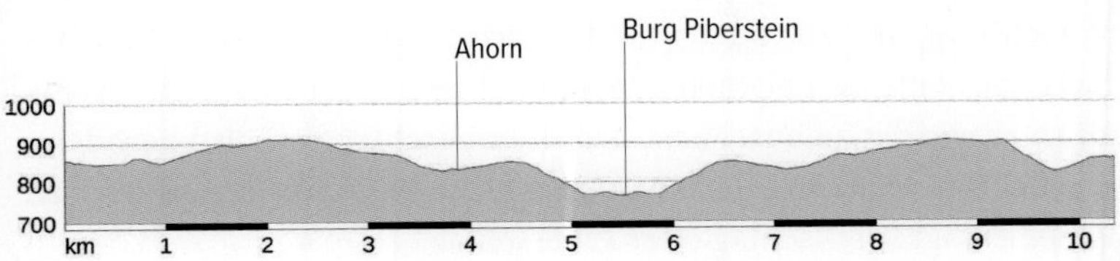

Schließlich wird er etwas flacher und leitet uns zum Rand des Waldes, wo wir an einer Gabelung nach rechts abbiegen. Wir folgen dem Waldrand, bis wir an einer weiteren Gabelung neuerlich nach rechts auf eine Forststraße abbiegen und schließlich wieder in den schattigen Wald eintauchen.

Es folgt eine lange gerade Strecke, wobei wir an einer Stelle eine Forststraßenkreuzung geradeaus überqueren. Schließlich sehen wir an einer weiteren Wegkreuzung ein paar Wandermarkierungen. Jene Beschilderung *„nach Traberg"*, der wir seit Ahorn gefolgt sind, lotst uns hier nach links auf einen *rot-weiß-rot markierten* Wanderweg durchs Gehölz abwärts. Einmal überqueren wir einen Forstweg und dahinter wird der Pfad schmaler, bis wir zuletzt in einer Talsenke den Schallenbergbach erreichen und überqueren. Danach folgen wir einem ansteigenden Forstweg nach rechts und kommen so zum Waldrand, wo wir den Wald nach links verlassen. Wir erreichen die ersten Häuser am Ortsrand von **Traberg** und folgen der Siedlungsstraße in Richtung Kirche, wo wir nach rund 3 Std. 30 Min. Gesamtgehzeit wieder am Ausgangspunkt unserer stimmigen Runde eintreffen.

Burg Piberstein

Burg Piberstein liegt in der Nähe der Ortschaft Ahorn. Die auf einem Felsen erbaute Burganlage aus dem 13. Jahrhundert wurde nie eingenommen. Wie in vielen Gegenden des Mühlviertels herrschte bis ins 12. Jahrhundert auch in dieser Gegend noch Urwald vor. Zum Schutz der hier lebenden Menschen sowie der Handelswege wurden an markanten Stellen Rodungen durchgeführt und befestigte Wehranlagen erbaut. Um das Jahr 1200 bekam das Geschlecht der Piber den Auftrag von ihren Lehensherren zu Griesbach und Waxenburg, hier zu roden und die Besiedelung voranzutreiben. Sobald wir heute den Namen Schlag in einem Ortsnamen entdecken, können wir davon ausgehen, dass hier geschlagen – also gerodet – wurde. So entstanden Ortsnamen wie Aigen-Schlägl, Altenschlag, Geierschlag, Kirchschlag oder Piberschlag.

Detailansicht Burg Piberstein

Zwischen 1200 und 1250 erbauten die Piber die Anlage als romanisch-gotische Turmburg. Die Brüder Rüdiger und Ottokar wurden „die Piber von Piberstein“ genannt. Noch heute kann man in der Burg das Wappen der Piber auf einer Tür, die in den Pibersaal führt, entdecken: Ein weißer Biber auf rotem Grund war einst das Wappentier dieses Adelsgeschlechts. Ursprünglich gab es auch noch einen imposanten Bergfried auf dem Felsen. Die Burg diente damals vor allem zum Schutz und war auch Sitz der Gerichtsbarkeit. Im Jahr 1364 starb die Familie Piber aus.

Es folgten wechselnde Besitzer und schließlich das Adelsgeschlecht der Schallenberger. Im 16. und beginnenden 17. Jahrhundert wurde die Burg nach und nach zu einer fünfseitigen Wehranlage mit runden Batterietürmen und einem Torturm umgebaut, außerdem kamen das heutige Stiegenhaus, der Rittersaal sowie der Arkadengang hinzu. Besonders markant sind die kostbaren Kratzputzarbeiten (Sgraffito), die bis heute erhalten geblieben sind. Die Zeit der Schallenberger auf Burg Piberstein dauerte von 1428 bis 1675. Im Jahr 1561 wurde hier auch der Barockdichter Georg Christoph von Schallenberg geboren, der später Statthalter von Niederösterreich sowie Kommandant der Donauflotte wurde.

Nach dem Verkauf der Burg im Jahr 1675 an Elias Graf Seeau wurden die Herrschaften Piberstein und Helfenstein zusammengelegt. Danach war Piberstein unbewohnt und verfiel immer mehr. Nur einige herrschaftliche Jäger und Waldheger bewohnten die Burg. Eine Sage aus dieser Zeit erzählt, dass unter den damaligen Bewohnern ein besonders leichtfertiger Bursche gewesen sein soll. Es wird von einem Geist berichtet, der einst Steine in die Burg Piberstein geworfen haben soll, weil dieser junge Heger ein so liederliches Leben führte. Der Steinhagel hörte erst auf, als der Bursch seinen Lebenswandel änderte.

1894 wurde Piberstein an Gräfin Olympia Revertera verkauft – sie war die Urgroßmutter des heutigen Besitzers Dominik Revertera. In den 1960er-Jahren begann der Kulturverein Piberstein mit Erhaltungs- und Sanierungsarbeiten auf der Burg. Dieser Kulturverein ist bis heute aktiv und hat der Burg neues Leben eingehaucht. Seit 1997 finden im Rahmen des *Kultursommers Piberstein* Kulturveranstaltungen statt. Burg Piberstein ist mittlerweile zu einer beliebten Hochzeitslocation geworden, und ein alljährlicher Handwerksmarkt hat ebenfalls bereits Tradition.

Rund um die Burg

Geöffnet ist Burg Piberstein an Schönwetter-Sonntagen von 14.00 bis 17.00 Uhr. Führungen sind nach Voranmeldung für Gruppen ab 10 Personen möglich. Aber auch wenn die Burg geschlossen ist, gibt es hier viel zu entdecken! Entlang der Außenmauern befindet sich ein gut ausgebauter Rundweg, den der Burgverein ermöglicht hat. Die alten Mauerreste wurden befestigt und der Weg so geebnet, dass er sicher begehbar ist. Nähere Infos rund um die Aktivitäten auf Burg Piberstein unter www.burg-piberstein.com

Zum Abschluss noch ein kulinarischer Tipp: Aus sicherer Quelle haben wir erfahren, dass ein Gasthaus in der nahen Ortschaft Traberg seit vielen Jahren weithin für seinen fabelhaften Heidelbeerstrudel bekannt ist. Und wirklich, als wir beim Wandern an dem Gasthaus vorbeikamen, stand der berühmte Heidelbeerstrudel noch immer auf der Karte. Wer weiß, wie lange diese beliebte Mehlspeise hier in der Gegend schon zubereitet wird?

Warum Burg Piberstein niemals eingenommen wurde

Es war einmal … eine imposante Felsenburg, die noch niemals von feindlichen Angreifern eingenommen werden konnte. Waren es wirklich die mächtigen Burgmauern und das ausgeklügelte Verteidigungssystem? Oder könnte es vielleicht auch noch einen anderen Grund dafür gegeben haben?

Einst begab es sich, dass eine gefürchtete Raubritterbande die Burg erstürmen wollte. Der Burgherr war gerade nicht zugegen, weil er mit seinen stärksten Männern zu einem Turnier unterwegs war. Die verbliebenen Burgleute waren jedoch gewarnt worden und bereiteten sich auf die Raubritter vor. Zu jener Zeit war die Nahrung knapp und niemand wusste, wie lange man sich in der Burg verstecken würde müssen, bis der Burgherr mit seiner Gefolgschaft wieder zurückkehren würde. So musste an Essen und Trinken gespart werden, wo es nur ging. Immerhin gab es immer genügend Bier, denn die Burgbrauerei versorgte auch die umliegenden Ortschaften mit dem feinen Gerstensaft.

Als Schutzburg bot die Anlage der Bevölkerung in Kriegszeiten Unterschlupf, denn Raubritter waren damals genauso gefürchtet wie ein kriegerisches Heer und so musste man möglichst gut auf einen Überfall vorbereitet sein.

Schon damals war den Rittern Speis und Trank sehr wichtig – nicht umsonst gibt es auch heute noch das beliebte Ritteressen, das an die Gelage von früher erinnern soll. Die Leute aus der Umgebung schafften Bier und Speisen in eine nahe gelegene Gastwirtschaft, um die Raubritter anzulocken. Leider waren nicht mehr viele Nahrungsmittel übriggeblieben, aber Mehl und Fett gab es noch und zum Glück waren gerade die Heidelbeeren reif.

Alsbald kamen die hungrigen Raubritter dahergaloppiert – einer grimmiger und fürchterlicher als der andere. Sie wollten die Burg nicht mit leerem Magen angreifen und suchten in der Umgebung nach einer Gastwirtschaft. Die Häuser ringsum waren alle wie ausgestorben, doch endlich fanden sie eine Schenke, die offen war. Da es sonst nichts zu essen gab, schlugen sich die Raubritter ihre Bäuche mit Heidelbeerstrudel voll. Noch nie im Leben hatten sie etwas Besseres gegessen und verlangten gleich noch einen, und noch einen, und noch einen …

Die Menschen aus der Umgebung waren nun heimlich auf den Beinen, um genügend Heidelbeeren zu pflücken sowie emsig die weiteren Zutaten herbeizuschaffen. Die Raubritter sollten möglichst lange in der Schenke festgehalten werden. So wurde gepflückt und gebacken und wieder gepflückt und wieder gebacken und es vergingen Tage und Wochen. Die Raubritter waren alle schon so dick geworden, dass sie sich gar nicht mehr richtig bewegen konnten. Keiner hätte je geglaubt, dass jemand so viel Heidelbeerstrudel essen kann wie diese Halunken! Doch das war ganz und gar kein Wunder, denn der Heidelbeerstrudel schmeckte einfach zu gut!

Eines schönen Tages kehrte der Burgherr mit seinen Leuten wieder heim und ließ die inzwischen wohlbeleibten Raubritter in den Kerker werfen. Weil sie so viel an Gewicht zugelegt hatten, musste der Kerker sogar ausgebaut werden. Die Raubritter ließen sich das alles gern gefallen und einer von ihnen sagte noch: „Der gute Heidelbeerstrudel war es allemal wert!" So verhinderte der Heidelbeerstrudel den Angriff der Raubritter und ist auch heute noch als ganz besondere Spezialität in dieser Gegend wohlbekannt.

Bezirk Urfahr-Umgebung

20 Schloss Brunnwald

Charakter der Wanderung: Bad Leonfelden bildet den Ausgangspunkt unserer Tour durch die Waldgebiete westlich des Kurorts. Schloss Brunnwald markiert dabei den Wendepunkt der Runde, die uns auf dem Rückweg vorbei an einem Moorsee sowie an Kneippanlagen und Heilquellen zurück ins Ortszentrum führt.

Länge	8,5 km (ca. 2 Std. 45 Min. Gehzeit)
Steigung	250 hm
Markierung	*Brunnwald-Runde (Kurzvariante)*
Weg	Forstwege, Asphalt, Wanderwege
Familien	Tour auch für ausdauernde ältere Kinder geeignet
Anfahrt	Mit dem PKW nach Bad Leonfelden, Parkmöglichkeiten im Ortszentrum
Einkehr	Gastronomie in Bad Leonfelden
Sehenswertes	OÖ. Schulmuseum (www.ooe-schulmuseum.at) Leopold-Forstner-Museum (www.bad-leonfelden.ooe.gv.at/Leopold-Forstner-Museum)
Information	Stadtgemeinde Bad Leonfelden, Hauptplatz 1, 4190 Bad Leonfelden, Tel.: +43 (0) 7213 6565 gemeinde@bad-leonfelden.ooe.gv.at www.bad-leonfelden.ooe.gv.at

Wegbeschreibung

Die nicht allzu lange, landschaftlich aber dennoch recht reizvolle Wanderung beginnt auf dem Hauptplatz von Bad Leonfelden, wo ungefähr in der Platzmitte Übersichtstafeln zu den Wandertouren der Gegend angebracht sind. Unter den markierten Routen befindet sich – durch einen großen *orangefarbenen Punkt* gekennzeichnet – mit der *Brunnwald-Runde* auch jene Tour, der wir – auf einer ab Schloss Brunnwald abgekürzten Variante – während der gesamten Wanderung folgen werden.

Schloss Brunnwald

Zunächst halten wir auf das Rathaus und die links davon befindliche **Pfarrkirche** zu. Zwischen diesen beiden Bauten folgen wir einer Passage, die uns am **OÖ. Schulmuseum** vorbeiführt. Auf der Kirchenvorderseite steigen wir anschließend eine flache Treppe hinab und gelangen so zu einer Straßenkreuzung vor dem Kino von Bad Leonfelden, wo wir rechts abbiegen. Nur wenige Meter weiter zeigt uns die Markierung an, nach links in eine leicht abfallende Seitenstraße einzubiegen. Es geht am Kindergarten vorbei bis zu einem Wendeplatz, wo unser Weg in einen Wiesenpfad übergeht. Dieser bringt uns talwärts zu einer Wiesensenke, wo der Weg nach links schwenkt und uns durch einen Durchlass in einer Baumreihe bei ein paar Häusern zu einem Güterweg leitet. Wir biegen hier rechts ab und halten uns an der kurz darauffolgenden Kreuzung geradeaus.

Auf dem Güterweg ansteigend lassen wir die kleine Siedlung rasch hinter uns, steuern jedoch nach einer kurzen durch Felder führenden Strecke bald den **Weiler Haid** an. Beim ersten Bauernhaus gabelt

sich die Straße und wir biegen nach links ab, um dem Güterweg abwärts in das flache Tal des Steinbachs zu folgen. Wir überqueren diesen und steigen nun wieder bergan, wobei die Straße bei einem nett restaurierten alten Häuschen in einen Schotterweg übergeht. Nach wie vor steigt der Weg an und wir biegen an einer Gabelung rechts ab. Langsam nähern wir uns dabei dem ersten Waldstück an. Sobald wir dieses erreicht haben, halten wir uns an einer Abzweigung links und folgen zunächst noch dem Waldrand – vorbei an einem Marterl – aufwärts. Schließlich führt uns der Weg geradeaus endgültig in den Wald hinein, wobei wir schon nach kurzer Zeit vor uns eine Lichtung mit ein paar Häusern sehen. Noch bevor wir diese erreichen, biegt unser Pfad nach rechts ab. Es dauert nicht lange und wir machen auf einer Kuppe einen Schwenk nach links, um gleich darauf endgültig die Siedlung der sogenannten **Brunnwaldhäuseln** zu erreichen. Es geht zwischen diesen hindurch und auf der anderen Seite in der ursprünglichen Richtung weiter zum westlichen Ende der Lichtung bergan.

Am Waldrand erwartet uns wiederum ein Marterl und eine Bank bietet sich für eine schattige Rast an. Beim Marterl gabelt sich zudem der Weg ein weiteres Mal, wir halten uns rechts. Zunächst folgen wir dem hier flacher verlaufenden Weg bis zu einem querenden

Forstweg. Über diesen geht es hinweg und dahinter leitet uns nun ein schmalerer Wanderweg westwärts durch den Wald. Zuletzt erreicht der Pfad den Waldrand und wir gelangen zu einem Güterweg und einer weiteren Rastbank mit schönem Ausblick über das nördliche Mühlviertel.

Auf dem Güterweg biegen wir nach links ab und sehen ein wenig unterhalb schon den markanten runden Turm des Schlosses vor uns aufragen. Der Güterweg mündet in eine Straße ein, auf der wir erneut nach links abbiegen und so nach rund 1 Std. 30 Min. Gehzeit **Schloss Brunnwald** erreichen. Über eine kurze Zufahrt geht es hinauf zum Schloss, das früher auch eine Gaststätte beherbergt hat, mittlerweile jedoch etwas verlassen wirkt. Wir passieren das Gebäude auf der rechten Seite und vorbei an einer mächtigen alten Linde folgen wir der – nun mit der Aufschrift *Kurzvariante* ergänzten – *orangefarbenen Markierung der Brunnwald-Runde* auf einem Forstweg zurück nach Osten wieder in den Wald hinein.

An einer ersten Gabelung halten wir uns nach links bergan, einige Zeit später an einer weiteren Abzweigung entlang der mittleren von drei Varianten sowie an einer letzten Gabelung rechts. Bald darauf haben wir den höchsten Punkt des Anstiegs hinter uns gebracht und der Weg senkt sich leicht abwärts bis zu jener Straße, die von Bad Leonfelden zum Schloss führt. Wir überqueren die Straße und biegen auf der anderen Seite scharf nach links ab. Ein Forstweg führt uns nun schnurgerade abwärts, bis er in eine Forststraße einmündet. Auf dieser wenden wir uns für wenige Meter nach rechts, um noch vor Erreichen einer Blockhütte wieder nach links auf einen Forstweg abzubiegen. So geht es auf der Rückseite der Hütte entlang, bis der Weg endgültig wieder in die Forststraße mündet.

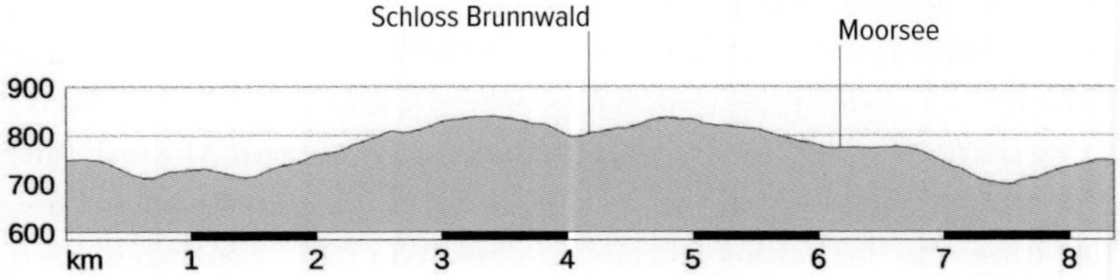

Diese bringt uns weiter ostwärts zu einer Senke hinab, in der sich ein kleiner **Moorsee** samt Stegen und einem hölzernen Unterstand befindet.

Jenseits des Moors halten wir uns auf dem breiten Forstweg zuerst an einer Gabelung links und wenig später im Bereich des **Ritterkreuzes** rechts. Kurz darauf entdecken wir rechter Hand zwischen den Bäumen die aus groben Steinen geformte Säule der gefassten **Joachimsquelle** sowie daneben eine ovale, ebenfalls aus roh behauenen Felsen errichtete Kneippanlage. Der Weiterweg bringt uns – an der unmittelbar folgenden Gabelung rechts abbiegend – vorbei an einem großen aus Holz gezimmerten Fuhrwerk samt Pferdegespann durch den Wald abwärts. Am Waldrand treffen wir auf eine **Einsiedlergedenkstätte** an einem kleinen Parkplatz, von dem aus eine Zufahrtsstraße vorbei am Sportplatz hinab in eine Bachsenke führt.

Jenseits des Bachlaufs bleiben wir rechts des hier befindlichen Hotels, passieren eine rot-weiße Radsperre und folgen einem Fußweg in direkter Linie bergan. Im Anstieg queren wir mehrmals Siedlungsstraßen, bis wir zuletzt auf einer solchen kurz nach links abbiegen. Wenige Meter weiter biegen wir neuerlich bergan nach rechts ab. So gelangen wir schließlich nach rund 2 Std. 45 Min. Gesamtgehzeit wieder zurück zur Pfarrkirche und zu unserem Ausgangspunkt im Zentrum von Bad Leonfelden.

Schloss Brunnwald

Schloss Brunnwald wurde in den Jahren 1724 bis 1727 als Starhemberg'sches Jagdschloss errichtet und liegt – wie der Name schon sagt – im Brunnwald. 1898 zerstörte ein schwerer Brand das Schloss, sieben Jahre später wurde es neu aufgebaut. Im Zuge des Neubaus entstand auch der prägnante vierstöckige Turm. Im Zweiten Weltkrieg wurde das Schloss beschlagnahmt und diente als Mütterheim. Nach dem Krieg fanden hier evangelische Gottesdienste statt. Weiters fungierte das Schloss als Hauptschule von Bad Leonfelden. Eine

Blick nach Bad Leonfelden

Geburtenstation des Diakoniewerks gab es hier ebenso wie ein Rekonvaleszenzheim des Roten Kreuzes. Von 1965 bis 1982 war das Schloss an einen spanischen Verein für Gäste und als Kinderheim verpachtet. Seit 1993 dient das Schloss als Gast- und Wohnstätte. Die ehemalige Gastwirtschaft – das *Schlossstüberl* – ist inzwischen lange geschlossen. Schloss Brunnwald befindet sich heute noch immer im Besitz der Starhemberg'schen Forst- und Güterdirektion.

Umgeben wird Schloss Brunnwald vom gleichnamigen Wald, der früher einmal – so wie die Wälder im gesamten Mühlviertel – ein richtiger Urwald war. Aus dieser Zeit könnte auch folgendes Märchen stammen:

Die verwunschene Waldschenke

Es war einmal … eine verwunschene Gastwirtschaft, die lag tief verborgen im Wald. Die Zeit ging an der Schenke spurlos vorüber und jeder Mensch, der das Gasthaus betrat, vergaß sich selbst und auch die Zeit. Als sich dieser Umstand in der Gegend herumsprach, traute sich kein Mensch mehr, die Waldschenke zu betreten und über die Jahre wusste eigentlich keiner mehr so recht, wo genau im Wald sich das Gasthaus befunden hatte.

Eines schönen Tages hörte ein Wandergeselle von der seltsamen Geschichte des verwunschenen Gasthauses und wurde neugierig. Der junge Mann war in der Gegend unterwegs und hörte die Leute immer wieder von den Legenden erzählen, die die Waldschenke umrankten. Auf seiner Wanderschaft traf er eine alte Frau. Die Alte erzählte ihm davon, dass sowohl ein Fluch als auch ein Segen auf diesem Haus liege – denn einerseits sei es schön, die Zeit zu vergessen und andererseits sehr gefährlich, sich dabei selbst und sein Leben zu verlieren.

Das Interesse des Wandergesellen war groß, und er stellte immer mehr Fragen über die geheimnisvolle Herberge im Wald. Die alte Frau gab bereitwillig Auskunft, doch erzählte sie ihm nicht alles, was sie wusste. Gemeinsam wanderten sie weiter und erreichten einen Fluss. Der Fluss hatte keine Brücke, war jedoch nicht sehr tief. Der junge Mann bot der gebrechlichen Alten an, sie auf seinem Rücken über das Wasser zu tragen. Für diesen Dienst war die Frau so dankbar, dass sie ihm schließlich die ganze Wahrheit über den verwunschenen Waldgasthof erzählte.

„Pass gut auf, mein Junge, was ich dir jetzt sage. Wenn du wirklich den Gasthof finden willst, dann höre mir zu. Wandere drei Tagesmärsche weiter und lege dich unter einer Eiche mit drei Kreuzen schlafen. Am nächsten Morgen wirst du in der verwunschenen Waldherberge erwachen.“ „Wenn das so einfach ist …“, dachte der Wandersmann und war guter Dinge.

„Doch wenn du die Waldherberge jemals wieder verlassen möchtest, dann musst du den Fluch der Zeit bannen, der auf diesem Haus liegt. Wie das geht, das weiß ich leider selbst nicht, aber wenn du es schaffst, dann gehört dir das Gasthaus und du bist dort der Herr im Haus!“

Die Aussicht, einen eigenen Gasthof zu besitzen, klang verlockend. Der Wandergeselle wollte immer schon einmal sein eigener Herr sein. Also machte er sich auf den Weg und drei Tagesmärsche später fand er die Eiche mit den drei Kreuzen und legte sich – so wie die Alte es ihm aufgetragen hatte – am Fuße des Baumstamms zum Schlafen nieder. Doch konnte er nicht und nicht einschlafen. Ständig wurde er in seinen Bemühungen, den ersehnten Schlummer zu finden, empfindlich gestört.

Zuerst kam ein Waldkauz geflogen, der sich auf den Baum setzte und nicht zu überhörende Laute von sich gab, dann befiel den Wandergesellen eine Horde von wild gewordenen Waldameisen und schließlich kam auch noch ein Igel des Wegs, um ihn gerade vor dem sanften Einnicken ordentlich zu pieksen.

Irgendwann übermannte den Wandergesellen schließlich doch der süße Schlummer. Er fiel in einen traumlosen Schlaf und erwachte in einem Himmelbett, dessen Decke und Polster aus purem Gold waren. Die goldene Bettdecke war so schwer, dass der Bursche große Mühe hatte, sie aufzuschlagen. Doch da er sehr kräftig war, entkam er seinem goldenen Gefängnis und musste feststellen, dass seine Taschenuhr bereits stehengeblieben war. Er war also wirklich im verwunschenen Waldgasthaus gelandet! Die Alte hatte recht gehabt mit ihrer Beschreibung – und nun war guter Rat teuer.

Der Wandergeselle fühlte, wie sich die Zeit aus seinem Bewusstsein verabschiedete und er wusste nicht, ob er sich darüber freuen oder doch besser davor fürchten sollte. Als er die goldene Bettstatt verließ, war ihm bereits ein langer Bart gewachsen. Er entdeckte einen Spiegel an der Wand und erkannte sich selbst nicht wieder. In Windeseile war ein alter Mann aus ihm geworden.

Doch unser Wandersmann ließ sich nicht so schnell einschüchtern von Zauberkraft und Hexerei. Er betrat die Gaststube, die voller uralter Männer war. Ihre langen weißen Bärte reichten bis unter die Tische. Sie saßen nur da und starrten einander an. Keiner sagte ein Wort. Niemand registrierte den Neuankömmling. Der Wirt war so bucklig, dass er sich nicht einmal mehr so weit aufrichten konnte, um seinen neuen Gast in Augenschein zu nehmen. Er wies ihm wortlos einen Platz zu und der gealterte Wandergeselle setzte sich, wie es ihm aufgetragen wurde.

Doch dann stand er auf, sah sich um und fragte ganz laut und deutlich: „Weiß hier irgendjemand, wie spät es ist?" Ein Raunen ging durch die Schar der Greise, doch niemand konnte ihm eine Antwort geben. Er wiederholte die Frage. Diesmal war das Raunen noch lauter und auch der Wirt kam hinter seiner Schank hervor. Als der gewitzte Bursche, der mittlerweile zum Greis geworden war, die Frage ein drittes Mal stellte, schnellte ein Kuckuck aus einer unsichtbaren Kuckucksuhr und schlug zur vollen Stunde. Es war Mitternacht – Geisterstunde! Doch dieses Mal veränderte sich mit der Geisterstunde alles zum Guten. Dem Wandergesellen war einmal zu Ohren gekommen, dass die Zauberwelt auf drei Mal gestellte Fragen reagieren musste. Zu seinem Glück hatte er die richtige Frage gestellt!

Am Ende sei noch erwähnt, dass ihm der kleine Igel, der ihn vor dem Einschlafen gepiekst hatte, auch diese erlösende Frage mit auf den Weg gab. Es ist schon seltsam, dass ein Igel nach der Uhrzeit fragt, dachte sich der Wandersbursch, als er unter der Eiche lag. Doch der Igel hatte einen Auftrag, genauso wie die Ameisen und der Waldkauz. Die Aufgabe der Ameisen war es nämlich gewesen, den Wandersmann so lange wach zu halten, bis der Igel endlich angekommen war und der Waldkauz lotste mit seinen Rufen die Ameisen zur richtigen Eiche. So hat alles seinen Sinn im Leben, auch wenn man manch seltsame Begebenheit erst später versteht.

Nun hatte der tapfere Bursch also das Waldgasthaus von seinem Fluch erlöst. Die alten Männer in der Gaststube wurden wieder jung und auch der Wirt erlangte seine normale Gestalt zurück. Wie es im großen Fluchbuch geschrieben stand, erhielt derjenige, der den Fluch löst, auch das Waldgasthaus.

Die Zeit war stehengeblieben in der Waldherberge. Eine Hexe hatte vor vielen Jahren einen Fluch auf das Haus gelegt. Sie nährte sich von den Jahren der Menschen, die das Gasthaus betraten und wollte sich damit selbst die ewige Jugend schenken. Nachdem sie nun auf einen Schlag all die Lebensjahre zurückgeben musste, zerfiel sie in Sekundenbruchteilen zu Staub.
Alle Burschen und Männer, die es vor unserem mutigen Wandersmann gewagt hatten, die Herberge zu betreten, wurden ihrer Jugend beraubt und konnten sich nach ein paar Stunden Aufenthalt in der Waldherberge an nichts mehr erinnern. Zurückverwandelt in ihre ursprüngliche Gestalt verließen sie nun alle fröhlich das Gasthaus.

Der gewitzte Wandersmann war selbst zum Wirt geworden und sah sich in seiner Gaststätte um. Alles war veraltet, verrostet und morsch. War das wirklich ein Segen, Besitzer dieses alten Gemäuers zu sein? Er war sich da inzwischen nicht mehr so sicher. Doch als er schließlich damit begann, das Haus vom Keller bis zum Dachboden auszumisten, fand er einen riesigen Goldschatz, der ihn für seinen Mut und seine Tapferkeit belohnen sollte.

Burgruine Lichtenhag

Charakter der Wanderung: Diese Rundwanderung führt uns durch die Bachtäler und über die Höhenrücken nördlich von Gramastetten. Zunächst genießen wir den Blick hinüber zur Burgruine Lichtenhag und hinab auf die Gramastettner Jahresstiege, besuchen anschließend das Rodl-Waldbad und wandern durch die aussichtsreiche Kulturlandschaft, bevor wir wieder zu unserem Startpunkt zurückkehren.

Länge	10 km (ca. 3 Std. 30 Min. Gehzeit)
Steigung	370 hm
Markierungen	*Augenbründl (Wegnummer 4), Bibelweg (Wegnummer 10)*
Weg	Forst- und Feldwege, Asphalt, Wanderwege
Familien	Tour auch für ausdauernde ältere Kinder geeignet
Anfahrt	Mit dem PKW nach Gramastetten, Parkmöglichkeiten beim Marktgemeindeamt
Einkehr	Einkehrmöglichkeiten in Gramastetten
Sehenswertes	Mühlenmuseum Steublmühle (nach tel. Voranmeldung unter +43 (0) 7239 8877)
Information	Marktgemeinde Gramastetten, Marktstraße 17, 4201 Gramastetten, Tel.: +43 (0) 7239 8155 0 gemeinde@gramastetten.ooe.gv.at www.gramastetten.ooe.gv.at

Wegbeschreibung

Wir beginnen unsere Wanderung auf dem **Marktplatz vor dem Gemeindeamt** von Gramastetten. Auf der rechten Seite des Gebäudes finden wir eine Übersichtskarte, die uns die Touren dieser Gegend anzeigt. Wir werden uns dabei während des ersten Teils unserer Runde an die *Beschilderung Augenbründl (Wegnummer 4)* und später an die *Markierungen des Bibelwegs (Wegnummer 10)* halten.

Zunächst wenden wir uns vom Gemeindeamt aus entlang der Ortsstraße nach rechts in Richtung der Kirche. Noch bevor wir

diese erreichen, biegen wir nach links auf eine schmale abfallende Seitenstraße ab, die sich bald darauf gabelt. Wir wählen die rechte Abzweigung und kommen zu einer querenden Straße, der wir unterhalb eines langgezogenen Mehrparteienhauses nach rechts folgen. Nach kurzer Zeit beschreibt die Straße eine Rechtskurve bergan und wir verlassen sie noch bei der Kurve unmittelbar hinter einem Baum nach links auf einen Feldweg. Schräg gegenüber sehen wir nun bereits jenseits eines Taleinschnitts am bewaldeten Gegenhang den in Privatbesitz befindlichen Turm der **Burgruine Lichtenhag** samt neuer Anbauten.

Wir folgen dem Wiesenpfad hangabwärts bis zum Waldrand, wo uns die Wegnummer 4 schräg nach rechts in den Wald hinablotst. Zuvor machen wir jedoch noch einen lohnenswerten Abstecher nach links bis zu einer kleinen **Aussichtsplattform.** Von hier aus bietet sich neben einem noch besseren Blick hinüber zur Burgruine auch eine gute Aussicht über die unterhalb der Plattform angelegten Terrassen der **Jahresstiege.** Deren Bau geht auf die Initiative eines lokalen Wohltäters zurück und sorgte im 19. Jahrhundert für Beschäftigung unter der ortsansässigen Bevölkerung.

Von der Plattform kehren wir anschließend wieder das kleine Stück bergan zum Waldrand zurück und folgen der Beschilderung abwärts durch den Wald bis zu einer querenden Forststraße. Hier biegen wir – ausnahmsweise nicht durch Schilder gekennzeichnet – nach rechts ab und folgen der Forststraße entlang des Hangs und um einen Hangvorsprung herum bis zu einem Güterweg. Auf diesem biegen wir nach links ab und es geht talwärts, bis wir nach einer Rechtskehre zum schön angelegten **Rodlwaldbad** kommen, das besonders an heißen Sommertagen für Jung und Alt eine gute Gelegenheit zur Abkühlung bietet.

Von der Liegewiese aus überqueren wir auf einem schmalen Steg die **Große Rodl** und biegen jenseits des Flusses nach links auf einen Forstweg ab. Dieser führt uns immer rechts der munter dahinfließenden Rodl das bewaldete Tal entlang, wobei wir ein paar historisch interessante Plätze sowie den hoch aufragenden Felsen des **Rabensteins** passieren. Auch unterhalb der **Jahresstiege** und der über ihr thronenden Aussichtsplattform kommen wir vorbei, bevor wir das erste Kleinkraftwerk von Gramastetten samt seiner aus der Rodl gespeisten Zuleitung passieren. Zuletzt erreichen wir ein paar Häuser und es geht auf einer Zufahrtsstraße bis zum **Bloahäusl,** dessen Name von dem hier früher betriebenen Bleich-Handwerk herrührt. Wenige Meter dahinter mündet die Zufahrtsstraße bei der **Klammleiten** nahe einer Straßenbrücke in eine querende Straße ein. Wir biegen hier nach rechts ab und folgen ab sofort bis zum Ende der Tour der *Beschilderung des Bibelwegs (Wegnummer 10),* der dann und wann mit auf kleinen Schildern angebrachten passenden Bibelzitaten den Geist anregen möchte. Unmittelbar darauf halten wir uns an einer Straßengabelung rechts, folgen jedoch nicht der Straße bergan, sondern einem links davon steil in den Wald hinaufführenden Forstweg.

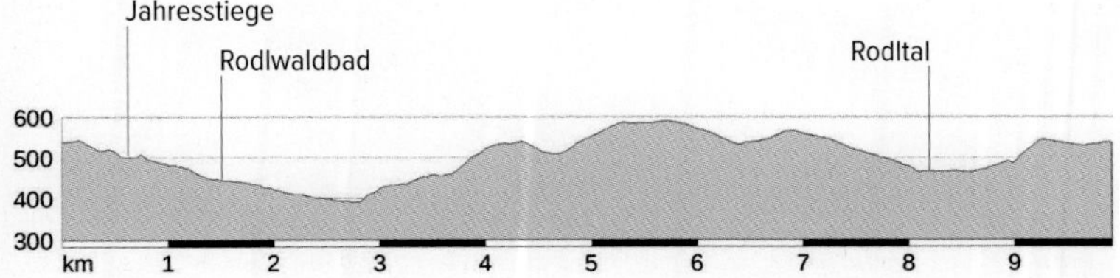

Der Weg bringt uns bald aus dem Waldstück heraus und wir wandern nun etwas flacher den Hang oberhalb des **Ranitztals** entlang. So gelangen wir stetig höher, bis wir zuletzt wieder ein Wäldchen erreichen. Am anderen Ende erwarten uns eine Kapelle und ein Anwesen, das wir auf der linken Seite passieren. So kommen wir wieder zur Straße, der wir kurz nach links bergan bis zu einer Gabelung folgen. Wir wenden uns hier nach rechts, biegen jedoch noch in der Kurve nach links auf einen weiteren Waldpfad ab. Dieser beschert uns ein sehr steiles Wegstück durch den Wald, bis er nach Erreichen des Waldrands etwas flacher durch Wiesen und Felder zu einem Anwesen emporführt. Hinter dem Gebäude folgen wir in gleicher Richtung einem Feldweg, wobei wir schöne Ausblicke über die Kulturlandschaft genießen können.

So erreichen wir schließlich erneut einen Güterweg, dem wir nach rechts wenige Meter bergan bis zu einem einzelnen Gebäude folgen. Hier heißt es Acht zu geben, denn anstelle einer Beschilderung des Bibelwegs zeigt uns hier unmittelbar hinter dem Haus nur der *rote Pfeil einer Mountainbike-Markierung* den Weg nach rechts auf einen schmalen Pfad in den Wald hinab an. Nach wenigen Metern passieren wir einen alten Lochstein und erreichen bald darauf am unteren Ende des Pfads einen Güterweg. Auf diesem geht es nach links, bis wir nach rund 1 Std. 30 Min Gehzeit zu dem einsamen Anwesen der **Ranitzmühle** gelangen. Direkt gegenüber des Gebäudes überqueren wir die Ranitz und steigen auf einem Forstweg in den Wald hinauf. Es dauert nicht allzu lange und wir kommen wieder in freies Gelände, der weitere Anstieg leitet uns durch Wiesen und Felder bis zu einem Bauernhaus.

Vom Hof aus folgen wir einer Zufahrtsstraße bis zu einem Güterweg, auf dem wir unbeschildert nach rechts abbiegen. Schon bei der nächsten Hofzufahrt folgen wir den Schildern wieder nach links auf ein Anwesen zu. Wir halten uns bei diesem rechts und wandern hinter einem Holzschuppen auf einem Wiesenweg entlang einer Obstbaumreihe mit Blick auf die Häuser und den Kirchturm von Gramastetten in eine Bachsenke hinab. Von hier aus bringt uns der Weg wieder leicht bergan durch ein Wäldchen und anschließend durch Felder zu einem weiteren Hof. Neuerlich geht es auf der Hofzufahrt abwärts bis zur Landesstraße, der wir nach rechts folgen. Auch hier biegen wir nach wenigen Metern wieder nach links zu einem Anwesen ab, folgen jedoch noch vor dessen Erreichen einem Wiesenpfad nach rechts abwärts zu einer Neubausiedlung.

In der Siedlung halten wir uns zunächst links und an der gleich darauf folgenden Gabelung rechts. Die Siedlungsstraße bringt uns geradeaus abwärts bis zu einem alten Bauernhaus, bei dem wir nach links auf einen Forstweg einschwenken. Durch den Wald geht es wieder hinab ins **Tal der Großen Rodl,** die wir nach Passieren einer kleinen Siedlung auf einer Brücke überqueren. Dahinter folgt ein Stück auf der Landesstraße nach rechts bis zu einer Engstelle zwischen zwei Gebäuden. Unmittelbar hinter diesen biegen wir nach links auf eine in Richtung Aschlberg ansteigende Straße ab. Dabei folgen wir wiederum einem Bachtal.

Noch bevor wir eine scharfe Linkskurve erreichen, zeigt uns die Beschilderung an, nach rechts auf einen Pfad abzubiegen. Dieser bringt uns auf einem Steg über den Bach und steigt dahinter recht steil durch den Wald bergan. Auch nach Verlassen des Waldstücks zieht der Weg noch inmitten von Wiesen höher, bis wir vorbei an einer Siedlung am oberen Ende eine Kapelle an einer Straßengabelung erreichen. In gerader Richtung spazieren wir durch die Siedlung bis zur Landesstraße, der wir nach rechts in Richtung Zentrum folgen. Eine letzte Kreuzung wird in gerader Richtung passiert und so erreichen wir nach rund 3 Std. 30 Min. Gesamtgehzeit wieder unseren Ausgangspunkt beim Marktplatz von Gramastetten.

Burgruine Lichtenhag

Lichtenhag ist ein Flurname und benennt eine freie Fläche unterhalb der heutigen Burg. Wie der Name besagt, handelte es sich um einen lichten – also unbewaldeten – Grund im Besitz der Herren von Haag.

Die Gründungssage von Burg Lichtenhag berichtet von einer mystischen Lichterscheinung an jener Stelle, an der heute die Burg steht. Einst seien fremde Ritter in die Gegend gekommen und wurden von den Einheimischen auf die Lichterscheinung – das Licht im Hag – hingewiesen. Diese Ritter waren ausgezogen, um sich einen passenden Platz für den Bau einer Burg zu suchen. So traf es sich gut und jener lichte Ort wurde schon bald zum Bau der Ritterburg genutzt. Auch das einheimische Volk war zufrieden, da es sich von den Rittern Schutz versprach.
Die erste urkundliche Erwähnung von Burg Lichtenhag, die vom Adelsgeschlecht der Herren von Haag errichtet wurde, geht auf das Jahr 1455 zurück. Ihre strategisch gute Lage sorgte dafür, dass der Salzhandel von Aschach durch das Tal der Großen Rodl in Richtung Böhmen von der Burg aus kontrolliert werden konnte.

Als Hans Joachim von Aspan die Burg 1615 an Wolf von Gera verkaufte, war die Anlage bereits in schlechtem baulichem Zustand. Eine grafische Dokumentation aus dem Jahr 1670 zeigt Lichtenhag bereits als Ruine. Das Torwärterhaus der Burg ging schließlich im 17. Jahrhundert in Privatbesitz über und wurde immer wieder weiterverkauft.
Ab 1972 machte es sich Florian Schöffl als neuer Burgherr zur Aufgabe, auf Lichtenhag ein kulturelles Zentrum einzurichten. Er ließ den Wehrturm vor dem Verfall sichern und baute Zwischendecken ein. Aus Mangel an genügend freiwilligen Helfern konnte er sein Lebenswerk jedoch nicht vollenden. 2012 wurde die gesamte Anlage an die Familie Kogler verkauft, von der 2013 der Verein zur Erhaltung der Burgruine Lichtenhag gegründet wurde. Durch die Unterstützung von freiwilligen Helfern und der öffentlichen Hand konnte Lichtenhag 2019 als Begegnungsort eröffnet werden. Die Ruine ist zwar weiterhin in Privatbesitz und nicht jederzeit zugänglich, es ist jedoch möglich, sie zu offiziellen Terminen und im Rahmen von Veranstaltungen zu besuchen. Weiters werden auch Gruppenführungen angeboten. Infos unter www.burg-lichtenhag.at

Auf ein Neues

Es waren einmal … zwei Brüder, die machten sich auf den Weg, um ein neues Leben zu beginnen. Sie verabschiedeten sich von der Heimatburg und zogen zu Pferd und in schwerer Ritterrüstung los. Die beiden suchten nach einem geeigneten Ort für eine Ritterburg und hatten dafür ihre Siebensachen zusammengepackt. Der Ältere war voller Zuversicht und Hoffnung auf das, was die Zukunft bringen würde. Der jüngere Bruder hingegen war voller Angst und Zweifel, fühlte sich dem Älteren jedoch so sehr verbunden, dass er ihn auf seiner Reise begleiten wollte. Mulmig war ihm zumute, weil er nicht wusste, was da in der Fremde auf ihn warten würde. Doch der ältere Bruder sprach ihm Mut zu und so wollten sie gemeinsam das Abenteuer wagen.

Bald ritten sie durch einen dichten Wald und trafen ein altes Mütterchen beim Holzsammeln. Der Ältere grüßte freundlich und der Jüngere tat es ihm gleich. Die Alte war eine Zauberfrau und freute sich über die Begegnung mit den zwei freundlichen jungen Herren. „Wohin des Weges?“, fragte sie und der Ältere erzählte von ihrem Auftrag hinauszuziehen, um einen geeigneten Platz für eine neue Burg zu finden. Da sah die Alte dem Jüngeren tief in die Augen und sprach: „Ich sehe große Angst in deinen Augen. Wovor fürchtest du dich denn so sehr?“ Darauf sprach der Jüngere: „Ich fürchte mich, weil ich nicht weiß, was die Zukunft bringt. Vielleicht finden wir niemals den richtigen Platz. Oder wir werden sogar ermordet, bevor es so weit ist.“

Die Alte entgegnete ihm: „Ich erzähle dir jetzt eine kleine Geschichte von einem Mann, dem es ähnlich erging wie dir. Er fürchtete sich vor allem, was neu und unbekannt war und so versuchte er alles, was er hatte, festzuhalten und nur ja keine Veränderung zuzulassen. Doch dann wurde der Mann sehr krank und er musste sich fragen, warum. Er kam damals zu mir und fragte mich um Rat. Ich sagte ihm, dass er anfangen müsse, das Alte loszulassen und sich auf das Neue einzulassen.“ Der junge Rittersmann hörte aufmerksam zu und fragte neugierig: „Ja, und wie hat er das geschafft?“

Die alte Zauberfrau fuhr fort: „Alles im Leben ist leichter, wenn man sich etwas vorstellen kann. Der Ausspruch oder der Gedanke ‚das kann ich mir nicht vorstellen' verhindert neue Wege oder Denkweisen. Und so gab ich dem Mann damals ein Beispiel, das er sich Tag für Tag selbst zum Vorbild nehmen konnte." „Und wie lautete dieses Beispiel?", wollte der jüngere Bruder wissen.
„Ich sagte damals zu ihm, dass er sich an der Natur orientieren solle. Was wäre, wenn ein Birnbaum im Herbst seine Birnen und seine Blätter nicht losließe? Was, wenn der Tag nicht von der Nacht abgelöst würde? Was, wenn auf den Winter nicht der Frühling folgte? Veränderungen sind der Entwicklung des Lebens dienlich, auch wenn sie nicht immer angenehm sind. Vergleiche wie diese aus der Natur haben dem Mann geholfen, Veränderungen in seinem Leben zuzulassen und so gelang es ihm auch, wieder gesund zu werden."

Die Geschichte der Alten hatte den jungen Ritter sehr bewegt. Er hatte sich selbst in dem Mann erkannt, der Angst vor dem Loslassen und dem Neuen hatte. Er war nachdenklich geworden. Ab diesem Moment beobachtete er die Natur mit offenen Augen. Wenn ein Blatt von einem Baum zu Boden fiel, erinnerte er sich an die Erzählung der Alten, und wenn die Dämmerung hereinbrach, ging es ihm ebenso. Er dachte dann daran, dass am nächsten Tag das Leben neu beginnt, in der Natur und auch für ihn selbst. Jeder Tag ein neuer Anfang! So gelang es ihm mit der Zeit, seine Ängste loszulassen und sich auf den nächsten Tag zu freuen, auch wenn er nicht wusste, was kommen würde. Und wenn es wieder einmal schwierig wurde und ihn seine Ängste zu sehr plagten, dann sagte er in Gedanken zu sich: „Ich kann, weil ich will, weil ich muss!" Immer wieder sagte er sich seinen neuen Leitspruch vor und fasste neuen Mut.

Eines Tages war die Reise der beiden Brüder zu Ende und sie fanden den richtigen Platz für ihre Burg. Der Jüngere hatte viel gelernt – ein langer Weg war es gewesen, der ihn schließlich bei sich selbst ankommen ließ. Er hatte am eigenen Leib erfahren, dass Veränderungen dazu führen, sich weiterzuentwickeln und Neues zu entdecken. Nur dann, wenn man den vergangenen Tag hinter sich lässt und sich auf einen neuen einlässt, ist ein Vorwärtskommen möglich!

22 Burg Lobenstein

Charakter der Wanderung: Von Oberneukirchen aus geht es auf dieser Runde zunächst in das idyllische Tal der Großen Rodl hinab. Wir folgen dem ruhig dahinströmenden Wasserlauf talwärts bis zur Edlmühle, wo wir den Anstieg über Wiesen und durch Waldgebiete hinauf zur Burg Lobenstein in Angriff nehmen. Auf Feld- und Güterwegen kehren wir wieder zu unserem Ausgangspunkt zurück.

Länge	10 km (ca. 3 Std. 15 Min. Gehzeit)
Steigung	300 hm
Markierungen	*Mittellandweg (Wegnummer 150), Rodltalweg (Wegnummer 71), Oberneukirchen (Wegnummer 140)*
Weg	Feld- und Forstwege, Asphalt, Wanderwege
Familien	Tour auch für ausdauernde ältere Kinder geeignet
Anfahrt	Mit dem PKW nach Oberneukirchen, Parkmöglichkeiten im Ortszentrum
Einkehr	Gasthof Edlmühle Einkehrmöglichkeiten in Oberneukirchen
Sehenswertes	Kulturhaus Schnopfhagen (www.schnopfi.com) Bienenmuseum Zwettl an der Rodl (www.zwettl-rodl.at/Bienenmuseum)
Information	Marktgemeinde Oberneukirchen, Marktplatz 43, 4181 Oberneukirchen Tel.: +43 (0) 7212 70 55 gemeinde@oberneukirchen.ooe.gv.at www.oberneukirchen.at

Wegbeschreibung

Von der im Zentrum liegenden **Pfarrkirche von Oberneukirchen** aus wenden wir uns auf einer Siedlungsstraße zunächst kurz in südliche Richtung. Bereits an der ersten Kreuzung biegen wir jedoch mit der *Markierung des Mittellandwegs (Wegnummer 150),* die uns auf dem ersten Wegdrittel begleiten wird, in Richtung des Gasthofs

Burg Lobenstein

Sonnenhof nach links ab. Auf einer leicht abfallenden Straße wandern wir nun parallel zur Hauptstraße ostwärts durch das Siedlungsgebiet, bis wir uns am Ende an einer Straßengabelung nach rechts wenden und bald darauf das Ortsgebiet hinter uns lassen.

Beim Blick nach Norden sehen wir die bewaldeten Abhänge des Sternsteins, während die Straße auf ein Anwesen zuhält. Dort angelangt weist uns die Markierung den Weg nach rechts und wir folgen einem Güterweg einen Waldrand entlang. Am Ende des Waldstücks taucht auf der linken Straßenseite ein weiteres Waldstück auf und hier heißt es Acht zu geben, denn gleich zu Beginn des Wäldchens lotst uns der Wegweiser auf einen Wanderweg in den Wald hinab. Die rot-weiß-rote Markierung bringt uns kurz darauf zu einer Forstwegkreuzung, an der wir nach links auf einen schmalen Pfad abbiegen. Dieser beschreibt bald einen Knick nach rechts und führt uns parallel zum Waldrand einen Hang hinab. Schließlich mündet der Weg in einen breiteren Forstweg ein, auf dem wir uns nach links weiter talwärts halten.

Zuletzt bringt uns der Weg in eine Bachsenke am Waldrand, wo vor uns ein paar Häuser auftauchen. An diesen vorbei geht es eine Siedlungsstraße entlang bis zur Kurve der Ortsdurchfahrt, wo wir linker Hand das Gebäude des **ehemaligen Gasthofs Sonnenhof** sehen. Nur wenige Meter weiter die Straße entlang wartet eine Vielzahl von Wegbeschilderungen an einem kleinen Holzschuppen auf uns. Hier verlassen wir den Mittellandweg mit der Wegnummer 150 und folgen ab nun dem *Rodltalweg in Richtung Edlmühle (Wegnummer 71)*. Dazu biegen wir zunächst nach rechts ab, um einen Wiesenhang abwärtszuwandern. Noch einmal überqueren wir einen Güterweg, dann erreichen wir die Senke und biegen nach rechts ab, um dem Lauf eines kleinen Bachs zu folgen. Wenige Meter weiter überqueren wir diesen auf einem Steg und wandern nun auf der linken Seite des mäandernden Wasserlaufs auf einer Wiese weiter. Schließlich passieren wir ein einsam inmitten der Landschaft gelegenes Häuschen, wobei uns der Weg durch den sich weitenden Talgrund direkt auf die ruhig dahinfließende **Große Rodl** zuführt.

Wir halten auf den über den Bachlauf führenden **Kaar-Steg** zu, den wir jedoch nicht betreten. Stattdessen orientieren wir uns an einem weiteren Schilderbaum, der uns nach rechts in Richtung Edlmühle abbiegen lässt. Ein herrlicher Wiesenpfad führt uns immer den flachen Wasserlauf entlang durch eine bezaubernde Tallandschaft südwärts. Schon nach kurzer Zeit überqueren wir das Bächlein, das uns zur Großen Rodl geleitet hat, und folgen dahinter weiter dem Tal. Der Weg zieht stetig flach dahin, um später einen Forstweg zu queren. Dahinter halten wir auf einen umzäunten Teich zu, den wir links umgehen. Dann nähert sich der Wiesenweg der felsigen Uferböschung an, wo wir rechts von einem Gerinne weitergehen. An einer Gabelung im Wald halten wir uns links und der Pfad wird nun etwas schmaler. Schließlich erreichen wir den Waldrand und sehen über eine Wiese hinweg links unter uns das Gebäude der **Edlmühle.**

Der Feldweg führt oberhalb der Edlmühle auf ein Haus zu, wo wir auf eine beschilderte Weggabelung stoßen. Ab hier orientieren wir uns bis zum Ende unserer Rundwanderung an der *Beschilderung nach Oberneukirchen (Wegnummer 140).* Wir biegen daher an der Gabelung nach rechts ab und folgen einem Hohlweg leicht bergauf eine Baumreihe entlang. Der Hohlweg geht bald in einen Feldweg über, der uns weiter bergan leitet, wo wir ihn in einer Kurve schließlich nach links in Richtung eines Waldstücks verlassen. Durch dieses geht es nun zunächst einen Bachgraben entlang und nach Überquerung des Bachlaufs in einem weiten Linksbogen sukzessive weiter bergan, wobei wir uns an einer Weggabelung rechts halten. Schließlich werden rechter Hand zwischen den Bäumen die

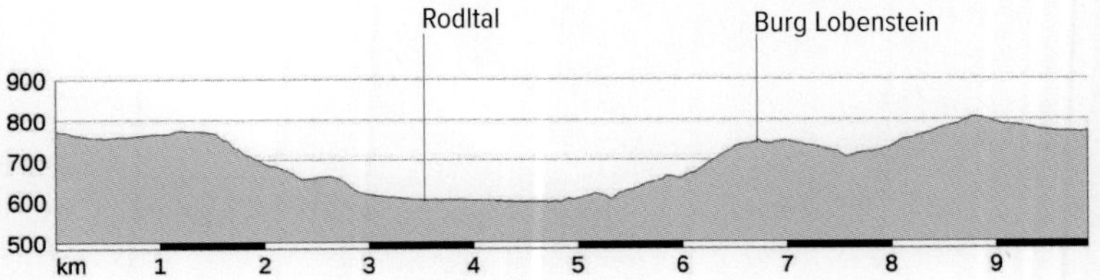

Umrisse unseres Ziels sichtbar. Der Weg biegt noch einmal nach rechts ab und führt uns aus dem Wald heraus nach rund 2 Std. Gehzeit auf den kompakten Bau von **Burg Lobenstein** zu. Die fachmännisch gemauerte Festungsanlage mit ihrem Bergfried befindet sich in Privatbesitz und kann daher nur von außen besichtigt werden.

Von Burg Lobenstein aus folgen wir der Zufahrtsstraße vorbei an einem landwirtschaftlichen Anwesen bis kurz vor eine Straßenkreuzung, wo uns die Markierung nach rechts auf einen Feldweg abbiegen lässt. Durch Wiesen und Felder wandern wir in eine Senke hinab, wo wir bei einem Haus zu einer weiteren Zufahrtsstraße gelangen, der wir nach rechts bis zu einem Güterweg folgen. Hier bietet sich noch einmal ein schöner Blick über die sich sanft in Richtung des Rodltals absenkende Landschaft. Wir biegen auf dem Güterweg nach links ab, um schon kurze Zeit später nach links entlang des Zauns eines Anwesens auf einem Wiesenweg zu einer weiteren Straße hinaufzusteigen. Auf dieser wenden wir uns für wenige Meter neuerlich nach links, um kurz darauf gegenüber eines Bauernhauses nach rechts einem Forstweg in ein Waldstück hinein zu folgen. Nachdem wir dieses durchquert haben, gelangen wir über einen ansteigenden Feldweg zu einem weiteren Bauernhof, hinter dem wir uns an einer Gabelung rechts halten.

Durch eine Einfamilienhaussiedlung spazieren wir in einem Linksbogen in Richtung Zentrum. Die Straße mündet schließlich in einer Senke in eine Querstraße ein, der wir nach rechts folgen, um zuletzt vorbei am Friedhof nach rund 3 Std. 15 Min. Gesamtgehzeit zu unserem Ausgangspunkt bei der Pfarrkirche zurückzukehren.

Burg Lobenstein

Burg Lobenstein ist eine mittelalterliche Ringburg und liegt auf einem Hügel über dem Tal der Großen Rodl. Im Rodltal sicherten früher die drei Burgen Rottenegg, Lichtenhag und Lobenstein den Salzhandel von der Donau nach Böhmen. Burg Lobenstein wurde urkundlich erstmals im Jahr 1242 erwähnt.

Besonders markant ist der 31 Meter hohe, sechsgeschossige Wohnturm, der im 13./14. Jahrhundert entstand. Der siebeneckige Grundriss ist für heimische Burgen eher ungewöhnlich. Burg Lobenstein hatte keine eigene Vorburg und auch keinen befestigten Torbau. Bestens geschützt war sie trotzdem – einerseits durch ihre Lage und andererseits durch die hohe Ringmauer.

Die Lobensteiner waren Gefolgsleute der Griesbacher und rodeten viele Gebiete des Mühlviertels. Schließlich erbauten sie im Mittelpunkt ihrer Rodungsherrschaft die Burg Lobenstein. Burg und Herrschaft gingen 1365 an die Starhemberger, welche die Burg ab 1534 durch den Pfleger von Wildberg mitverwalten ließen. Ab diesem Zeitpunkt verfiel die Burg immer mehr und wurde schließlich zur Ruine.

Der Einsiedler am Turm

Der siebeneckige Turm der Burg diente nach dem Ersten Weltkrieg dem Einsiedler Michael Kitzmüller als Wohnstätte. Er verdiente sich seinen Unterhalt durch die Reparatur von Gebrauchsgegenständen. Im Jahr 1923 ereilte den *Schlossmichel,* wie er auch genannt wurde, ein tragisches Ende. Er wurde im Alter von 90 Jahren umgebracht. Das Motiv für den Mord war ein im Burgturm vermuteter Goldschatz.

Die Burg heute

Heute ist Burg Lobenstein in einem guten Zustand und kann von außen besichtigt werden. Bereits in den Siebzigerjahren begannen umfassende Erhaltungs- und Sanierungsarbeiten durch Dr. Karl Heinz Burg, der die damalige Ruine 1973 langfristig von den Starhembergern gepachtet hatte. In jahrzehntelanger Arbeit ist es schließlich gelungen, aus der Ruine Lobenstein einen gepflegten Wohnsitz zu machen.

Sieben Ecken zum Verstecken

Es war einmal … ein Treffen von Burg- und Schlossgeistern im Mühlviertel. Es gehörte dazu, dass bei jedem dieser Treffen ein Geist von seiner Behausung erzählte und dieses Mal war der Burggeist von Lobenstein an der Reihe. Er schwärmte von seiner feinen Burg: „Ihr müsst euch vorstellen, auf meiner Burg gibt es einen siebeneckigen Turm, so etwas habt ihr noch nicht gesehen! Dieser Turm hat sechs Stockwerke und sieben verschiedene Ecken zum Verstecken! Oft weiß ich selbst nicht mehr so genau, wo ich mich gerade unsichtbar gemacht habe. Ich sage euch, das ist ein Riesenspaß!"

Die Burg war zu jener Zeit gerade eine unbewohnte Ruine und so fragten ihn seine Geisterkollegen: „Vor wem versteckst du dich denn eigentlich? Da wohnt doch kein Mensch mehr auf deiner Burg!" „Ja, das stimmt, aber in meinem riesigen siebeneckigen Turm gibt es viele Mäuse und Ratten und vor denen fürchte ich mich, seit ich denken kann. So ist es ganz hilfreich, wenn ich mich vor diesen gruseligen Tieren verstecken kann!", entgegnete er. Die anderen Geister brachen in schallendes Gelächter aus: „Was, du fürchtest dich vor Ratten und Mäusen?" Das war dem Burggeist jetzt schon ein bisschen peinlich, aber es war eben die Wahrheit. „Ist es nicht so, dass sich andere Wesen vor uns Geistern fürchten sollen?", fragte ein Geist. „Das wusste ich nicht!", versuchte sich der ängstliche Burggeist noch zu verteidigen, aber niemand wollte ihm das so recht glauben. Der Obergeist wurde daraufhin ganz ernst und sagte: „Wenn du bis zu unserem nächsten Treffen nicht eine Menschenseele so sehr erschreckst, dass sie auf der Stelle in Ohnmacht fällt oder zumindest schreiend das Weite sucht, verlierst du deine Lizenz zum Spuken!" Der Burggeist wurde nun noch blasser, als er ohnehin schon war. Er nickte und verschwand.

Zu Hause auf seiner Burg wurde ihm klar, dass er Zeit seines Daseins als Geist noch nie jemanden erschreckt hatte. Das lag einfach nicht in seiner Natur. Er war ganz und gar zufrieden auf seiner Burg und wenn er keine Ratten und Mäuse sehen musste und in einer der sieben Ecken seines Turmes herumgeistern konnte, fühlte er sich so

richtig wohl. „Mein Turm hat für jeden Tag der Woche eine eigene Ecke“, dachte er oft bei sich und freute sich. „Aber jemanden erschrecken? Wie soll das denn gehen?“ Doch seine Spuklizenz wollte der Geist natürlich nicht verlieren, sonst hätte er die Burg verlassen müssen und ein anderer Geist wäre statt ihm in den siebeneckigen Turm gezogen. Das war einfach undenkbar für den lieben Geist – nun war guter Rat teuer.
Am nächsten Tag nahm er seinen ganzen Mut zusammen und versuchte, einer der kleinen Mäuse einen Schreck einzujagen. Da Montag war, versteckte er sich in der Montagsecke des Turmes und wartete, bis eine Maus vorbeikam. „Buh!“, schrie der Geist ganz laut und versuchte so schrecklich wie möglich auszusehen. Die kleine Maus krümmte sich vor Lachen und rief: „Hey, kommt alle her! Der Burggeist will anscheinend auf seine alten Tage noch das Spuken lernen!“ So schnell konnte der Geist gar nicht schauen, da versammelten sich alle Mäuse und Ratten der Burg vor ihm und starrten ihn an. Große Panik überkam den Geist, da er sich ja vor den kleinen Tieren so sehr fürchtete. Schnell machte er sich unsichtbar und huschte in die Dienstagsecke, wo er an einem Montag normalerweise nicht anzutreffen war.

Die kleine Maus hatte jedoch ein schlechtes Gewissen bekommen, weil sie ja wusste, dass der Geist so schreckhaft war und rief: „Burggeist, du brauchst keine Angst vor uns zu haben! Wir tun dir nichts!“ „Wirklich nicht?“, fragte der Geist vorsichtig. „Nein, wirklich nicht! Du bist ja aus Luft, wie sollten wir dich da beißen, zwicken oder kratzen können?“ An das hatte der Geist noch gar nicht gedacht, dass Mäuse und Geister aus unterschiedlichen Elementen bestanden. Der Burggeist machte sich wieder sichtbar und die Maus bemerkte seine traurige Miene.

„Warum schaust du denn so miesepetrig drein?“, fragte sie. „Ja, weißt du, wenn ich nicht bald einmal einen Menschen so richtig erschrecke, verliere ich meine Spuklizenz. Dann muss ich die Burg verlassen und es kommt ein anderer Geist statt mir!“ „Oh wie schrecklich!“, rief das Mäuschen und dachte daran, dass mit einem anderen Geist wohl nicht so gut Kirschen essen wäre wie mit diesem sanftmütigen Kerl hier. Schnell rief es die Mäuse und Ratten der Burg wieder zusammen und gemeinsam heckten sie einen Plan aus.

Von nun an übten sie mit dem Burggeist jeden Tag das richtige Erschrecken. Mäuse und Ratten wissen sehr gut, wie das geht, weil sich viele Menschen vor ihnen fürchten. Also waren sie die besten Lehrmeister für den Geist. Als sich der Burggeist bereit fühlte, meldete er sich beim Obergeist. Dieser kam auf Besuch und wollte ihm beim Erschrecken zusehen. Die Mäuse und Ratten führten die beiden Geister um Mitternacht zu einem Bauernhof ganz in der Nähe. Der Burggeist schlüpfte in die Schlafkammer zweier Mägde und benahm sich für seine Begriffe ganz fürchterlich. Er machte sich so groß und so sichtbar wie möglich und gab ganz gruselige Geräusche von sich: „Uuuahhh, iiiuuuwwiii, uuuaaah!“

Als die zwei Frauen erwachten und den Geist sahen, schrien sie aus Leibeskräften und liefen in ihren Nachthemden aus der Kammer. Der Geist hatte es geschafft, zwei Menschen gleichzeitig zu erschrecken, die auch noch schreiend davonliefen. Ohnmacht gab es zwar keine, aber das war ja auch nicht unbedingt Bedingung gewesen. Der Obergeist war zufrieden und der Burggeist durfte auf seiner Burg bleiben. Die Mäuse und Ratten freuten sich, dass ihnen der gute Geist erhalten blieb, und der Burggeist fürchtete sich auch nicht mehr vor ihnen und war nun richtig froh über seine neuen kleinen Freunde. Das Erschrecken machte dem Geist aber nach wie vor keinen Spaß und so machte er es sich schnell wieder gemütlich in einer der sieben Ecken seines Turms.

23 Schloss Steyregg

Charakter der Wanderung: Auf dieser trotz der Nähe zur Landeshauptstadt überaus naturnahen Rundtour erklimmen wir von Steyregg aus die bewaldeten Hänge des Pfenningbergs. Immer wieder genießen wir dabei den Ausblick über das Donautal. Vom Gipfel geht es anschließend durch den Finstergraben wieder talwärts, wo uns der Weg zum Abschluss an Schloss Steyregg vorbeiführt.

Länge	11 km (ca. 3 Std. 45 Min. Gehzeit)
Steigung	425 hm
Markierungen	*Pfenningberg-Gipfelwanderweg, 3 Buchen Weg, Steyregger Runde, tlw. unmarkiert*
Weg	Forststraßen, Wanderwege, Asphalt
Familien	Tour aufgrund der Länge und Steigung für Kinder weniger geeignet
Anfahrt	Mit dem PKW nach Steyregg, Parkmöglichkeiten beim Kindergarten südlich des Zentrums
Einkehr	Einkehrmöglichkeiten in Steyregg
Sehenswertes	Klosterkirche Pulgarn Heimatmuseum St. Georgen an der Gusen
Information	Stadtgemeinde Steyregg Weissenwolffstraße 3, 4221 Steyregg Tel.: +43 (0) 732 640155 office@steyregg.at, www.steyregg.at

Wegbeschreibung

Wir beginnen unsere Wanderung auf dem großen **Parkplatz beim Steyregger Kindergarten** nahe der alten Stadtmauer auf der Südseite des Stadtzentrums. Im Schatten eines Baums finden sich hier ein paar Rastbänke sowie die gelben Wegweiser einiger Wanderwege. Während unserer Tour orientieren wir uns an insgesamt drei der ausgeschilderten Routen, wobei wir zu Beginn der *Beschilderung des Pfenningberg-Gipfelwanderwegs* folgen.

Dazu halten wir uns zunächst entlang der Durchfahrtsstraße in westlicher Richtung, um noch vor Erreichen einer Tankstelle bei der ersten Querstraße nach rechts abzubiegen. Wir passieren einen Tennisplatz und folgen der Straße bis zu einer Kreuzung, an der wir nach links abbiegen. In der Folge spazieren wir eine Siedlungsstraße entlang, um nach einiger Zeit an einer Gabelung nach rechts die **Pfarrkirche Steyregg** anzusteuern. Auf deren Vorderseite biegen wir – hier nicht markiert – nach rechts auf eine Höhenstraße ab, der wir entlang eines Kreuzwegs bergan folgen. Inmitten einer Siedlung beschreibt die Straße eine Linkskehre und führt uns anschließend hinter den Häusern über eine Freifläche weiter den Berg hinauf. Hier bieten sich während des Anstiegs erste Ausblicke zurück auf Steyregg sowie auf das Linzer Becken.

Bald darauf erreichen wir eine weitere Siedlung, die wir in gerader Richtung durchqueren. An ihrem oberen Ende biegen wir an einer Gabelung nach links ab und sehen kurz darauf rechter Hand eine halbkreisförmige **Formation aus 13 Granitstelen** mit einem Altarstein in der Mitte – ein Schild deutet auf eine christliche Bedeutung des neu errichteten Platzes hin. Gleich dahinter biegen wir schräg nach rechts auf einen Feldweg ab, der uns in Richtung Waldrand und in weiterer Folge an diesem entlang hangaufwärts leitet. Von hier aus bietet sich ein imposanter Blick über das Linzer Becken und sein Industriegebiet. Wenig später erreichen wir ein kleines Gebäude einer lokalen Fernsehgemeinschaft, wo zwei Rastbänke zu einer Pause verleiten.

Im Anschluss folgen wir dem Waldweg weiter bergan und halten uns an einer Gabelung links. Der *rot-weiß-rot markierte* Weg wird nun etwas flacher. Bei einer weiteren Gabelung wählen wir die rechte, ansteigende Variante und folgen nach einem Rechtsbogen einem Taleinschnitt. Bei einer letzten Gabelung biegen wir mit der *rot-weiß-roten Markierung* nach links ab und überqueren ein Bächlein. Wir gewinnen weiter an Höhe, bevor wir schließlich noch ein letztes Stück entlang des Waldrands ansteigen, um am Ende nach Erreichen des höchsten Punktes den Wald hinter uns zu lassen. Wir steuern ein Gehöft an und biegen bei Erreichen eines querenden Feldwegs nach links ab. Über die Zufahrtsstraße des Bauernhofs spazieren wir in einem weiten Rechtsbogen auf die vor uns aufragende Waldkuppe des Pfenningbergs zu. Während wir bei einer ersten Güterweggabelung links abbiegen, halten wir uns bei der zweiten gleich darauf nach rechts, um erneut in den Wald einzutauchen.

Hinter dem Waldstück kommen wir schließlich zu **3-Gattern,** einem Platz am Waldrand, wo die einzelnen Wander-Beschilderungen in verschiedene Richtungen weiterführen. Wir halten uns ab sofort bis zum Gipfel an die *Beschilderung des 3 Buchen Wegs* und

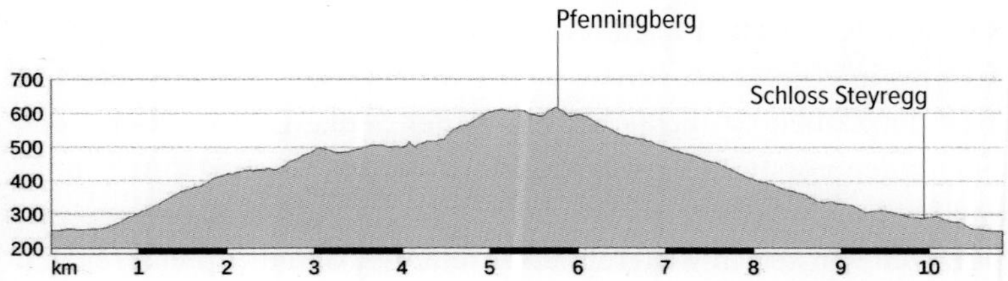

Stelen und Altarstein beim Anstieg zum Pfenningberggipfel

biegen nach links auf eine Forststraße ab. Diese führt uns in leichtem Anstieg die Abhänge des Pfenningbergs entlang. Kurz nach einer ausgeprägten Rechtskurve heißt es dann Acht zu geben und nach rechts auf einen steiler ansteigenden Wiesenpfad einzuschwenken. Dieser Wiesenweg bringt uns rasch höher, bis wir eine erste Kuppe erreichen. Dahinter wird der Weg für kurze Zeit flacher, bevor er uns auf eine breite Forststraße entlässt. Auf der anderen Seite erwartet uns ein großes Holzkreuz, welches die alte **Andachtsstätte Drei Buchen** markiert.

Wir wenden uns hier nach rechts und folgen der *Beschilderung Gipfelkreuz* in eine Senke hinab, wobei wir uns auf dem Weg dorthin an einer Gabelung rechts halten. In der Senke geht es über einen querenden Forstweg hinweg und einen letzten Anstieg durch Jungwald zum mit 616 Metern höchsten Punkt des **Pfenningbergs** empor. Den von einem weiteren Holzkreuz gekrönten Gipfel erreichen wir nach rund 2 Std. 30 Min. Gehzeit. Eine Bank ermöglicht eine erholsame Rast, wobei die Aussicht durch den Baumbestand etwas eingeschränkt ist.

Vom Gipfel kehren wir zur Senke zurück und steigen wieder in Richtung Drei Buchen an. Nun biegen wir jedoch – ab hier für einige Zeit *unmarkiert* – bereits vor Erreichen der Andachtsstätte bei der ersten Forststraßengabelung hinter der Senke nach rechts ab und folgen der Forststraße entlang eines Grabens talwärts. Zunächst links, später rechts eines Bächleins verlieren wir rasch an Höhe und gelangen nach einer Rechtskurve zu einem Schranken. Dahinter wartet eine Forststraßengabelung, an der wir neuerlich nach rechts abbiegen und weiter talwärts wandern.

Sobald wir eine weitere Gabelung erreichen, biegen wir diesmal nach links ab und haben nach kurzer Zeit eine große Forststraßenkreuzung vor uns. Ab hier erleichtern uns die *gelb-grünen Schilder der Steyregger Runde* die weitere Wegfindung. Wir nehmen an der Kreuzung die äußerste rechte Abzweigung und folgen einem weiteren Bachtal den Berg hinab. Das Seitental mündet schließlich in das **Tal des Finstergrabenbachs** ein, dem wir weiter abwärts folgen. Zuletzt geht der Schotter in Asphalt über, wir verlassen den Wald und haben das über dem Talende sowie über den Häusern von Steyregg thronende Schloss vor uns. Sobald der Güterweg in eine Siedlungsstraße einmündet, lassen wir die Beschilderung der Steyregger Runde hinter uns und biegen nach rechts ab. Wir folgen einem *wappengeschmückten roten Schild* leicht bergan die Straße entlang, biegen jedoch schon bald nach links auf die Zufahrtsstraße zum Schloss ab.

Nach ein paar Kurven sehen wir jenseits eines großen Parkplatzes **Schloss Steyregg** vor uns, das sich in Privatbesitz befindet und nur im Zuge von Veranstaltungen und privaten Events besucht werden kann. Am Beginn des Parkplatzes treffen wir auf eine weitere Zufahrtsstraße, die nach links den Hang hinabführt. Dieser folgen wir vom Schloss aus das letzte Stück hinab in Richtung Zentrum. Unten angelangt kommen wir zu einer Kreuzung, die wir vorbei an einem steinernen Brunnen in gerader Richtung überqueren. Auf der

Unbeflecktes Herz Maria
sei unsere Rettung
Heiligstes Herz Jesu
ich vertraue auf dich
1282
1982
1982

anderen Seite wartet ein Durchgang zum **Seilertor** – dem letzten erhaltenen der ursprünglich drei Stadttore von Steyregg. Entlang der alten Stadtmauer geht es zuletzt auf einem Fußweg zurück zu unserem Ausgangspunkt beim Kindergarten. Nach rund 3 Std. 45 Min. Gesamtgehzeit haben wir damit eine äußerst abwechslungsreiche Runde hinter uns gebracht, die mit ihren vielen Waldpassagen und naturnahen Plätzen die Nähe zur dicht besiedelten oberösterreichischen Landeshauptstadt überraschend leicht vergessen lässt.

Schloss Steyregg

Schloss Steyregg blickt auf eine rund tausendjährige Geschichte zurück. Als Außenposten des Herzogtums Steiermark erfolgte im 11. Jahrhundert unter Herzog Ottokar von Steyr eine Erweiterung der damaligen Festungsanlage. Später hatten die Geschlechter der Wildoner und Kuenringer die Herrschaft auf der Burg inne, gegen Ende des 13. Jahrhunderts dann Ulrich II. von Capellen. Während der Zeit der Liechtensteiner im 15. und 16. Jahrhundert wurde Steyregg zur Stadt erhoben. Eine Blütezeit erlebte Steyregg unter dem Geschlecht der Jörger von 1581 bis 1631. Es erfolgte ein Ausbau des Schlosses im Renaissancestil und ergänzend zur katholischen Kapelle wurde – da die Jörger Protestanten waren – ein protestantisches Bethaus errichtet.

Auf die Jörger folgte das Geschlecht der Ungnad von Weissenwolff, während deren Herrschaft zwei Brände gegen Ende des 18. Jahrhunderts große Teile des Schlosses vernichteten. Fortan diente das Neue Schloss am Fuße des Schlossbergs als Wohnsitz und das Alte Schloss verlor seine bisherige Bedeutung.

Auf die Weissenwolffs folgte die Familie Thurn und Taxis, von der der Besitz schließlich auf die Familie Salm-Reifferscheidt überging. Im Zweiten Weltkrieg wurde Schloss Steyregg durch Bombenabwürfe der Alliierten stark in Mitleidenschaft gezogen. Dabei wurde auch das Neue Schloss am Fuße des Schlossbergs vollkommen zerstört.

Seit 2009 führt Niklas Salm-Reifferscheidt in nunmehr dritter Generation der Familie die Forst- und Gutsverwaltung Steyregg. Das Schloss wurde aus privaten Mitteln umfassend saniert und dient heute auch als Veranstaltungsort für Hochzeiten und Feste.

Wissenswertes rund um das Schloss

Die Schlosskapelle als Herzstück von Schloss Steyregg ist dem heiligen Johannes geweiht. Sie wurde im 17. Jahrhundert barockisiert, bei Renovierungsarbeiten konnten jedoch auch gotische Fresken aus dem 14. Jahrhundert freigelegt werden.

Schloss Steyregg war schon früher ein Ort des Wissens, der Kunst und Kultur und beherbergte auch berühmte Persönlichkeiten wie Kaiserin Maria Theresia. Franz Schubert musizierte hier, Johannes Kepler nutzte die umfangreiche Bibliothek und große Künstler wie William Turner und Franz Alt wählten das Schloss als Motiv.
Aus der Familie der heutigen Schlossbesitzer sind im Hinblick auf die österreichische Geschichte zwei Namen von besonderem Interesse. Heerführer Niklas Graf von Salm verteidigte Wien 1529 erfolgreich gegen die Türken. Ein Denkmal im Wiener Rathauspark sowie die Wiener Salmgasse erinnern noch daran. Franz II. Xaver von Salm-Reifferscheidt wiederum finanzierte die Großglockner-Erstbesteigung im Jahr 1800.

Sagenreiches

Eine Geschichte, die sich Mitte des 18. Jahrhunderts zugetragen haben soll, handelt von einer Wirtin in Steyregg. Das Gasthaus *Zum Stadtturm* wurde von der *Wagenlehnerin* sehr erfolgreich geführt – das gefiel einigen Leuten nicht und sie wurde der Hexerei bezichtigt. Aus Wut darüber verwünschte die *Wagenlehnerin* die örtliche Bäckerfamilie, die daraufhin von mehreren Unglücksfällen heimgesucht wurde. Die Steyregger mieden in der Folge das Gasthaus der vermeintlichen Hexe, doch zu einem Hexenprozess kam es vorerst nicht.
Die vom Unglück verfolgte Bäckersfrau beschloss, sich mit der *Wagenlehnerin* wieder zu versöhnen. Die Wirtin verlangte von ihr als Wiedergutmachung die Vermittlung einer Heirat, damit ihr

guter Ruf wieder hergestellt wäre. Bald darauf fand eine arrangierte Hochzeit im Wirtshaus statt. Einer der Hochzeitsmusiker behauptete während des Festmahls, dass er die Wirtin dabei gesehen hätte, wie sie einen Hexenspruch verwendete, um aus einem Rührfass Unmengen an Butter zu gewinnen. Jetzt wollten die Festgäste plötzlich nichts mehr essen und auch dem Bräutigam wurde ganz anders! Die Wirtin wurde als Teufelsdirne bezeichnet und die Hochzeitsfeier platzte.

Am nächsten Tag gab es einen schlimmen Sturm in Steyregg. Es wurde behauptet, man habe die Wirtin mit einer Heugabel durch die Lüfte fliegen sehen. Die *Wagenlehnerin* wurde festgenommen, gefoltert und als Hexe verbrannt. Auf dem Scheiterhaufen soll sie das herrschende Geschlecht der Weissenwolffer verwünscht und einen Brand auf der Burg Steyregg prophezeit haben. Genau so war es dann auch – die Burg brannte ab und wurde später noch einmal vom Feuer zerstört. Die *Wagenlehnerin* soll bis heute keine Ruhe gefunden haben. Es heißt, dass sie noch immer in Steyregg herumgeistert.

Verbindung zu Japan

Die Familie Salm-Reifferscheidt hat eine ungewöhnliche Verbindung zu Japan. Der Urgroßvater des derzeitigen Schlossherrn war früher japanischer Außenminister. Schloss Steyregg beherbergt aus diesem Grund noch heute eine bedeutende Japansammlung aus dessen Nachlass.

Der besondere Bezug dieses altehrwürdigen Schlosses zu Japan hat mich zu einem Märchen inspiriert. In Japan hat der Mond noch eine weit größere kulturelle Bedeutung als bei uns. Doch egal wo auf der Welt man sich befindet – der Mond ist für alle sichtbar und verbindet die Menschen auf eine einzigartig himmlische Weise.

Die Rückseite des Mondes

Es war einmal … eine junge Frau, die war sehr verliebt. Ihr Liebster war in den Krieg gezogen und schon viele Monde waren sie voneinander getrennt. Doch noch vor ihrer Trennung hatten sie einander versprochen, bei jedem Vollmond zur gleichen Zeit den Mond anzublicken und aneinander zu denken.

Die junge Frau dachte natürlich auch sonst sehr oft an ihren Liebsten, aber bei Vollmond wusste sie, dass sich ihre Blicke zur selben Zeit am Mond trafen und das gab ihr immer wieder Hoffnung auf ein Wiedersehen. Das letzte Lebenszeichen in Form einer Ansichtskarte war schon ein paar Monate her und seitdem hatte sie nichts mehr von ihrem Geliebten gehört. Ob er noch lebte? Sie wusste es nicht. Der nächste Vollmond nahte und wieder war es das Mondritual, das der jungen Frau Kraft gab.

In jener Nacht träumte die Frau einen sonderbaren Traum. In diesem kam die Mondfee zu Besuch, um ihr von ihrem Liebsten zu berichten. Es gehe ihm gut und er schreibe jeden Tag einen Liebesbrief, doch leider kamen die Briefe nie an, denn sie würden an der Grenze abgefangen. Aber es gab noch eine weitere Möglichkeit, den Inhalt der Briefe in Erfahrung zu bringen. Denn was die Menschen bis jetzt noch nicht wussten, das verriet die Mondfee der liebenden Frau in jener Nacht. Alle verloren geglaubten Dinge, die etwas mit der Liebe zu tun hatten, befanden sich in Wahrheit auf der Rückseite des Mondes. Die Rückseite des Mondes ist die erdabgewandte Seite, die wir niemals im Leben zu Gesicht bekommen. Doch auch die Rückseite des Mondes wird von der Sonne hell erleuchtet, nämlich dann, wenn bei uns Neumond herrscht.

Als die junge Frau am nächsten Tag aufwachte, fiel ihr der sonderbare Traum wieder ein. Die Briefe ihres Geliebten waren also auf der Rückseite des Mondes gelandet. Aber wie sollte sie nur dorthin gelangen? In der nächsten Nacht wünschte sie sich nichts sehnlicher, als im Traum die Rückseite des Mondes zu besuchen und kaum war sie eingeschlafen, flog sie gemeinsam mit der Mondfee genau dorthin.

Die Rückseite des Mondes war übersät mit verlorenen Eheringen, gravierten Kettchen, Ohrringen, Liebesgaben aus allen Kulturen der Erde und ganzen Bergen von Liebesbriefen. Die Mondelfen verwalteten die vielen verloren geglaubten Dinge und wussten genau, wo sich die gesuchten Briefe befanden. Und wirklich, der Geliebte hatte jeden Tag einen Brief an sie verfasst. Was für eine Freude, diese Zeilen jetzt endlich lesen zu dürfen. Doch bald war die Zeit abgelaufen und die Frau musste die Rückseite des Mondes wieder verlassen.

Als die junge Frau am nächsten Morgen erwachte, erlebte sie eine freudige Überraschung: In ihrem Schlafzimmer fand sie nun all jene Liebesbriefe, die sie am Mond nicht mehr hatte lesen können. Die Mondelfen waren es gewesen, die zur Erde geflogen kamen, um die liebevollen Zeilen jenem Menschenkind zuzutragen, für das sie bestimmt waren.

Einige Monate später kam schließlich auch der Liebste selbst wieder heil aus dem Krieg zurück. Von nun an blickten sie in jeder Vollmondnacht gemeinsam zum Mond und freuten sich über ihre Zweisamkeit. Und so lebten die beiden glücklich und zufrieden bis an ihr Lebensende!

24 Schloss Waldenfels

Charakter der Wanderung: Unsere Runde zum Schloss Waldenfels führt uns vom Kräuterwirt Dunzinger zunächst entlang von Wiesen und Feldern, später durch Waldstücke und entlang des Kettenbachtals nordwärts zu unserem Ziel in Reichenthal. Ebenso abwechslungsreich geht es anschließend über Feld- und Waldwege in einem Bogen wieder zurück zu unserem Ausgangspunkt.

Länge	8,5 km (ca. 2 Std. 30 Min. Gehzeit)
Steigung	180 hm
Markierung	*Vom Herrensteig zur Höll*
Weg	Feld- und Forstwege, Wanderwege, Asphalt
Familien	Tour auch für ausdauernde ältere Kinder geeignet
Anfahrt	Mit dem PKW auf der B38 nach Guttenbrunn in der Mitte zwischen Freistadt und Bad Leonfelden, ein wenig westlich vom kleinen Flugplatz Freistadt. Parkmöglichkeiten direkt beim Kräuterwirt Dunzinger
Einkehr	Kräuterwirt Dunzinger (kraeuterwirt.at) Einkehrmöglichkeiten in Reichenthal
Sehenswertes	Museums- und Mühlendorf Reichenthal (www.muehlenverein.at) 7-Todsünden-Kanzel in der Pfarrkirche Reichenthal
Information	Gemeinde Hirschbach im Mühlkreis Museumsweg 5, 4242 Hirschbach im Mühlkreis Tel.: +43 (0) 7948 8701-0 gemeinde@hirschbach.ooe.gv.at www.hirschbach.ooe.gv.at

Wegbeschreibung

Wir beginnen unsere Rundwanderung beim großen Parkplatz vor dem Anwesen des **Kräuterwirts Dunzinger** südlich der Böhmerwald Straße B38. Unter den von hier startenden markierten Wanderungen befindet sich auch jene, an der wir uns während der gesamten Tour orientieren werden: *Vom Herrensteig zur Höll.*

Vom Parkplatz aus wenden wir uns zunächst in Richtung Kräuterwirt und steuern den rechter Hand neben den Gebäuden liegenden Spielplatz an. Es geht rechts an diesem vorbei auf ein weiteres Anwesen zu. Hier lässt uns die Markierung wiederum nach rechts auf einen Feldweg abbiegen, dem wir in weiterer Folge entlang einer Strauchreihe in einem Rechtsbogen nach Norden folgen. Nach kurzer Zeit zweigt bei einer Rastbank ein Weg nach links ab, wir halten uns jedoch – angezeigt durch eine Schlossmarkierung – weiterhin rechts. Wir halten auf ein Gewerbegebiet zu und gelangen zur B38, die wir geradeaus überqueren.

Hinter der Bundesstraße geht es anschließend in ein kleines Waldstück hinein, das wir zum anderen Ende hin durchqueren. Hier treffen wir auf einen Forstweg, auf dem wir nach rechts abbiegen. Nahe der Abzweigung finden wir auch eine der zahlreichen gelben Beschilderungen, die uns während der gesamten Tour immer wieder auf interessante Aspekte zu regionalen historischen Themen hinweisen. Wir verlassen das Wäldchen und gelangen auf einem Feldweg zu einer Gabelung beim sogenannten **Übermaßerhof,** dessen Name sich wahrscheinlich von seiner schon zu früheren Zeiten beachtlichen Größe herleitet.

An der Feldweggabelung beim Übermaßerhof biegen wir nach links ab und halten uns an der gleich darauffolgenden zweiten Gabelung wiederum links. Es geht nun durch die Felder über eine sanfte Kuppe hinweg, hinter der wiederum ein Waldstück sowie der Weiler Leiten auftauchen. Noch bevor der Weg in einer Linkskurve zu den Häusern hinabführt, zweigen wir mit der Markierung nach rechts auf einen Waldpfad ab. Dieser bringt uns im Wald tiefer zu einer Forstweggabelung, an der wir rechts abbiegen. Dabei steuern wir auf den Waldrand zu, biegen jedoch noch vor dessen Erreichen wieder nach links ab und lassen uns vom Forstweg weiter abwärts durch den Wald leiten. Schließlich erreichen wir eine Abzweigung, bei der wir rechts abbiegen und so bald eine Bachsenke erreichen. Jenseits der Senke steigen wir wieder ein kurzes Stück bergan und gelangen hinter einer Kurve an den Waldrand, wo uns ein sonniges Rastplätzchen erwartet.

Nach einer verdienten Pause biegen wir gleich hinter der Rastbank wieder nach links in den Wald ab. Schon nach kurzer Zeit heißt es mit der Markierung scharf nach rechts abzubiegen und dem Pfad noch einmal tiefer bis zu einem weiteren Bachgraben zu folgen, den

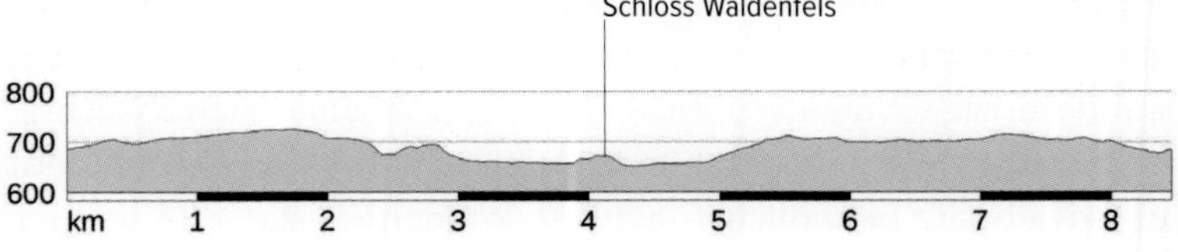

Im Mühlendorf Reichenthal

wir überqueren. Dahinter geht es auf einem Forstweg nach links wenige Meter abwärts, bevor wir nach rechts auf einen Wanderweg einschwenken. Dieser führt uns – bald wieder als breiterer Forstweg – entlang der **Talsenke des Kettenbachs** nach Norden. Wir befinden uns nun in der **Höll**, die ihren Namen wohl von der hier früher befindlichen undurchdringlichen Waldwildnis ableitet. Auf unserem weiteren Weg entlang des Kettenbachs begegnen uns zudem zahlreiche Stationen eines der in den letzten Jahren immer populärer werdenden 3D-Bogenparcours.

Auf dem Forstweg kommen wir bald darauf zu einer Abzweigung, an der wir später ostwärts aus dem Tal aufsteigen werden. Zunächst folgen wir jedoch weiter dem Lauf des Kettenbachs und erreichen so schließlich das **Mühlendorf Reichenthal.** Hier biegen wir gleich zu Beginn nach rechts durch einen hölzernen Torbogen ab und steigen über eine kurze Treppe zu einem Wanderweg hinauf. Auf diesem wandern wir schräg nach links bergan. Nach einer letzten Rechtskurve haben wir dann nach rund 1 Std. 15 Min. Gehzeit mit dem in Privatbesitz befindlichen **Schloss Waldenfels** das Ziel unserer

Tour erreicht. Entlang der Straße spazieren wir anschließend vom Schloss aus ein kurzes Stück nach links hinab zum **Schlossteich.** Hier biegen wir über eine Brücke neuerlich nach links ab und gelangen so wieder zum liebevoll restaurierten und mit zahlreichen interessanten Exponaten ausgestatteten Mühlendorf, das definitiv eine nähere Besichtigung wert ist.

Wir durchqueren das Mühlendorf in südlicher Richtung und folgen am Ende jenem Forstweg durch das Tal, über den wir ursprünglich gekommen sind. Schon bald kommen wir jedoch zur bereits erwähnten Abzweigung, an der wir nun nach links abbiegen und entlang eines Grabens aus dem Kettenbachtal aufsteigen, wobei wir uns bald an einer Gabelung neuerlich links halten. Weiter oben überqueren wir eine Forststraße und biegen wenige Meter weiter hinter einem Teich nach rechts ab. Der Pfad beschreibt kurz darauf einen Linksbogen und bringt uns aus dem Wald heraus. Am Waldrand verläuft ein Feldweg und wir halten uns hier rechts, um südlich der Häuser von **Schöndorf** ein weiteres Wäldchen anzusteuern, wobei wir uns bis dorthin an Weggabelungen drei Mal links halten.

Das Waldstück wird von uns in wenigen Minuten geradeaus durchquert. Dahinter folgen wir dem Weg durch die Felder und halten dabei neuerlich auf einen Wald zu. Noch bevor wir diesen erreichen, biegt unser Weg jedoch an einer Gabelung nach rechts ab, um uns schließlich doch noch in das Waldstück hineinzuführen. Auch dieses Wäldchen ist nicht besonders groß und so haben wir wiederum rasch das andere Ende erreicht. Dahinter warten eine Feldwegpassage und ein weiteres Waldstück, wobei der Weg nun am Waldrand entlangführt. So gelangen wir zum schon bekannten **Übermaßerhof.** Wir biegen hier nach links ab und passieren das **Rote Kreuz,** bevor wir auch den Hof selbst hinter uns lassen.

Über die Zufahrtsstraße wandern wir vorbei an einem Fischteich kurz nach Osten, biegen jedoch schon nach wenigen Metern nach rechts auf einen Wiesenweg ein, der uns in einen Wald führt. Im Wald überwinden wir einen kleinen Hügel, um bei der dahinterliegenden Gabelung nach rechts abzuzweigen. In einem Linksbogen gelangen wir auf die Südseite des Schoberbergs, von wo uns der Weg zur B38 zurückbringt. Wir überqueren diese und tauchen ein letztes Mal in ein Waldstück ein. Unweit des kleinen Freistädter Flugplatzes verlassen wir den Wald und biegen nach rechts ab, um vorbei an einem Fischteich nach rund 2 Std. 30 Min. Gesamtgehzeit unseren Ausgangspunkt beim **Kräuterwirt** anzusteuern. Hier bietet sich nach einer nicht allzu langen, aber trotzdem mit zahlreichen kulturhistorischen Orten und landschaftlich schönen Naturwegen aufwartenden Runde die Gelegenheit, auch das leibliche Wohl nicht zu kurz kommen zu lassen.

Schloss Waldenfels

Die ursprünglich an dieser Stelle errichtete Burg wurde nach Überlieferungen um 1290 von den Brüdern Heinrich und Eberhard von Wallsee als Wehranlage zur Sicherung der Handelswege im Mühlviertel erbaut und 1380 erstmals urkundlich erwähnt. Weitere Geschlechter auf der Burg waren die Starhemberger, die Plankensteiner und die Polheimer.

Im 16. Jahrhundert wurde um die Reste der mittelalterlichen Burganlage ein Renaissanceschloss errichtet. Die felsige Lage bestimmte das Erscheinungsbild des Bauwerks. 1636 erwarb Konstantin Grundemann von Falkenberg, der Vizedom (Chef der Finanzverwaltung) von Oberösterreich, in der Zeit der Gegenreformation das Schloss und dieses blieb bis heute im Familienbesitz. Im 17. Jahrhundert begann die Barockisierung des Renaissanceschlosses. Besonderheiten aus dieser Zeit sind die *Sala terrena* im Turniergarten und der Brunnen im Arkadenhof.

Im Zweiten Weltkrieg wurde das Schloss vom „Reichsarbeitsdienst“ und danach von den russischen Besatzern als Kaserne und Lazarett genutzt. Im Zuge der russischen Besatzung kam es zu Plünderungen und viele Einrichtungsgegenstände wurden zerstört.
Schloss Waldenfels vereint heute mehrere Epochen, wobei vor allem das Mittelalter, die Renaissance und die Zeit des Barock für den

Ausblick am Beginn unserer Rundwanderung

Bau prägend waren. Die enge Verbindung zwischen der Gemeinde Reichenthal und dem Schloss kommt auch im Gemeindewappen mit dem Jagdfalken der gräflichen Familie zum Ausdruck. Zur Herrschaft Waldenfels gehörten einst auch ein Brauhaus und einige Handwerksbetriebe.

Ein Detail am Rande: Der heutige Schlossherr ist angeblich mit dem im 15. Jahrhundert lebenden walachischen Herrscher Vlad III. Drăculea verwandt, der Bram Stoker als Inspiration für seine Vampirfigur im Roman *Dracula* gedient haben soll.

Das Schloss entdecken

Schlossführungen werden für Gruppen ab 10 Personen auf Anfrage angeboten. Durch das Schloss führt der Schlossherr Dominik Grundemann-Falkenberg persönlich. Die Führung umfasst den Arkadenhof mit Barockbrunnen, den Uhrturm, die Kapelle, den Turniergarten (in dem niemals ein Turnier stattfand) sowie die barocke *Sala terrena*. Auf Schloss Waldenfels kann man auch heiraten und Feste feiern. Nähere Infos unter www.waldenfels.at.

Der Teich unterhalb des Schlosses ist malerisch anzusehen und könnte durchaus einer Nixe gefallen. Wer weiß, vielleicht wohnt ja bereits eine hier und freut sich darüber, wenn sie in einem Märchen vorkommt?

Die kleine Nixe im Schlossteich

Es war einmal … eine kleine Nixe, die lebte in einem Schlossteich. Sie war sehr neugierig und tollte den ganzen Tag mit ihren Freunden, den Fischen, unter Wasser herum. Eines Tages hörte die Nixe das Weinen eines Mädchens, das auf dem kleinen Holzsteg des Schlossteichs stand. Das Lieblingsstofftier – der Hase Hoppel – war ins Wasser gefallen und nun weinte die Kleine bitterlich. Es war Herbst und das Wasser war zu kalt, um den Stoffhasen zu retten. Die Eltern versuchten, ihre Tochter zu trösten, doch das kleine Mädchen wollte den Kuschelhasen nicht so schnell aufgeben.
Die Nixe hatte alles mitangesehen, doch durfte sie sich den Menschen nicht zeigen, denn sonst wären die silbernen Schuppen ihres Fischschwanzes auf der Stelle schwarz geworden. Aus diesem

Grund kann man bei Tageslicht keine Nixen sehen, nur im Licht des Vollmondes können Nixen gefahrlos auftauchen.
Doch zurück zur Notsituation am Schlossteich: Der Stoffhase trieb mittlerweile schon weiter draußen auf dem Teich und die kleine Nixe kam auf eine gute Idee. Sie rief nach ihrem Freund Karl, dem Karpfen, der gerade fröhlich am Grund des Sees nach Futter suchte: „Karl, wo bist du? Ich brauche deine Hilfe!"
Karl war schon ein sehr alter Fisch und etwas schwerhörig. Es dauerte eine Weile, bis Karl bei seiner Freundin, der kleinen Nixe, angeschwommen kam.
„Wie kann ich dir helfen, kleine Nixe?" „Schau, da oben auf der Wasseroberfläche schwimmt ein Stoffhase von einem kleinen Mädchen. Kannst du den Hasen bitte ans Ufer zurückbringen? Dort wartet nämlich das Mädchen und weint bitterlich!", antwortete die Nixe. „Wenn es weiter nichts ist!", meinte Karl, denn er war ein sehr freundlicher Fisch und half gerne.
Die Eltern wollten ihre Tochter gerade dazu überreden, nach Hause zu gehen. Doch das Mädchen weigerte sich, den Schlossteich zu verlassen. Es ließ den Stoffhasen nicht aus den Augen. Plötzlich sah das Kind, dass sich der Hase bewegte und sich dem Ufer des Schlossteichs näherte. „Mama, Papa, schaut, Hoppel kann schwimmen, er kommt zu mir zurück!"
Die Eltern konnten es kaum glauben, aber das Stofftier schwamm wirklich ganz langsam in ihre Richtung und landete genau an einer Stelle am Ufer, die seicht war. „Halt!", rief die Mutter, „du holst dir noch nasse Füße!" Die Eltern retteten gemeinsam mit dem Mädchen den Hasen und alle freuten sich, dass er zurückgekommen war.
Und der liebe Karpfen Karl freute sich auch, dass er etwas Gutes hatte tun können und die kleine Nixe war glücklich, weil das Mädchen nicht mehr weinte.

Ab diesem Zeitpunkt kam das Mädchen immer wieder gerne zum Schlossteich, weil es ahnte, dass Wasserwesen ihren Hasen gerettet hatten. Ihren Stoffhasen Hoppel hielt sie bei jedem Besuch ganz fest, damit er auch ja nicht mehr ins Wasser fallen würde!

Burgruine Waxenberg

Charakter der Wanderung: Von Oberneukirchen aus führt uns diese Rundwanderung durch eine hügelige Wald- und Wiesenlandschaft nach Waxenberg. Hier geht es vorbei an Schloss Waxenberg hinauf zur imposanten Burgruine mit ihrem aussichtsreichen Bergfried. Entlang des Mittellandwegs kehren wir anschließend wieder nach Oberneukirchen zurück.

Länge	9,5 km (ca. 3 Std. 15 Min. Gehzeit)
Steigung	370 hm
Markierungen	*3-Burgenweg, Mittellandweg (Wegnummer 150)*
Weg	Feld- und Forstwege, Asphalt, Wanderwege
Familien	Tour auch für ausdauernde ältere Kinder geeignet
Anfahrt	Mit dem PKW nach Oberneukirchen, Parkmöglichkeiten im Ortszentrum
Einkehr	Einkehrmöglichkeiten in Waxenberg und Oberneukirchen
Sehenswertes	Kulturhaus Schnopfhagen (www.schnopfi.com) Bienenmuseum Zwettl an der Rodl (www.zwettl-rodl.at/Bienenmuseum)
Information	Marktgemeinde Oberneukirchen, Marktplatz 43, 4181 Oberneukirchen, Tel.: +43 (0) 7212 7055 gemeinde@oberneukirchen.ooe.gv.at www.oberneukirchen.at

Wegbeschreibung

Wir beginnen unsere Wanderung an der Turmseite der P**farrkirche von Oberneukirchen.** Dabei orientieren wir uns während des ersten Tour-Abschnitts bis Waxenberg an dem mit einem kleinen weißen Schild sowie mit einem *roten Punk*t markierten *3-Burgenweg.* Dazu folgen wir zunächst der Siedlungsstraße vorbei an einer alten Linde westwärts bis zur **Volksschule.** Hier zeigen uns mehrere Wanderschilder an, nach rechts zwischen zwei Häusern auf einen Wiesenpfad abzubiegen.

Burgruine Waxenberg

Der Pfad bringt uns einen Hang hinab zu einem Waldstück. Dort führt uns der Weg anschließend weiter abwärts bis zu einer Bachsenke. Jenseits des Grabens steigen wir wieder ein Stück bergan bis zu einer Forstwegkreuzung. Wir überqueren die Kreuzung in gerader Richtung und kurz darauf geht es neuerlich längere Zeit abwärts bis zu einer querenden Forststraße, die uns entlang einer Senke nach links aus dem Wald herausführt.

Am Waldrand erreichen wir einen kleinen Weiler. Wir überqueren einen Güterweg und steigen auf der rechten Seite eines Hauses entlang eines Wäldchens in einem Bogen einen Hang hinauf. Bald wird der Feldweg flacher und steuert auf ein liebevoll gestaltetes **Steinbloß-Marterl** zu. Dahinter folgen wir einem Weg nach rechts einen Waldrand entlang. Kurz darauf schwenkt der Güterweg nach rechts und zieht bergan auf die Häuser von **Amesschlag** zu. In der Ortschaft angelangt biegen wir auf der Ortsdurchfahrt nach links ab und folgen dieser vorbei am Feuerwehrhaus und dahinter an einer Gabelung in gerader Richtung bis fast ans Ende des Dorfes. Hinter

einem verlassenen Bauernhaus zweigen wir dann, noch bevor der Güterweg zu einem letzten Anwesen hinaufzieht, nach links auf einen Feldweg ab.

In mehreren Windungen führt uns der Feldweg auf ein Waldstück zu, wo sich der Weg gabelt. Wir biegen nach rechts ab und wandern in der Folge stetig geradeaus und sanft bergan durch den Wald. Zuletzt haben wir dann das andere Ende des Waldes erreicht und kommen zu einem Feldweg, der uns weiterhin geradeaus entlang einer Trockenmauer bis zu einem Anwesen bringt. Wir biegen hier auf einem Güterweg nach links ab und spazieren durch die Ortschaft **Punzing** bis zu einer Gabelung mit einer Rastbank unter einer Birke, an der wir rechts abbiegen. Es geht ein kurzes Stück abwärts bis zu einer weiteren Gabelung an der Ortstafel von Waxenberg, an der wir uns rechts halten und rechts von einer Baumreihe ein paar Häuser ansteuern. Hier heißt es dann Acht zu geben, denn wir biegen bei einer Rechtskurve gleich hinter dem ersten Haus nach links auf einen kurzen Pfad ab, der uns durch ein Wäldchen abwärts bis zu einer weiteren Siedlungsstraße bringt. Auf dieser wenden wir uns nach rechts, um bei den beiden folgenden Gabelungen jeweils nach links abzubiegen und so das Zentrum von **Waxenberg** zu erreichen. Bei der Hoftaverne Atzmüller halten wir uns nach rechts und sehen rechter Hand **Schloss Waxenberg** samt der ehemaligen Schlosskapelle und nunmehrigen Pfarrkirche.

Vom Schloss aus folgen wir der Straße noch ein Stück weiter bis zu einer Kehre, von der aus wir nach rund 1 Std. 45 Min. Gehzeit den Anstieg zu der auf einem Hügel thronenden **Burgruine Waxenberg** beginnen. An der Gabelung gleich zu Beginn halten wir uns an den mittleren Aufstiegsweg und gelangen so über einen Wiesenpfad zunächst zum abgesondert platzierten Wehrturm der Burganlage. Dahinter folgen wir dem Weg in einem Linksbogen hinauf zur Burgruine, die mit einem Außen-Rundgang auf Metalltreppen und -brücken, einem tollen Panoramablick vom Bergfried sowie mit zahlreichen Informationstafeln und sogar einer kleinen Turmausstellung aufwarten kann. Für die Besichtigung wird um eine freiwillige Spende zum Zweck der Erhaltung der Anlage ersucht.

Von der Burg aus steigen wir wieder hinab zur Straßenkehre und folgen – uns ab sofort bis zum Ende der Tour an der *Beschilderung des Mittellandwegs (Wegnummer 150)* orientierend – der Ortsstraße in einem Rechtsbogen weiter abwärts. Hinter dem Freibad von Waxenberg zeigt uns die Beschilderung an, nach links bergan in eine Nebenstraße abzubiegen. Diese führt uns vorbei an ein paar Häusern zu einem Waldstück. Ab hier geht es entlang *rot-weiß-roter Markierungen* auf einem Forstweg bis zum anderen Ende des Wäldchens. Hier folgen wir dem Pfad ein kurzes Wiesenstück entlang des Waldrands nach links bergan bis zu einem Güterweg, auf dem wir uns ebenfalls nach links wieder in den Wald hineinbewegen.

Wir folgen einer Rechtskurve bergauf und verlassen bald darauf neuerlich das Waldstück. So kommen wir zu einer kleinen Siedlung, bei der wir an einer Gabelung nach rechts abbiegen. Am unteren Ende der Häuser folgen wir dann einem Feldweg weiter abwärts.

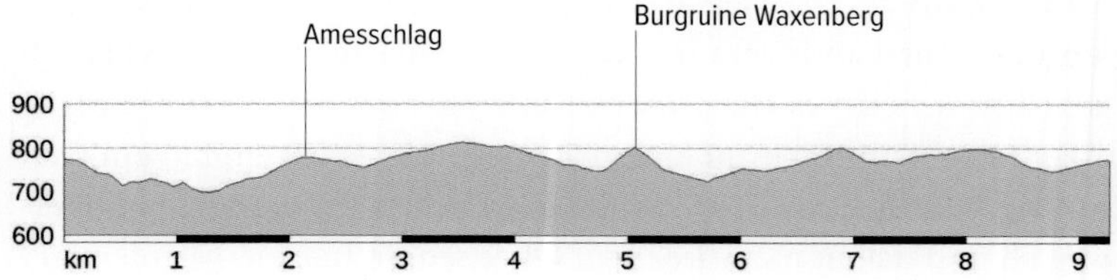

Ausblick von der Burgruine Waxenberg

Nach wenigen Metern gabelt sich bei einer Baumreihe der Weg. Wir halten uns auf der linken Seite der Bäume, bis wir am unteren Ende der Baumreihe den Feldweg verlassen und scharf nach links auf einen Wiesenpfad einschwenken, der wiederum links von einer weiteren Baumreihe stetig am unteren Rand einer großen Wiese entlangführt. Schließlich biegt der Pfad nach rechts in den Wald hinein ab und wir überqueren einen kleinen Bachlauf, um dahinter einem Forstweg nach links aus dem Wald heraus zu folgen.

Es geht nun auf einem Güterweg leicht bergan und geradeaus über eine Kreuzung hinweg. Dahinter führen uns ein Feldweg und anschließend ein schmaler Wiesenpfad zwischen den Häusern einer Siedlung hindurch. Zuletzt biegt der Pfad nach links ab und wir kommen zur Landesstraße, der wir wenige Meter nach rechts folgen. Dann heißt es die Landesstraße zu überqueren, um entlang einer Obstbaumreihe auf einem ansteigenden Wiesenpfad ein paar Häuser anzusteuern. Hier biegen wir nach rechts auf einen Güterweg ab und halten nun direkt auf Oberneukirchen zu. Nach einiger

Zeit senkt sich der Güterweg in der **Ortschaft Königsberg** zu einer Straßengabelung ab. Hier wählen wir die rechte Abzweigung und legen beim anschließenden Anstieg nach rund 3 Std. 15 Min. Gesamtgehzeit die letzten Meter zu unserem Ausgangspunkt in **Oberneukirchen** zurück.

Burgruine Waxenberg

Die Burganlage Waxenberg mit Aussichtsturm sowie einem Hunger- beziehungsweise Wehrturm ist noch heute das Wahrzeichen der Gemeinde. Waxenberg war einst eine der größten Herrschaften im Mühlviertel und reichte von der Donau bis zur böhmischen Grenze sowie vom Haselgraben bis zur Großen Mühl.

Die Burg wurde kurz vor 1300 errichtet und befand sich bis 1614 im landesfürstlichen Besitz der Herzöge von Österreich. Die Grafschaft Waxenberg gehörte zu dieser Zeit als Kammergut den Habsburgern und wurde als Lehen an verschiedene Adelsgeschlechter vergeben. Lehens- und Pfandherren waren die Wallseer, die Schallenberger, die Liechtensteiner, die Trauner, die Jörger und die Rabenhaupter. Um 1594 wurde die Burg auch als Fluchtburg für die umliegende Bevölkerung genutzt. 1614 kaufte Christoph von Gera die Burganlage um 330 000 Gulden. Im Oberösterreichischen Bauernkrieg wurde die Burg 1626 eingenommen und erlitt schwere Schäden. Der Protestant Erasmus III. von Gera musste seine Besitztümer 1647 an die Starhemberger verkaufen.

Nach einem Blitzschlag im Jahr 1756 verfiel die Burg immer mehr. Die Starhemberger verlegten ihren Sitz auf das rund 200 Meter entfernte Schloss Waxenburg, das bereits im 17. Jahrhundert (höchstwahrscheinlich) von Erasmus von Gera erbaut wurde. Burg und Schloss sind bis heute im Besitz der Familie Starhemberg. Deren Vorfahre Ernst Rüdiger Graf von Starhemberg kämpfte im Jahr 1683 als Kommandant der Stadt Wien erfolgreich gegen die türkische Armee.

Altes und neues Schloss Waxenberg

Wann und von wem das alte Schloss Waxenberg errichtet wurde, ist nicht bekannt. Sicher ist, dass es das zweigeschossige hufeisenförmige Schloss bereits 1674 gab, da es auf einem Stich aus diesem Jahr verewigt wurde. Im Schlosshof befindet sich immer noch ein Brunnen, der aus dem 17. Jahrhundert stammt. Vor dem Schloss steht ein weiterer Brunnen aus dem Jahr 1776. Die Schlosskapelle, die seit 1785 als Pfarrkirche dient, ist dem heiligen Josef geweiht.

Eine Sage erzählt von einem Schlossgeist im alten Schloss, der vom Turmwärter und seiner Frau erlöst wurde, da die beiden täglich ein Vaterunser für die arme Seele beteten. Eines Tages erschien das Gespenst in Form einer Frau, die sich für das Vaterunser Beten bedankte, danach verschwand sie und fand endlich ihren Frieden.

Von 1905 bis 1910 wurde nördlich des alten Schlosses ein neues – ebenfalls hufeisenförmiges – Schloss erbaut, das als Verwaltungs- und Wirtschaftsgebäude diente. Baulich interessant ist hier der Rittersaal, dessen wertvolle alte Schnitzdecke aus dem Schloss Eschelberg stammt. Schloss Waxenberg wird heute für kulturelle Veranstaltungen genutzt.

Land- und Blutgericht Waxenberg

Die Erhebung des Landgerichts Waxenberg zur Grafschaft erfolgte 1306. Dieses Landgericht zählte zu einem der wichtigsten und ältesten im Mühlviertel. Die Bestrafungen waren damals hart und reichten von Prügelstrafen bis zum Tod durch das Schwert oder den Strick. In Oberneukirchen gab es dazu einen Galgenbühel, wo Hinrichtungen durchgeführt wurden. Darüber hinaus gab es viele weitere grausame Todesarten. Das gefürchtete Land- und Blutgericht Waxenberg wechselte schließlich um 1650 seinen Standort und wurde von der Burg in das neu errichtete Schloss verlegt. Zu jener Zeit wurden wohl auch die beiden Gerichtslinden gepflanzt, die heute noch vor dem Schloss stehen und zum Naturdenkmal erklärt wurden.

Aussichtsturm und Museum

Kommen wir wieder zurück zur Burg Waxenberg. Der 22 Meter hohe Bergfried diente früher als Wachturm und kann heute über einen stabilen eisernen Stiegenaufgang entdeckt und besucht werden. Im Turm selbst gibt es eine kleine Ausstellung, in der wir viel Wissenswertes rund um die damaligen Sitten, Bräuche und Strafen erfahren. Männer und Frauen speisten auf der Burg früher getrennt voneinander. Der Grund dafür war angeblich, dass sich die Herren dadurch nicht an die Tischsitten halten mussten. Für einen vornehmen Mann galt es nämlich als unsittlich, sich in das Tischtuch zu schnäuzen oder allzu laut zu schlürfen. Verpönt war es weiters, sich bei Tisch die Zähne mit dem Messer zu reinigen oder über den Tisch zu spucken. Und noch ein Benimmtipp von damals: Während des Essens nicht in den Ohren oder der Nase bohren!

Etliche Scherben und andere „Schätze“, die im Rahmen der Sanierungsarbeiten gefunden wurden, sind in den Vitrinen zu sehen. Auch über die Strafen und Foltermethoden von damals lässt sich einiges erfahren. Ausgestellt ist neben einer Daumenschraube auch eine doppelte Schandgeige, die für Ehrenstrafen eingesetzt wurde – die Verurteilten mussten damit durch den Ort marschieren oder wurden damit an den Pranger gestellt. Eine Schandgeige bekam man beispielsweise für Streitigkeiten oder einen Diebstahl umgehängt. Eine besondere Ausführung dieses Strafinstruments war die doppelte Schandgeige. Damit wurden Menschen, die miteinander Streit hatten, von Angesicht zu Angesicht in Fesseln gelegt.

Rund um die Burg

Unterhalb der Burg standen früher zwei große Wehrtürme. Einer dieser Rundtürme ist heute noch erhalten. Im Keller wurden Getreide und Wein gelagert, so entstand auch der Name Hungerturm. Apropos Hunger – ganz in der Nähe des Wehrturms entdecken wir die ehemalige Burgtaverne, die ebenfalls zur Herrschaft Waxenberg gehörte. Hier wurden einst Wein und Bier minderer Qualität zu erhöhten Preisen an die Untertanen ausgeschenkt. Und nur hier waren diesen auch Hochzeiten oder Zehrungen erlaubt.

Neues Leben auf der Burgruine Waxenberg

In den 1950er-Jahren entstand der Kulturverein Waxenberg, der sich für die Sanierung und Erhaltung der Burganlage engagiert. Die Arbeit unzähliger Freiwilliger sorgt seit dem Jahr 2004 dafür, dass die Burgruine Waxenberg heute so gut in Schuss ist. Das Eintrittsgeld in der Höhe von zwei Euro dient dem weiteren Erhalt der Burg. 2005 entstand die Idee, die Burg nicht nur zu sanieren, sondern auch Ritterspiele zu veranstalten. Die *Freien Ritter zue Waxenberg* schlossen sich zusammen und veranstalten heute Ritterspiele auf der Burg. Alle zwei Jahre findet ein großes Ritterfest statt. Mehr über die Waxenberger Ritter unter www.ritter.waxenberg.at.

Von einem, der auszog, um Ritter zu werden

Es war einmal … ein adeliger Knabe, der einmal ein Ritter werden sollte. Bis der Junge sieben Jahre alt war, verbrachte er sein Leben auf der Heimatburg. Doch dann hieß es Lebewohl zu sagen, denn für ihn begann die Ausbildung zum Pagen. Dafür mussten die Knaben ihr Zuhause verlassen und wurden bei anderen Adeligen ausgebildet. Seine kleine Schwester weinte bitterlich, als der Bruder die Burg verließ und auch dem Knaben war nicht ganz wohl bei der Vorstellung, dass er nun für so lange Zeit von zu Hause fort sein würde. Doch wollte er unbedingt ein Ritter werden und nahm diese Bedingung in Kauf.

Auf der fremden Burg lernte er sich gut zu benehmen und immer höflich zu sein, aber auch Tanzen und Musizieren standen auf dem Lehrplan eines Pagen. Diese Fächer übernahm die freundliche

Burgherrin, deren Söhne ebenfalls auf anderen Burgen ihren Dienst als Pagen angetreten hatten. Doch es gab auch noch andere Disziplinen. Der Kampf mit dem Holzschwert und dem Faustschild sowie das Bogenschießen machten dem Knaben mehr Spaß! Der Junge lernte auch das Reiten und wurde mit der Jagd vertraut gemacht.

Im Alter von 14 Jahren folgte die nächste Ausbildungsstufe – vom Pagen zum Knappen. Nun bekam er ein echtes Schwert und lernte alles, was einen Ritter zum Ritter machte. Wieder vergingen sieben Jahre, in denen der junge Knappe weiter im Umgang mit Waffen und den Sitten am Hof unterrichtet wurde. Als Knappe begleitete er seinen Herrn auch im Kampf gegen andere Ritter sowie bei kriegerischen Auseinandersetzungen. Er kümmerte sich um die Ausrüstung und half dem Ritter beim Anlegen seiner Rüstung.

Mit 21 Jahren ging seine Lehrzeit zu Ende und der junge Adelige erhielt in der Kapelle des Burgherrn seinen Ritterschlag. Die Nacht davor war immens wichtig, denn der junge Mann musste sich auf seine Zukunft – die Ritterschaft – vorbereiten. Er fastete und betete, um sich für seine künftige Aufgabe bereit zu machen und vergewisserte sich, dass er alle ritterlichen Pflichten und Tugenden auch gut verinnerlicht hatte. Als am nächsten Tag das Schwert die Schulter des jungen Mannes berührte, wurde er zum Ritter geschlagen. Er bekam seine Ausrüstung überreicht und anschließend wurde ein großes Fest gefeiert.

Als der „frisch geschlagene" Ritter schließlich auf seine Heimatburg zurückkehrte, waren 14 Jahre vergangen. Seine Schwester erwartete ihn sehnlichst und auch die Mutter und der Vater freuten sich sehr über die Heimkehr ihres Sohnes, der nun als Ritter auch selbst Pagen und Knappen ausbilden konnte. Gewappnet durch seine Ritterrüstung, sein Schild und sein Schwert ritt er von nun an als edler Ritter durchs Land und fühlte sich den ritterlichen Tugenden der Treue, Ehre, Würde, Höflichkeit, Tapferkeit, Wehrhaftigkeit, Aufrichtigkeit, Großzügigkeit, Gerechtigkeit und Demut ein Leben lang verpflichtet.

Kleines Burgen-Glossar

Abtritterker	Erker für Toilettengänge an einer vom Eingang abgewandten Burgaußenseite
Arkaden/Lauben	Auf Säulen ruhende Bogenreihe, oft in Form eines Gangs um einen Innenhof
Bergfried	Hauptturm einer Burg und höchster Aussichtspunkt sowie Zeichen der Macht
Burgstall	Stelle, an der einst eine Burg stand
Epitaph	Gedenktafel mit Inschrift für einen Verstorbenen
Fehde	Direkt gepflegte Feindschaft oder Rechtsstreitigkeit, etwa zwischen Adelsfamilien
Herrschaft	Territorium, mit dessen Inhaberschaft Rechte und Pflichten verbunden waren
Kemenate	Mittels Kamin oder Kachelofen beheizbarer Raum in einer Burg
Lehen	Im Gegenzug für persönliche Leistungen (Kriegsdienst, politische Gefolgschaft) geliehenes oder vererbbares Gut
Palas	Hauptgebäude einer Burg mit Wohnräumen und Festsaal
Pfleger	Verwalter einer Burg, war auch für die Verteidigung zuständig
Robot/Frondienst	Erzwungene unentgeltliche Dienste der Bauern für ihre Lehensherren
Stöckl	Nebengebäude eines Schlosses oder kleineres Herrenhaus
Taverne	Gaststätte mit Schank-, Brau-, Back- und Beherbergungsrecht
Turnier	Waffenübung, ritterliches Kampfspiel
Verlies	Meist fensterloser Kerker im Kellerbereich einer Burg
Veste	Alte Bezeichnung einer wehrhaften Burg (Festung)
Zehent	Etwa zehnprozentige Naturalsteuer an die geistliche oder weltliche Obrigkeit
Zinnen	Gemauerte Aufsätze als Deckung für die Verteidiger einer Burg
Zisterne	Schacht zum Sammeln von Regenwasser
Zwinger	Freier Raum zwischen den Wehrmauern einer Burg als Schutz gegen Angreifer

Literatur

Grabherr, Norbert: Burgen und Schlösser in Oberösterreich, Oberösterreichischer Landesverlag, 1976.

Grüll, Georg: Burgen und Schlösser im Mühlviertel, Birken-Verlag Wien, 1968.

Hohensinner, Karl: Sagen aus dem Bezirk Perg. Das OÖ Sagenbuch, Band 4, Verlag RegionalEdition, 2018.

Kaftan, Erika: Wanderungen in der Sagenwelt des Mühlviertels, Oberösterreichischer Landesverlag, 1991.

Kramer, Josef: Das Mühlviertel in seinen Sagen, Bibliothek der Provinz, 1992.

Winkler, Fritz: Sagenhaftes aus dem Bezirk Rohrbach, Tips Zeitungs GmbH & Co KG, 2009.

Noch mehr märchenhafte Wanderbücher von Nina Stögmüller und Robert Versic

Wandern im Mühlviertel
ISBN 978-3-7025-0884-5

Wandern im Waldviertel
ISBN 978-3-7025-0972-9

Wandern im Salzkammergut
ISBN 978-3-7025-1043-5